南亚经济开放与一带一路合作

刘宗义 / 著

中国书籍出版社

图书在版编目（CIP）数据

南亚经济开放与"一带一路"合作 / 刘宗义著 . -- 北京：中国书籍出版社，2021.12
ISBN 978-7-5068-8852-3

Ⅰ. ①南… Ⅱ. ①刘… Ⅲ. ①经济开放—研究—南亚 ②"一带一路"—国际合作—研究 Ⅳ. ① F135.04 ② F125

中国版本图书馆 CIP 数据核字 (2021) 第 255820 号

南亚经济开放与"一带一路"合作
刘宗义　著

责任编辑	毕　磊
责任印制	孙马飞　马　芝
封面设计	魏大庆
出版发行	中国书籍出版社
社　　址	北京市丰台区三路居路97号（邮编：100073）
电　　话	（010）52257143（总编室）（010）52257140（发行部）
电子信箱	eo@chinabp.com.cn
经　　销	全国新华书店
印　　刷	山东东方印刷有限公司
开　　本	710×1000毫米　1/16
字　　数	246千字
印　　张	14
版　　次	2021年12月第1版
印　　次	2022年7月第1次印刷
书　　号	ISBN 978-7-5068-8852-3
定　　价	69.80 元

版权所有　翻印必究

前 言

"一带一路"倡议提出后，中国学界掀起了一股研究热潮。其中，"一带一路"倡议在南亚地区的推进是学界研究的一个重要方向，上海国际问题研究院的专家、学者也参与其中。作为上海国际问题研究院的一名研究人员，我多次到南亚各国进行实地调研。在此基础上，我撰写了一系列的调研报告和研究论文，并得到学界关注。

本书是上海国际问题研究院应用创新项目"南亚国家参与共建'一带一路'"的调研成果。本书详细介绍了"一带一路"建设在南亚地区取得的成就以及遇到的问题，并分析了问题产生的原因，在此基础上，进一步提出在南亚地区推动"一带一路"建设的基本策略。中国与南亚国家在"一带一路"合作方面所面临的问题具有普遍性，但沿线各国的国情都不一样，民族及其文化习俗千差万别，所以我们需要针对不同的国家，制定不同的合作策略。

经济全球化是社会生产力发展的客观要求和科技进步的必然结果。中国经济在过去40多年获得快速发展的主要原因之一就是中国主动参与了经济全球化的进程。在过去，经济全球化基本上都是海洋经济的全球化，主要推动者是西方发达国家。然而，西方发达国家推动经济全球化的主要目的是使自身利益最大化，客观上削弱了主权国家的政府治理能力。"一带一路"倡议是中国向世界提供的一项国际公共产品。它侧重于实实在在的资本和产业合作以及基础设施建设，它的推进将会不断改善沿线国家的民生，并引领新一轮的经济全球化。

南亚地区是"一带一路"建设的重要地区，却是"一带一路"建设的难点。南亚一些国家自20世纪70年代就开始实行经济开放政策，但与东亚和东南亚国家相比，经济发展比较缓慢。南亚国家要改变现状，就要具备以下条件：第一，要有安全的周边环境和稳定的国内政局；第二，国内各派政治力量在经济开放问题上要统一思想和行动；第三，各国的政府治理能力应达到一定的水平，能对市场竞争和政府干预这两种手段灵活运用；第四，拥有适合本国发展的优势产业。

"一带一路"倡议能为这些国家的经济发展提供外部动力，但这些国家要获得更大的发展，就必须进行经济改革，并且这种改革只能通过它们自身的力量来实现。中国坚持奉行"不干涉别国内政"的外交政策，经济发展的关键在于这些国家能否找到一种符合本国国情的发展模式，并能得到国内人民的拥护和支持。

"一带一路"倡议在南亚推进的另一个难点在于域内外大国的阻挠。域外大国的阻挠主要来自美、日等国。美国政府提出"印太战略"，与日、印、澳等国组建"四国联盟"，企图牵制中国与"一带一路"沿线国家的合作。拜登政府上台后，不仅继续推进"四国联盟"，而且企图推出一个由"民主国家"牵头的基础设施建设计划，以与中国的"一带一路"倡议相抗衡。日本政府在拜登政府拉拢下，遏华制华态度明显上升，表示在重大地区问题上要配合美国的外交政策。如何化解这些国家所带来的地缘政治竞争，是中国顺利推进"一带一路"建设必须迎接的挑战。同时，我们也要认识到，国际规则、国际标准的制定权和话语权之争已经成为地缘政治竞争的重要内容。

党的十九大把构建"人类命运共同体"列入新时代中国坚持和发展中国特色社会主义的基本方略之一，成为习近平新时代中国特色社会主义思想的重要组成部分。新冠肺炎疫情的全球性爆发已经充分证明了构建"人类命运共同体"的必要性、先进性和科学性。从理论上讲，命运共同体应该包括利益共同体、安全共同体、价值观共同体等内容。共建"一带一路"与构建"人类命运共同体"相辅相成。"一带一路"倡议包含了利益共生、情感共鸣、价值共识、责任共担、发展共赢等基本特征，充分体现了"人类命运共同体"的本质要求，是中国推动构建"人类命运共同体"的重要实践平台。对包括南亚地区在内的整个亚洲而言，各国要以进取、包容的精神来提升和整合亚洲地区的合作，推动互联互通建设，建立开放、包容、民主、平等的地区安全架构，保障地区安全、和平与稳定。这不仅是共建"一带一路"需要实现的目标，而且是"一带一路"倡议得以顺利实施的保障。

在构建"亚洲命运共同体"的过程中，中国应积极推动与亚洲其他各国的人文交流，构建民心相通的桥梁。每个国家都有自己独特的国情，所以每个国家的发展道路和模式可能都不相同，但"万道归一"，人类社会发展的终极目标是一致的。因此，在构建"亚洲命运共同体"的过程中，在共建"一带一路"的过程中，中国应与亚洲其他各国进行交流与合作，相互学习和借鉴，不断取长补短。

最后，我要特别感谢我的家人对我的大力支持，并在此表达我对母亲的怀念。母亲一生任劳任怨，含辛茹苦，她所做的一切都是为了我和弟弟能够成材。可以说，没有母亲的无私奉献，也就没有我现在的成就。母亲因病医治无效，于 2015 年 8 月去世。此后不久，我到巴基斯坦对"中巴经济走廊"进行实地调研。在异国他乡，夜深人静时，我因怀念母亲而忍不住落泪。现在，当我写下这行文字时，眼泪又禁不住滚滚而下。我将以母亲的坚忍精神鼓励自己不断前行，继续做好我的学术研究。

刘宗义
于上海国际问题研究院
2021 年 3 月 30 日

目 录

第一章 "一带一路"倡议及南亚在其中的地位 ……001
- 第一节 "一带一路"倡议的基本内涵与意义 ……002
- 第二节 南亚地区在"一带一路"倡议中的地位 ……006
- 第三节 南亚国家概况及其对"一带一路"倡议的态度 ……008
- 第四节 "一带一路"倡议在南亚地区的三种合作模式 ……028
- 第五节 "一带一路"倡议在南亚地区面临的挑战 ……030

第二章 南亚国家的经济开放政策 ……034
- 第一节 印度经济开放的主要做法、成效和问题 ……035
- 第二节 巴基斯坦经济开放的主要做法、成效及经验教训 ……049
- 第三节 孟加拉国经济开放的主要做法、成效、问题及经验教训 ……058
- 第四节 斯里兰卡经济开放的主要做法、成效、问题及经验教训 ……065
- 第五节 马尔代夫和尼泊尔的经济开放 ……072
- 第六节 南亚国家经济开放的经验总结 ……074

第三章 "中巴经济走廊"建设：进展与前景 ……077
- 第一节 "中巴经济走廊"建设及其进展 ……079
- 第二节 对"中巴经济走廊"建设进展情况的总体评估 ……086

第三节 "中巴经济走廊"建设进程受阻的主要原因 ……………087
　　第四节 "中巴经济走廊"建设面临的新挑战 ………………091
　　第五节 进一步推进"中巴经济走廊"建设的对策……………095

第四章 中、阿、巴三方区域经济合作机制建设的意义及其进展……097

　　第一节 中、阿、巴三方区域经济合作机制的建立 ……………098
　　第二节 中、阿、巴三方区域经济合作机制在"一带一路"中的
　　　　　 地位………………………………………………100
　　第三节 中、阿、巴三方区域经济合作机制对维护中国新疆地区
　　　　　 安全与稳定的作用………………………………104
　　第四节 中、阿、巴三方区域经济合作机制有助于"中巴经济走廊"
　　　　　 建设………………………………………………109
　　第五节 中、阿、巴三方区域经济合作机制与中美在南亚地区的
　　　　　 竞合关系…………………………………………114
　　第六节 中、阿、巴三方区域经济合作机制与印度地区角色的
　　　　　 互动………………………………………………118

第五章 "孟中印缅经济走廊"建设面临的挑战及其发展前景…………122

　　第一节 "孟中印缅经济走廊"建设的进展情况 ………………124
　　第二节 孟、印、缅三国对"孟中印缅经济走廊"的认知………127
　　第三节 中、印两国领导人武汉非正式会晤后"孟中印缅
　　　　　 经济走廊"建设的前景…………………………132
　　第四节 积极推进"中缅经济走廊"建设 ………………………135

第六章 "中尼（印）经济走廊"建设的进展、问题及对策 ······139
- 第一节 "中尼（印）经济走廊"建设的进展 ······140
- 第二节 "中尼（印）经济走廊"建设面临的问题 ······144
- 第三节 推进"中尼（印）经济走廊"建设的策略 ······149

第七章 印度对"一带一路"倡议的认知以及中国对南亚政策的思考 ······152
- 第一节 印度对"一带一路"的认知和反应 ······153
- 第二节 印度对"一带一路"倡议的反应特点 ······156
- 第三节 边界问题对中印关系及"一带一路"的影响 ······160
- 第四节 中国对印度和南亚政策的思考 ······163

第八章 "印太战略"对"一带一路"建设的影响 ······166
- 第一节 "印太"概念及其主要提倡者的意图 ······167
- 第二节 美、日、澳及东盟对"一带一路"的看法及对策 ······171
- 第三节 美国特朗普政府的"印太战略" ······175
- 第四节 "印太战略"对"一带一路"的影响 ······179
- 第五节 印度的"印太愿景"与东盟的"印太展望" ······183
- 第六节 中国应对"印太战略"的基本策略思路 ······189

第九章 共建"一带一路"，构建"亚洲命运共同体" ······192
- 第一节 "人类命运共同体"理念已被国际社会广泛接受 ······193
- 第二节 构建"亚洲命运共同体"是中国自身发展乃至亚太地区发展的要求 ······194

第三节 构建"亚洲命运共同体"的可行性分析…………………198

第四节 新形势下"亚洲命运共同体"的主要内涵…………………201

第五节 "亚洲命运共同体"的构建思路……………………………204

主要参考文献……………………………………………………………208

第一章

"一带一路"倡议及南亚在其中的地位

2013年，习近平主席正式提出共建"丝绸之路经济带"和"21世纪海上丝绸之路"这两项重大举措，即"一带一路"倡议。这是习近平主席深刻思考人类前途、命运以及中国和世界发展大势，为促进全球共同繁荣、打造"人类命运共同体"所提出的宏伟构想和"中国方案"，是习近平新时代中国特色社会主义思想的重要组成部分，开辟了中国参与和引领全球开放合作的新境界。[1] "一带一路"已经纳入中国共产党第十九次全国代表大会报告当中，成为国家倡议。

"一带一路"同时受到国际社会的广泛好评，已经纳入联合国决议。2016年11月18日，第71届联合国大会协商一致通过第A/71/9号决议，明确表示，要敦促各方通过"一带一路"倡议来加强对阿富汗等国的经济支持，呼吁国际社会为"一带一路"建设提供安全保障。[2] 2017年3月17日，联合国安理会

---

[1] 高虎城：《积极促进"一带一路"国际合作》，载《党的十九大报告辅导读本》，人民出版社2017年，第406页。

[2] 《"一带一路"倡议对促进阿富汗经济发展具有重要意义》，2016年11月18日，人民网—国际频道，http://world.people.com.cn/n1/2016/1118/c1002-28879520.html，访问日期：2020年9月18日。

一致通过第 2344 号决议,首次载入构建"人类命运共同体"的重要理念。决议敦促各方进一步推进"一带一路"建设,并提出加强安全保障等方面的具体要求,这是联合国及其安理会对以往有关"一带一路"表述的继承和发展,强化了国际社会的共识。[①]

第一节
"一带一路"倡议的基本内涵与意义

直到今天,世界上仍然有很多关于"一带一路"倡议及其产生的地缘经济和地缘政治影响的争论。许多西方学者认为,"一带一路"倡议及其影响构成了中国的"西进"战略,很大程度上是为了保障能源安全,开拓商品市场,同时缓解东部沿海的战略压力。这种认识显然低估了中国的发展目标。中国希望进一步推动改革开放,促进经济结构调整,希望在力所能及的范围内承担更多的国际责任和义务,为人类的和平与发展作出更大的贡献。从中国的角度来说,"一带一路"倡议既是一项国际倡议,又是一项国内发展策略。"一带一路"倡议具有对内和对外双重意义:对内,"一带一路"与京津冀协同发展、长江经济带发展等,都是平衡东西差距、增强区域协调发展的重要举措;对外,"一带一路"是一个地缘经济合作倡议,中国要以"一带一路"建设为重点,坚持"引进来"和"走出去",遵循"共商、共建、共享"的原则,加强创新能力和开放合作,形成"陆海内外联动,东西双向互济"的开放格局。[②]

[①]《联合国安理会决议呼吁各国推进"一带一路"建设》,2017年3月20日,国务院新闻办公室,http://www.scio.gov.cn/31773/35507/35510/35524/Document/1545367/1545367.htm,访问日期:2020年9月18日。

[②] Xi Jinping, "Secure Decisive Victory in Building Moderately Prosperous Society in All Respects and Strive for the Great Success of Socialism with Chinese Characteristics for New Era", Delivered at the 19th National Congress of the Communist Party of China, October 18, 2017.

共建"一带一路"主要包括以下三个方面的内容。

第一，中国希望通过共建"一带一路"，进一步扩大对外开放，提高开放水平。在2013年第十八届三中全会上通过的《中共中央关于全面深化改革若干重大问题的决定》中明确要求，"加快与周边国家和区域的基础设施互联互通建设，推进'丝绸之路经济带'和'21世纪海上丝绸之路'建设，形成全方位开放的新格局"。也就是说，中国不仅要继续扩大东部沿海地区的开放，而且要大力推动西部内陆地区的开放，不仅要向西方发达国家开放，而且要向亚洲内陆、印度洋沿岸、非洲和拉丁美洲的广大发展中国家开放，以此改变中国产业分布不均衡、区域发展不均衡、中西部地区参与全球市场的程度不高、经济发展相对滞后等状况。通过促进中西部地区与沿线国家的互联互通，提高中西部地区的经济开放水平，使之融入全球分工和价值链体系。自2020年5月以来，中共中央多次重申，要加快形成以国内大循环为主体、国内和国际双循环相互促进的新发展格局。这要求中国积极推动更高水平的对外开放，推动我国对外开放由商品和要素流动型开放向制度型开放转变，不断优化营商环境，吸引国际投资和人才等资源要素。"一带一路"在与发展中国家、西方发达国家的合作中将发挥更重要的作用。

第二，共建"一带一路"的目标是促进全球分工与合作。"一带一路"倡议既不是经济援助计划，也不是为了实现地缘政治目的，而是为了在地缘经济与比较优势基础上促进全球产业分工。当前，世界上存在三大经济板块与两大贸易轴心。三大经济板块分别是北美、西欧和东亚；两大贸易轴心则包括跨太平洋贸易轴心和跨大西洋贸易轴心。三大经济板块和两大贸易轴心通过产业分工形成全球性生产和价值链体系。当前，全球产业分工已经从过去的产业间分工发展到产业内分工，甚至发展到产品内分工。产业分工越来越细，各国之间相互依赖。中国已经成为"世界工厂"，成为东亚经济板块的中心。以前，日本是亚洲"雁行模式"的领头雁；现在，能够发挥这种作用的是中国。"一带一路"建设的目的在于推动全球生产和价值链继续深化发展，向中国西部、中亚、南亚、中东、非洲、东欧等地区拓展，同时带动东亚地区的金融网络向这些地区扩展。

第三,共建"一带一路"是推进经济全球化的一项重要措施。当前,经济全球化遇到诸多问题,比如,欧美出现了"去全球化"和"逆全球化"的趋势。实际上,这些问题不是由经济全球化本身造成的,而是由发展导向错误、财富分配不均和治理效率低下等因素造成的。与西方国家提出的"东方伙伴关系"和"新丝绸之路"计划等一些经济合作倡议相比,"一带一路"侧重于实实在在的资本合作、产业合作以及基础设施建设。它将持续改善"一带一路"沿线国家的民生。因此,"一带一路"建设将会推动以发展为导向的全球化。改革开放为中国积累了巨大的外汇储备、丰富的发展经验和巨大的优势产能。中国资本和中国企业需要进一步"走出去",寻找更广阔的市场,在国际竞争中获得更大的发展。处于东亚和欧洲两大经济圈中间的广阔地带也需要投资,以提升当地的基础设施建设水平和产业发展水平。它们恰好形成优势互补,可以实现共同发展。"一带一路"开辟的是一个前所未有的经济全球化的新局面。过去的经济全球化,是从大西洋到太平洋,基本上都是海洋经济的全球化。那么,共建"一带一路",就要让内陆区域成为经济全球化的又一个主体。使海洋经济和内陆经济互联互通,会全面带动中国经济,带动欧亚大陆的发展,甚至带动非洲、美洲的经济合作与发展。2013 年,习近平主席提出了构建"人类命运共同体"的思想,而"一带一路"倡议是构建"人类命运共同体"的具体路径。这也是许多中国学者的观点,即"'一带一路'是中国向世界提供的国际公共产品"。共建"一带一路"的经济理论基础之一是"点轴发展理论"。

"点轴发展"是指经济活动沿着交通线("轴")从发达地区("点")向欠发达地区扩张。"一带一路"希望实现"五通",即政策或发展战略沟通、道路联通、贸易畅通、资金融通和民心相通。其中,道路联通(也就是基础设施的互联互通)是"一带一路"建设的基础。没有基础设施的互联互通,就不可能实现区域内的产业分工和产业转移。

"一带一路"倡议是新时期中国对外开放和经济外交的顶层设计,是一个双赢的设计。对国际社会而言,"一带一路"只是一个倡议,中国只是这个倡议的发起国,而不是主导国。"一带一路"建设不能只依靠中国,必须依靠"一带一路"沿线的所有国家。中国希望沿线各国都支持和参与"一带一路"建设,希望"一带一路"能与沿线各国的发展规划以及区域经济一体化发展实现对接。

根据 2015 年 3 月国家发展改革委、外交部、商务部联合发布的《推动共建"丝绸之路经济带"和"21 世纪海上丝绸之路"的愿景与行动》,"丝绸之路经济带"的重点方向是:中国经中亚、俄罗斯至欧洲(波罗的海);中国经中亚、西亚至波斯湾和地中海;中国至东南亚、南亚和印度洋。"21 世纪海上丝绸之路"的重点方向是:中国沿海港口经南海到印度洋,延伸至欧洲;中国沿海港口经南海到南太平洋。根据"一带一路"走向,陆上依托国际大通道,以沿线中心城市为支撑,以重点经贸产业园区为合作平台,共同打造新亚欧大陆桥、中—蒙—俄、中国—中亚—西亚、中国—中南半岛等国际经济合作走廊;海上以重点港口为节点,共同建设通畅、安全、高效的运输大通道。因为"中巴经济走廊""孟中印缅经济走廊"与推进"一带一路"建设紧密关联,所以我国要进一步推动合作,取得更大发展。

自 2015 年 3 月以来,随着地区经济合作发展形势的变化,以及"一带一路"沿线一些国家的形势和态度的变化,中国又相继提出了建设"中尼(印)经济走廊"[①]"中缅经济走廊"等倡议。2015 年 5 月,印度总理莫迪访华,中国提出了共建"中尼(印)经济走廊"的倡议。虽然印度没有对"中尼(印)经济走廊"作出正式回应,但中、尼两国将迈出合作建设"中尼(印)经济走廊"的第一步。同样,因为"孟中印缅经济走廊"在过去几年没有取得较大突破,所以中国政府在 2017 年 11 月向缅甸政府建议,共同建设"中缅经济走廊"。该走廊将从中国云南省北部地区出发,向南延伸至缅甸中部城市曼德勒,并进一步向东延伸至仰光新城,向西延伸至皎漂经济特区,形成一个巨型合作格局。此外,2017 年 12 月 26 日,中国外交部长王毅与阿富汗外长拉

---

① 由于印度对这一走廊建设的参与度不高,因此笔者用括号表示。

巴尼、巴基斯坦外长阿西夫共同会见记者时表示，中、巴两国愿与阿富汗一道，积极探讨在互利共赢的原则下，以适当方式将"中巴经济走廊"延伸至阿富汗。

第二节
南亚地区[①]在"一带一路"倡议中的地位

"一带一路"建设是一项系统工程，各部分之间相互配合，相互补充，构成一个有机整体。根据《推动共建"丝绸之路经济带"和"21世纪海上丝绸之路"的愿景与行动》，南亚和印度洋处于"一带一路"的核心范围。在该地区，"一带一路"主要由"21世纪海上丝绸之路""中巴经济走廊""孟中印缅经济走廊"和"中尼（印）经济走廊"构成。北面的"丝绸之路经济带"，南面的"21世纪海上丝绸之路"，从东部穿过的"孟中印缅经济走廊"，从西部穿过的"中巴经济走廊"，一起构成了一个四边形，将南亚框入其中，而"中尼（印）经济走廊"将从其腹地穿过。"中巴经济走廊""孟中印缅经济走廊"和"中尼（印）经济走廊"如果建成，将从北到南贯通中国及亚洲内陆其他国家和印度洋，将"丝绸之路经济带"与"21世纪海上丝绸之路"连成一体，成为一个从太平洋到印度洋，从亚洲内陆经过中亚，贯通印度洋的巨型发展网络。

南亚地区是"丝绸之路经济带"和"21世纪海上丝绸之路"的交汇点和目的地。中国与南亚地区山水相连，南亚八国当中的五国（即阿富汗、巴基斯坦、印度、尼泊尔和不丹）分别由北向南、从西向东分布在中国的西部边境，与我国的新疆和西藏接壤，边境线长达5000多公里。"21世纪海上丝绸之路"直接涉及南亚六个国家。其中，马尔代夫和斯里兰卡位于中东和东亚之间的印度洋通道上，是"21世纪海上丝绸之路"的重要节点。在南亚八国当中，除

---

① 本书所指的"南亚地区"是指南亚和印度洋的广大区域。

了不丹没有明确纳入"一带一路"框架，其他国家都在"一带一路"涵盖的范围内。通过南亚七国（不丹除外），东西方向可以连接中国、欧亚和中东，南北方向可以连接俄罗斯、中亚和东南亚。

南亚和印度洋是"一带一路"建设的重点和难点。第一，南亚和印度洋是"一带一路"三四条线路的交汇点，是中国的能源走廊和贸易走廊。该地区基础设施落后，是重要的基础设施项目实施地。第二，南亚和印度洋是产业转移的目的地，也是非常广阔的商品销售市场和出口商品生产基地。南亚地区自然资源丰富，拥有18亿以上的人口，并且年轻人居多，是一个巨大的消费市场。同时，该地区基础设施发展水平比较落后。对中国而言，南亚是一个产能转移的重要目的地。第三，南亚地区的"中巴经济走廊"是"一带一路"建设的旗舰项目。虽然中、巴两国是"全天候战略合作伙伴"关系，但在"中巴经济走廊"的建设过程中仍然遇到许多问题，这些问题具有典型性。"中巴经济走廊"能否建设成功，对"一带一路"的整体战略具有重要意义。第四，南亚地区地缘政治地位非常突出，大国竞争非常激烈。中国希望"一带一路"倡议能够与"新丝绸之路"计划、"印太经济走廊"计划、"湄公河—恒河合作"倡议等对接。如果能够顺利对接，必将形成一个从太平洋到印度洋、从中亚到南亚的经济合作网络，最终实现"亚洲世纪"，给整个"印太"地区带来巨大的发展。

中国领导人对南亚在"一带一路"建设中的作用有明确的定位。2014年9月，习近平主席访问印度的就明确表示，中国希望以"一带一路"为双翼，与南亚国家一起实现腾飞。2015年4月，习近平主席访问巴基斯坦时指出，南亚处在"一带一路"海陆交汇之处，是"一带一路"建设的重要方向。"中巴经济走廊"和"孟中印缅经济走廊"建设将会大力促进相关国家的经济增长，并为深化南亚地区的合作提供强大动力。

中国希望与南亚和印度洋的国家进行合作，实现发展战略对接，完善道路、港口等基础设施，在道路沿线和港口附近建设工业园区，与这些国家结成产业合作伙伴，形成经济贸易共同体。如果这些国家愿意与中国合作，这些国家将会发展成为商品生产基地以及面向欧美、非洲、中东等地区的商品出口基地。此外，因为"一带一路"倡议是一个开放的倡议，所以中国也希望与沿线国家及域外大国的地区发展计划实现对接。如果"一带一路"倡议能够得到沿线国家的响应与配合，必将推动这些国家的经济发展，最终实现"亚洲世纪"，甚至实现"印太世纪"。

自"一带一路"倡议提出至今，"一带一路"在西南方向的建设已经取得重要进展。在"一带一路"倡议的引领下，中国与巴基斯坦、孟加拉国、斯里兰卡、马尔代夫等国的一批重大合作项目在积极推进，有力地促进了这些国家的经济发展，为深化地区合作提供了强大的动力。同时我们必须看到，"一带一路"在西南方向各个项目的推进速度是不同的，"中巴经济走廊"的建设比较迅速，但"孟中印缅经济走廊"和"中尼印经济走廊"的建设进展甚微。"一带一路"对地缘政治产生了一定的影响，引起了印度、日本、美国等国的警惕。印度拒绝参加 2017 年 5 月在北京举行的"一带一路"高峰论坛。在 2017 年 6 月，在中国西藏自治区的洞朗地区，印度军队越过边界与我国军队对峙达 70 多天。即使是在"中巴经济走廊"和其他一些合作比较顺利的项目中，我们也面临着诸多挑战。要使"一带一路"在南亚和印度洋顺利推进，我国政府不仅需要认真思考"一带一路"建设中的南亚合作问题，而且要制定具体的应对方略。

第三节
南亚国家概况及其对"一带一路"倡议的态度

一、缅甸

根据中国人的一般地理概念，缅甸属于东南亚国家，而非南亚国家。但从印度的视角来看，缅甸是其邻国，并且在历史上与印度同属英国殖民地。缅甸与印度之间的关系比较特殊，都在"大南亚"的范围内。印度外交部专门设了"孟加拉国和缅甸司"（Bangladesh and Myanmar Division，BMD）。[1] 本书将缅甸列入其中的主要原因在于：缅甸是"孟中印缅经济走廊"的成员之一。缅甸位于中南半岛西部，东北与中国毗邻，西北与印度、孟加拉国相连，东南与老挝、泰国交界，西南濒临孟加拉湾和安达曼海。缅甸的海岸线长达3200公里，国土面积为67.6万平方公里，全国分为7个省、7个邦和1个联邦区。省是缅族人口的主要聚居区，邦为各少数民族的聚居地，联邦区是指首都内比都。缅甸共有5000多万人口，有135个民族，主要有缅族、克伦族、掸族、克钦族、钦族、克耶族、孟族和若开族等，缅族约占总人口的65%。全国85%以上的民众信奉佛教，约有8%的民众信奉伊斯兰教。[2]

缅甸的民族矛盾比较尖锐，少数民族武装（简称"民地武"）问题一直是缅甸政府的一块心病，其中面积最大的两个少数民族邦——掸邦和克钦邦（通称"缅北"）的"民地武"问题比较严重。自1948年缅甸独立以来，缅北地区的少数民族曾先后组建过几十支大大小小的反政府武装。近几年，若开邦的民族问题又引起了国际社会的关注。

缅甸地理条件优越，自然资源丰富。矿产资源主要有锡、钨、锌、铝、锑、锰、金、银等，宝石和玉石在世界上享有盛名。石油和天然气在内陆及沿海地区均有较大的储量。截至2013年6月30日，缅甸探明煤储量超过4.9亿吨，石油储量达到22.73亿桶，拥有天然气5.3亿立方米，共有陆地及近海油气区块77个。[3] 缅甸的水利资源非常丰富，伊洛瓦底江、钦敦江、萨尔温江、锡唐江等四大水系贯穿南北，其水利资源占东盟国家水利资源总量的

---

[1] Ministry of External Affairs, Government of India, https://www.mea.gov.in/divisions.htm，访问日期：2020年8月1日。

[2] 《缅甸国家概况》，外交部网站，https://www.fmprc.gov.cn/web/gjhdq_676201/gj_676203/yz_676205/1206_676788/1206x0_676790/，访问日期：2020年8月1日。

[3] 《2016年缅甸天然气储量、产量及消费量分析》，2017年2月10日，https://www.chyxx.com/industry/201702/493281.html，访问日期：2021年2月16日。

40%。然而，由于缅甸缺少水利设施，水利资源尚未得到充分利用。①缅甸风景优美，名胜古迹众多，主要景点有：闻名世界的仰光大金塔，文化古都曼德勒，万塔之城蒲甘，茵莱湖水上村庄以及额布里海滩等。

缅甸曾是亚洲非常富裕的国家，但以美国为首的西方国家对其进行长期制裁，加上缅甸国内长期存在的动乱局面，所以缅甸现在成为世界最不发达的国家之一。2019 年，缅甸的国内生产总值（GDP）为 760 亿美元，人均 GDP 只有 1407 美元，其中农业产值占 GDP 的 40%。②缅甸的主要贸易伙伴是中国、泰国、新加坡、日本、韩国等。2018—2019 财年，缅甸对外贸易额为 351.47 亿美元，其中出口额为 170.6 亿美元，进口额为 180.87 亿美元。缅甸的主要出口产品为天然气、玉石、大米等，主要进口产品为石油、机械、汽车零配件等。缅甸的基础设施建设相对落后，交通以水运为主，铁路轨道多为英国殖民时期建设的窄轨。

中、缅两国是山水相连的友好邻邦，两国人民之间的传统友谊源远流长。自古以来，中、缅两国人民就以"胞波"（兄弟）相称。中国现为缅甸第一大贸易伙伴。中缅经贸合作取得长足发展，合作领域由原来单纯的贸易和经济援助扩展到工程承包、投资和多边合作。

缅甸是"孟中印缅经济走廊"的必经之地。如果中国只是希望联通云南省与印度洋，只要让云南省与缅甸开展合作就可以了。缅甸政府对"孟中印缅经济走廊"的态度比较积极。在中国领导人提出"一带一路"倡议后，缅甸前任总统吴登盛曾赞赏中国提出的"丝绸之路经济带"和"21 世纪海上丝绸之路"的倡议，认为基础设施网络发展将连接本地区和国际市场，极大地促进地区经济的发展。2016 年，昂山素季执政之后，缅甸政府通过若开邦民族问题逐渐认清了西方国家的真实面目，对"孟中印缅经济走廊"的态度更加积极。

---

① 《缅甸国家概况》，外交部网站，https://www.fmprc.gov.cn/web/gjhdq_676201/gj_676203/yz_676205/1206_676788/1206x0_676790/，访问日期：2020 年 8 月 1 日。

② 数据来源：世界银行 2019 年数据，https://data.worldbank.org.cn/country/myanmar?view=chart，访问日期：2020 年 8 月 1 日。

2017年11月,中国外交部部长王毅在内比都向昂山素季提议,共建"中缅经济走廊"。昂山素季表示,缅方赞赏中方提出的倡议,这一倡议与缅国家发展规划有很多契合之处。2018年12月,缅甸成立了由昂山素季任主席的"'一带一路'实施领导委员会",旨在推进"中缅经济走廊"建设,深化各领域的合作,推动中缅全面战略合作伙伴关系向前发展。2019年2月18日,缅甸"一带一路"实施领导委员会召开了第一次会议,昂山素季在会上表示,"一带一路"倡议不仅涵盖基础设施建设,而且涉及的领域非常广泛。缅甸地处"一带一路"沿线,积极参与"一带一路"建设是难得的发展机遇。[1]

二、孟加拉国

孟加拉国位于南亚次大陆东北部由恒河和布拉马普特拉河冲积形成的三角洲上,东、西、北三面与印度毗邻,东南面与缅甸接壤,南临孟加拉湾,海岸线长达550公里。孟加拉国有85%的地区为平原,东南部和东北部为丘陵地带,并且大部分地区属于热带季风气候,长年湿热多雨。孟加拉国的国土面积约有14.7万平方公里,人口约有1.6亿,其中有98%的人口属于孟加拉族,另外20多个少数民族只占总人口的2%。孟加拉语为孟加拉国的国语,英语为官方语言。伊斯兰教为孟加拉国的国教,穆斯林占总人口的88%。[2]

孟加拉国矿产资源匮乏,主要能源为天然气,天然气储量约有3100亿立方米,主要分布在东北部地区。孟加拉国是世界上最不发达的国家之一,经济发展水平较低,国民经济主要依靠农业。在2018—2019财年,孟加拉国的GDP为3024亿美元,人均GDP为1827美元。在工业方面,以原材料工业为主,包括水泥、化肥、黄麻及其制品、白糖、棉纱、豆油、纸张等;重工业比较薄弱,制造业欠发达,主要出口商品包括黄麻及其制品、皮革、茶叶、

---

[1] 《中缅经济走廊开启实质规划建设》,载《光明日报》2020年1月19日,12版。
[2] 《孟加拉国概况》,外交部网站,https://www.fmprc.gov.cn/web/gjhdq_676201/gj_676203/yz_676205/1206_676764/1206x0_676766/,访问日期:2020年8月2日。

水产、服装等，主要进口商品为生产资料、纺织品、石油、钢铁、食用油、棉花等。孟加拉国基础设施建设比较落后，截至2018年12月底，全国的公路总里程为2.15万公里，76%的货运和73%的客运由公路来承担；全国的铁路总里程只有2835公里。[①] 中国是孟加拉国最大的贸易伙伴。孟加拉国一直希望与中国加强经济合作，以便使本国经济更快发展。2013年5月，李克强总理访问印度，提出建设"孟中印缅经济走廊"的设想。"一带一路"倡议提出后，孟加拉国的态度就比较积极。2014年6月，孟加拉国总理哈西娜访华，中、孟两国共同发布了《中华人民共和国与孟加拉人民共和国关于深化更加紧密的全面合作伙伴关系的联合声明》。双方认为，"孟中印缅经济走廊"与本地区其他互联互通倡议形成互补，为中孟合作、实现可持续发展提供了重要平台。双方一致认为，应通过"孟中印缅经济走廊"释放本地区的发展潜力。中方支持孟方召开"孟中印缅经济走廊"联合工作组第二次会议。双方一致同意，就推进"孟中印缅经济走廊"建设与其他国家积极接触，希望孟、中、印、缅四国实现互惠互利、注重实效的合作。[②]

2016年10月，习近平主席对孟加拉国进行了国事访问。此次访问开启了中孟传统友好关系的新篇章，对双边关系的发展具有历史性意义。习近平主席与孟加拉国总理哈西娜举行了会谈。双方积极评价中孟传统友谊和两国在各领域的合作所取得的进展，一致决定建立"中孟战略合作伙伴关系"，使两国关系在更高层次上持续向前发展。习近平主席在与哈西娜总理举行会谈时表示，中、孟两国正各自向着"两个一百年"目标和"金色孟加拉"梦想努力奋斗，"一带一路"倡议可以与孟加拉国的对外合作战略紧密对接。哈西娜表示，孟加拉国愿意在实现"金色孟加拉"梦想过程中加强与中国的合作，积极参加"一带一路"建设，支持"孟中印缅经济走廊"建设，以便推动孟加拉国电力、

---

① 《孟加拉国概况》，外交部网站，https://www.fmprc.gov.cn/web/gjhdq_676201/gj_676203/yz_676205/1206_676764/1206x0_676766/，访问日期：2020年8月2日。

② 《孟加拉国概况》，外交部网站，https://www.fmprc.gov.cn/web/gjhdq_676201/gj_676203/yz_676205/1206_676764/1206x0_676766/，访问日期：2020年8月2日。

能源、技术、农业、水利、投资、交通基础设施、互联互通等领域的发展。[1]

三、尼泊尔

尼泊尔是一个内陆山国，位于喜马拉雅山南麓中段，国土形状类似长方形，北邻中国，其余三面与印度接壤。尼泊尔分北部山地、中部丘陵、南部平原三个地理单元。尼泊尔的国土面积为14.7万平方公里，人口约有2930万。尼泊尔语为尼泊尔的国语，上层社会的通用语言为英语。尼泊尔是一个多民族、多宗教、多种姓、多语言的国家，有86.2%的居民信奉印度教，7.8%的居民信奉佛教，3.8%的居民信奉伊斯兰教，2.2%的居民信奉其他宗教。[2]佛教创始人释迦牟尼就诞生在尼泊尔的蓝毗尼地区，每年会有大批朝圣者前往当地拜谒。

尼泊尔是一个传统的农业国，是世界上最不发达的国家之一。2018—2019财年，尼泊尔的GDP为304亿美元，人均GDP为1049美元。尼泊尔的农业人口占总人口的70%。尼泊尔工业基础薄弱，规模较小，机械化水平低，经济发展缓慢，以轻工业和半成品加工为主，工业产值约占全国GDP的15%。尼泊尔的主要贸易伙伴有印度、中国、美国、欧盟等。尼泊尔主要进口煤、石油制品、羊毛、药品、机械、电器、化肥等，主要出口蔬菜油、铜线、羊绒制品、地毯、成衣、皮革、农产品、手工艺品等。[3]尼泊尔在经济上对印度的依赖很大。

尼泊尔风景旖旎，旅游业比较发达。旅游业在尼泊尔经济中占有重要比例，但落后的交通严重阻碍了旅游业的发展。尼泊尔交通运输以公路和航空

---

[1] 杨一帆：《大外交 | "一带一路"与"金色孟加拉"共助中孟关系再升级》，2016年10月15日，澎湃新闻，https://www.thepaper.cn/newsDetail_forward_1543980，访问日期：2020年8月15日。

[2] 《尼泊尔国家概况》，外交部网站，https://www.fmprc.gov.cn/web/gjhdq_676201/gj_676203/yz_676205/1206_676812/1206x0_676814/，访问日期：2020年8月2日。

[3] 《尼泊尔国家概况》，外交部网站，https://www.fmprc.gov.cn/web/gjhdq_676201/gj_676203/yz_676205/1206_676812/1206x0_676814/，访问日期：2020年8月2日。

为主。截至 2016 年 12 月底，尼泊尔的公路长度约有 2.91 万公里，各类机场有 56 个，直升机停机坪有 120 个。除首都有一个国际机场外，其余都是小规模的机场。交通运输是尼泊尔需要尽快改善的领域。

尼泊尔矿产资源有铜、铁、铝、锌、磷、钴、石英、硫磺、褐煤、云母、大理石、石灰石、菱镁矿等，但开采数量比较少。尼泊尔的水利资源比较丰富，水电蕴藏量约有 8300 万千瓦，约占世界水电蕴藏量的 2.3%。[1] 如果尼泊尔的资源，特别是水利资源能得到有效开发，将大大促进尼泊尔的经济发展和人民生活水平的提高。

尼泊尔在中国刚提出建设"孟中印缅经济走廊"后就表示，希望尽快加入其中，希望"孟中印缅经济走廊"能够经过尼泊尔。尼泊尔总理奥利在 2016 年 3 月访华时，正式表示支持"一带一路"倡议，同意对接各自的发展战略，制订双边合作规划，共同推进重大项目的实施。2016 年 7 月，普拉昌达继任总理后，向中国领导人承诺，尼方支持"一带一路"倡议，愿积极拓展与中方在贸易投资、交通运输、基础设施、旅游、航空等领域的合作，加强人文交流，以更好地造福两国人民。

四、巴基斯坦

巴基斯坦伊斯兰共和国简称"巴基斯坦"，意为"圣洁的土地""清真之国"。巴基斯坦位于南亚次大陆西北部。东北部与中国毗邻，西北部与阿富汗交界，东接印度，西邻伊朗，南濒阿拉伯海。海岸线长达 980 公里，国土面积有 79.6 万平方公里（不包括巴控克什米尔地区）。巴基斯坦行政区划包括旁遮普、开伯尔—普什图赫瓦、俾路支、信德 4 个省和伊斯兰堡首都特区。巴基斯坦人口约有 2.08 亿，其中旁遮普族约占 63%，信德族约占 18%，普什图族约占 11%，俾路支族约占 4%。乌尔都语为巴基斯坦的国语，官方语言为乌

---

[1] 《尼泊尔国家概况》，外交部网站，https://www.fmprc.gov.cn/web/gjhdq_676201/gj_676203/yz_676205/1206_676812/1206x0_676814/，访问日期：2020 年 8 月 2 日。

尔都语和英语。95%以上的居民信奉伊斯兰教，少数居民信奉基督教、印度教和锡克教等。①

巴基斯坦国内政治情况比较复杂。巴基斯坦实行多党制，现有政党约有200个，派系众多。目前，全国性的党派主要有：巴基斯坦穆斯林联盟（谢里夫派）（Pakistan Muslim League-Nawaz），简称"穆盟（谢派）"；巴基斯坦人民党（Pakistan People's Party），简称"人民党"；正义运动党（Pakistan Tehreek-e-Insaf），简称"正义党"，现为执政党，主席为巴基斯坦家喻户晓的板球明星、现任总理伊姆兰·汗（Imran Khan）。

1956年，巴基斯坦制定了宪法，将国家性质确定为伊斯兰共和国。同时，由于受英国殖民者的长期影响，巴基斯坦的精英阶层都有比较明显的"西化"倾向。加上本国的安全需要以及印度带来的威胁，巴基斯坦与美国以及其他一些西方大国一直保持着亲密关系。此外，巴基斯坦政治中的一大特点，就是军队发挥着独特作用，军队一直掌握着这个国家的政治大权。但在1989年之后，民主化理念在巴基斯坦也越来越流行。②

巴基斯坦的经济以农业和服务业为主，农业产值占GDP的19%，而服务业占GDP的53%，工业基础比较薄弱。2018—2019财年，巴基斯坦的GDP为2914.6亿美元，人均GDP为1480美元。巴基斯坦最大的工业部门是棉纺织部门，此外还有制糖、造纸、烟草、制革、机器制造、化肥、水泥、电力、天然气、石油等。巴基斯坦的农业人口约占全国总人口的66.5%，全国的耕地面积为5768万公顷。巴基斯坦的自然资源比较丰富，主要矿藏储备有：天然气4920亿立方米，石油1.84亿桶，煤1850亿吨，铁4.3亿吨，铝土7400万吨。此外，巴基斯坦还有大量的铬矿、大理石和宝石。③由于工业基础比较薄弱，

---

① 《巴基斯坦国家概况》，外交部网站，https://www.fmprc.gov.cn/web/gjhdq_676201/gj_676203/yz_676205/1206_676308/1206x0_676310/，访问日期：2020年8月3日。

② 伊夫提哈尔·H.马里克：《巴基斯坦史》，张文涛译，中国大百科全书出版社2010年第1版，第143—149页。

③ 《巴基斯坦国家概况》，外交部网站，https://www.fmprc.gov.cn/web/gjhdq_676201/gj_676203/yz_676205/1206_676308/1206x0_676310/，访问日期：2020年8月3日。

巴基斯坦在进出口方面一直存在较大数额的贸易逆差。巴基斯坦主要出口大米、棉花、纺织品、皮革制品和地毯等，主要进口石油、机械、交通设备、钢铁产品、化肥和电器产品等。如果国内资源能够得到比较充分的开发利用，巴基斯坦的经济将会有非常大的增长空间。

巴基斯坦的基础设施比较落后，国内客货运输以公路为主。截至2012年12月30日，全国的公路达到26万公里，公路客运占客运总量的90%，公路货运占货运总量的96%；铁路全长只有7791公里。在海洋运输方面，卡拉奇和卡西姆是目前两个最重要的国际港口，巴基斯坦的国际货运量基本上依靠这两个港口来实现。①

巴基斯坦是最早承认中华人民共和国的国家之一。1951年5月21日，中、巴两国正式建立外交关系。自建交以来，中、巴两国在和平共处五项原则的基础上发展睦邻友好和互利合作关系。1957—1969年是中巴关系史上十分重要的阶段，这期间两国关系发生了历史性转变。

1962年，两国就中巴边界位置和走向达成协议。1963年3月，两国签订了《关于中国新疆和由巴基斯坦实际控制其防务的各个地区相接壤的边界的协定》。自此，两国政府和人民间的友好合作不断加深，中、巴两国已建立"全天候战略合作伙伴关系"。2013年5月22日，李克强总理应邀对巴基斯坦进行访问，双方发表了《中华人民共和国和巴基斯坦伊斯兰共和国关于深化两国全面战略合作的联合声明》。李克强总理与谢里夫总理就共建"中巴经济走廊"达成共识。现在，"中巴经济走廊"已成为"一带一路"框架下的重点合作项目。

五、阿富汗

阿富汗是一个位于亚洲中西部地区的内陆国家，北邻土库曼斯坦、乌兹

---

① 《巴基斯坦国家概况》，外交部网站，https://www.fmprc.gov.cn/web/gjhdq_676201/gj_676203/yz_676205/1206_676308/1206x0_676310/，访问日期：2020年8月3日。

别克斯坦和塔吉克斯坦,西接伊朗,东南部与巴基斯坦相连,东北部凸出的狭长地带与中国新疆接壤。阿富汗的国土面积为64.75万平方公里,全国划分为34个省,省下设县、区、乡和村。阿富汗的人口约有3700万,其中普什图族占40%,塔吉克族占25%,另外还有哈扎拉、乌兹别克、土库曼等20多个少数民族。逊尼派穆斯林人口约占86%,什叶派穆斯林占人口约13%,其他人口占1%。阿富汗的官方语言为普什图语和达里语。①

在历史上,阿富汗曾强盛一时。1747年,阿富汗王国建立。19世纪后,阿富汗王国日渐衰弱,成为英国和俄国的角逐对象。1919年,阿富汗摆脱了英国的殖民统治获得独立。1979年12月,苏联入侵阿富汗。1989年2月,苏军撤出阿富汗。之后因各派抗苏武装争权夺势,阿富汗内战持续不断。1994年塔利班兴起,两年后攻占了喀布尔,建立政权。1997年10月,阿富汗改国名为"阿富汗伊斯兰酋长国",实行伊斯兰统治。"9·11"事件后,塔利班政权在美国的军事打击下垮台。在联合国的帮助下,阿富汗启动了战后重建的"波恩进程"。2001年12月,阿富汗成立临时政府。2002年6月,阿富汗成立过渡政府。2004年10月,卡尔扎伊当选为阿富汗首任民选总统。2009年8月,阿富汗举行第二次总统选举,卡尔扎伊再次获胜。2014年,阿富汗举行总统选举,加尼任阿富汗总统,阿卜杜拉被任命为首席执行官。2019年9月,阿富汗举行了总统换届选举,加尼再次当选。

近年来,阿富汗政治与经济重建虽然取得积极进展,但安全局势持续不稳。阿富汗政府与塔利班战事激烈,"基地"组织、"伊斯兰国"等恐怖势力异常活跃,威胁到了阿富汗的稳定和发展。2017年8月,美国特朗普政府宣布,要对阿富汗实施新政,试图通过军事手段迫使塔利班同意与阿富汗政府进行谈判,但未取得预期效果。2018年,特朗普政府调整对阿富汗的政策,设立"阿富汗和解事务特别代表"一职,着力落实在2019年阿富汗大选前达成和平协议条款。自2018年7月开始,美国官员与塔利班代表在多哈举行多轮谈判。

---

① 《阿富汗国家概况》,外交部网站,https://www.fmprc.gov.cn/web/gjhdq_676201/gj_676203/yz_676205/1206_676207/1206x0_676209/,访问日期:2020年8月3日。

2020年2月，双方在多哈签署和平协议，就美国从阿富汗撤军、塔利班与恐怖组织切割、减暴停火、阿富汗内部谈判等方面做出约定。2020年3月，美国与塔利班签署和平协议，承诺在未来14个月内有条件、分阶段地撤出美国在阿富汗的全部军事力量。

阿富汗属于世界上最不发达的国家之一。2018—2019财年，阿富汗的GDP为2220亿美元，人均GDP只有564美元。在历经30多年的战乱后，阿富汗的交通、通信、工业、教育和农业基础设施遭到严重破坏，有600多万人沦为难民。阿富汗工业基础十分薄弱，以轻工业和手工业为主，主要有纺织、化肥、水泥、皮革、地毯、制糖和农产品加工等。近年来，由于喀布尔等大城市建筑业的繁荣，带动了制砖、木材加工等行业的发展。此外，面粉加工、手织地毯业等也有所发展。农牧业是阿富汗国民经济的主要支柱。阿富汗的农牧业人口占全国总人口的80%。全国耕地面积非常少，不到全国土地总面积的10%。阿富汗是世界第一大毒源地"金新月"的中心。2018年，阿富汗的鸦片产量约有6400吨，严重影响到本国的和平重建进程，也对地区和平与安全带来威胁和挑战。

在交通运输方面，阿富汗的基础设施非常落后。阿富汗是一个内陆国，无出海口，境内有通往伊朗和塔吉克斯坦的铁路。交通运输主要靠公路和航空。截至2018年12月30日，阿富汗全境公路的长度约为4.4万公里，主要包括喀布尔—马扎里沙里夫、赫拉特—坎大哈、喀布尔环城高速、托克汉姆—喀布尔等公路。

阿富汗矿藏资源较为丰富，但未得到充分开发。目前，阿富汗已探明的资源主要有天然气、煤、盐、铬、铁、铜、云母及绿宝石等。位于首都喀布尔南部的埃纳克铜矿，已探明矿石总储量约有7亿吨，铜总量达到1100万吨。据估计，埃纳克可能是世界第三大铜矿。此外，阿富汗还可能拥有全球第五大铁矿脉，煤储量约有7300万吨。

在对外贸易方面，阿富汗与全球60多个国家和地区有贸易往来。阿富汗的主要出口商品有天然气、地毯、干鲜果品、羊毛、棉花等，主要进口商品有各种食品、机动车辆、石油产品和纺织品等。阿富汗的主要出口对象为巴基斯坦、美国、英国、德国、印度等，主要进口国为中国、巴基斯坦、伊朗、美国、日本、韩国、土库曼斯坦、印度等。

1955年1月20日，中国与阿富汗正式建交，两国关系始终保持友好。自2001年阿富汗和平重建以来，中阿关系保持健康平稳发展。近年来，两国高层往来密切，经贸合作进展顺利，在国防、安全、文教、卫生等领域合作良好。2006年，两国共同签署了《中阿睦邻友好合作条约》。2012年，两国建立了战略合作伙伴关系。中国"一带一路"倡议提出后，多位阿富汗国家领导人都表达了加入"一带一路"倡议的迫切愿望，希望充分发挥自身地缘优势，抓住发展机遇，在政治、经贸、文化和城市发展等领域加强与中国的交流、合作。阿富汗是较早明确表态支持"一带一路"倡议的国家，是较早与中国签署共建"一带一路"备忘录的国家，也是较早就"一带一路"安保事宜与中方建立相关合作机制的国家。2016年，中、阿两国经济合作进入新阶段。北京和喀布尔共同签署了"一带一路"政府间谅解备忘录。2017年10月，阿富汗加入亚洲基础设施投资银行（简称"亚投行"）。因此，两国在"一带一路"框架下深化合作拥有坚实的合作基础和广阔的发展前景。

六、马尔代夫

马尔代夫是一个印度洋上的群岛国家，距离印度南部约有600公里，距离斯里兰卡西南部约有750公里。马尔代夫的国土总面积为9万平方公里（含领海面积），其中陆地面积只有298平方公里。马尔代夫由26组自然环礁、1192个珊瑚岛组成，其中200多个岛屿有人居住。每个岛屿的平均面积为2平方公里，平均海拔为1.2米。马尔代夫的人口数量为36.6万人，均为马尔代夫族。其中，首都马累（Malé）的人口数量为24.8万。马尔代夫民族语言和官方语言都是迪维希语，上层社会的通用语言为英语。伊斯兰教为马尔代夫的国教。

马尔代夫是一个建立在珊瑚岛上的国家,资源匮乏,人口较少,不适合发展工业,大量物资需要从国外进口。马尔代夫经济基础较为薄弱,经济结构单一,旅游、船运和渔业是国家经济的三大支柱。马尔代夫的主要收入来自旅游业,旅游业的收入对GDP的贡献率多年保持在25%左右。在2011年以前,马尔代夫曾被列为"世界上最不发达的国家之一"。经过多年努力,特别是在亚明总统任职期间,马尔代夫经济建设取得了一定的成就,成为南亚地区人均GDP最高的国家,基础设施和互联互通水平也有较大提高。2018年,马尔代夫的GDP为48.85亿美元,人均GDP为9541美元。

马尔代夫拥有丰富的海洋资源,有各种热带鱼类及海龟、珊瑚、贝壳之类的海产品。马尔代夫的主要出口产品为海产品,主要进口产品为食品、家具、石油产品、电子产品、交通工具、机械设备、建材、纺织品和生活用品等。马尔代夫的主要贸易伙伴有阿联酋、新加坡、中国、印度、斯里兰卡、泰国和马来西亚等。2018年,马尔代夫的出口额为3.39亿美元,进口额为27.6亿美元,贸易逆差为24.21亿美元。

2014年9月,习近平主席应亚明总统的邀请访问了马尔代夫,双方共同发布了《中华人民共和国和马尔代夫共和国联合新闻公报》。马方表示,愿意积极参与共建"21世纪海上丝绸之路",同意加强海洋事务、海洋经济、海洋安全等领域合作。2017年12月,在亚明总统访华期间,两国共同签署了《中华人民共和国政府和马尔代夫共和国政府自由贸易协定》(简称《中马自贸协定》),这是两国经贸关系发展中的里程碑。

在"一带一路"框架下,中国政府帮助马尔代夫完成了友谊大桥、马累国际机场改扩建等重大基础设施建设项目,极大地改善了马尔代夫的交通状况。港口和桥梁等基础设施建设,大大促进了马尔代夫航运业和旅游业的发展。中国商品物美价廉,《中马自贸协定》不仅大大降低了马尔代夫民众购买生活必需品的成本,而且为马尔代夫旅游公司在中国设点经营提供了便利。近年来,中国每年都有超过30多万的旅客到马尔代夫旅游,连续7年成为马尔代夫最大的海外客源国。此外,《中马自贸协定》生效后,中国从马尔代夫进口的绝大多数水产品关税都为零，这将为马尔代夫渔业的发展提供了源源不断的动力。

由于亚明总统积极参与"一带一路"建设，不断加强与中国的经济合作，因此他受到国内外一些"反亚"势力的强烈反对。2018年9月，马尔代夫举行新一轮总统选举，民主党候选人萨利赫击败亚明，成为马尔代夫的第七任总统。之后，马尔代夫对华政策有所反复。

七、斯里兰卡

斯里兰卡，旧称"锡兰"，中国曾称其为"狮子国"、僧伽罗等。斯里兰卡地处印度洋主航道附近，是印度洋上的战略要道，拥有得天独厚的地理条件。斯里兰卡接近地球赤道，终年如夏，风景秀丽，有"印度洋上的明珠"之称。斯里兰卡的国土面积为6.56万平方公里，人口数量约有2100万，其中僧伽罗族占74.9%，泰米尔族15.3%，摩尔族9.3%，其他人口只占0.5%。僧伽罗语和泰米尔语都是该国的官方语言，上层社会的通用语言为英语。斯里兰卡有70.1%的居民信奉佛教，12.6%的居民信奉印度教，9.7%的居民信奉伊斯兰教，7.6%的居民信奉天主教和基督教。

斯里兰卡气候良好，土地肥沃，盛产热带经济作物，具有发展农业经济的良好条件。在英国殖民统治期间，斯里兰卡经济呈畸形发展。现在，大种植园经济仍是斯里兰卡的主要特色，主要有茶叶、橡胶、椰子和稻米等。茶叶、橡胶和椰子是斯里兰卡经济收入的主要来源。斯里兰卡工业基础比较薄弱，由于资源缺乏，大量工业原材料要从国外进口。斯里兰卡几乎没有重工业，以农产品和服装加工业为主。服装加工业是斯里兰卡国民经济的支柱产业，也是斯里兰卡第一大出口创汇行业。斯里兰卡景色优美，旅游业是斯里兰卡经济的重要组成部分，但容易受到国内外安全局势的影响。

斯里兰卡是南亚地区率先实行经济自由化政策的国家。从1978年开始，斯里兰卡就实行了经济开放政策，努力吸引外资，推进私有化改革，逐步形成市场经济格局。近年来，斯里兰卡经济保持了持续增长态势。自2008年以来，受国际金融危机的影响，斯里兰卡的外汇储备大量减少，茶叶、橡胶等主要出口商品的收入和外国短期投资下降。当前，斯里兰卡宏观经济逐步回暖，但仍面临外债负担重、出口放缓等问题。2019 年，斯里兰卡的 GDP 为 840 亿美元，人均 GDP 为 3852 美元。

2009 年 5 月，斯里兰卡结束了长达 26 年的国内武装冲突，进入和平发展时期。斯里兰卡政府通过大量公共投资，着重改善基础设施，投资环境明显好转。斯里兰卡同时出台了吸引外资的优惠政策，积极组织境外招商活动。斯里兰卡希望利用地缘优势，倾力打造航空、航运、旅游、能源和经济五大中心产业，希望本国成为连接东南亚新兴经济体、中东产油区、非洲新兴经济体和西方发达经济体的区域经济中心。斯里兰卡是"21 世纪海上丝绸之路"从东南亚到中东地区的"中间站"。对斯里兰卡而言，加强与中国的双边关系，恰好可以搭上中国发展的"顺风车"，推动斯里兰卡国内社会经济快速发展。因此，斯里兰卡是首个以"政府声明"形式支持"一带一路"倡议的国家。2013 年 5 月，斯里兰卡总统拉贾帕克萨来华访问，中、斯双方决定将中斯关系提升为战略合作伙伴关系。"21 世纪海上丝绸之路"的"五通"成为中斯战略合作伙伴关系的目标和路径。

2015 年斯里兰卡大选后，西里塞纳总统开始执政。西里塞纳政府认为，"一带一路"对斯里兰卡来说是很好的发展契机，斯方愿与中方加强各领域的合作，共同构建"中斯命运共同体"。2016 年 4 月，在斯里兰卡总理维克拉马辛哈访华时发表的"中斯联合声明"中重申，斯方愿积极参与"一带一路"倡议，并认为"一带一路"是友谊、合作、交流和联通之路。中、斯双方决定以共建"21 世纪海上丝绸之路"为契机，进一步加强在基础设施建设、中斯自贸谈判、合资企业等方面的合作，促进经济、文化、科技合作和人员往来，以便造福两国人民。[①]

[①] 《中华人民共和国和斯里兰卡民主社会主义共和国联合声明》，外交部网站，https://www.fmprc.gov.cn/web/gjhdq_676201/gj_676203/yz_676205/1206_676884/1207_676896/t1354364.shtml，访问日期：2020 年 8 月 4 日。

内战结束后，斯里兰卡制订了宏伟的基础设施发展计划，并且完成了涵盖电力能源、交通运输、水利水务和通信等领域的一大批重点工程项目，但斯里兰卡仍面临基础设施整体相对落后的局面，几乎所有大型基础设施项目的建设都需要外国资金的支持。随着中、斯两国经贸合作水平不断提高，中国对斯里兰卡的投资快速增长。据中国商务部统计，在2016年，中国对斯里兰卡的直接投资流量为2.08亿美元。截至2016年12月30日，中国对斯里兰卡的直接投资存量为9.81亿美元。[1]除中国国有企业与斯里兰卡签订的多个大型投资项目外，中国民营企业在斯里兰卡的投资迅速增长，涉及酒店、旅游、农产品加工、渔业、家具制造、纺织、饲料、生物质发电、自行车、仓储物流等多个领域。自20世纪80年代中期以来，中国企业在斯里兰卡的工程承包市场份额高达30%，涉及港口、电站、电信、供水、水利、公路等多个领域。尤其是在拉贾帕克萨执政时期，中斯大项目合作呈快速发展态势。一大批已经建成的项目，包括科伦坡南集装箱码头、普特拉姆燃煤电站、莲花池剧院、机场高速公路等，成为中斯友谊的新地标。[2]

但从2015年1月开始，斯里兰卡新当选的总统西里塞纳执政，要对之前政府批准的一些项目进行全面审查，中方在斯里兰卡进行的一些基础设施项目受到影响，中斯大项目合作遭遇波折。2015年3月，斯里兰卡政府以"缺乏相关审批手续"和"重审环境评估"为由，叫停了2014年9月动工建设的科伦坡港口城项目。在两国高层沟通协商下，在西里塞纳政府启动"康提—科伦坡—汉班托塔经济走廊"建设项目的背景下，大项目合作开始逐渐回到正常轨道。2016年3月，科伦坡港口城项目重启，标志着中斯大项目合作再次成为斯里兰卡参与"一带一路"建设的重要合作方向。2016年4月，在斯

---

[1]《中斯经贸合作情况》，2017年9月10日，中国驻斯里兰卡经商参处，http://lk.mofcom.gov.cn/article/zxhz/201709/20170902645118.shtml，访问日期：2020年8月10日。

[2] 吴兆礼：《中国与斯里兰卡在"一带一路"建设中的合作》，载《"一带一路"建设发展报告（2018）》，社会科学文献出版社，2018年版，第26—42页。

里兰卡总理维克拉马辛哈访华期间,双方签署了《全面推进投资与经济技术合作备忘录》,确定继续推进在工业园区开发和基础设施建设领域的合作,对两国中长期的合作进行了规划。中斯发表的"联合声明"也明确指出,斯方愿与中方继续推进《中斯关于全面推进投资与经济技术合作谅解备忘录》中提及的大项目合作。在此背景下,一系列交通基础设施、水利水务等项目稳步实施,科伦坡港口城、汉班托塔港运营、汉班托塔临港工业园等重大合作项目积极推进。目前,中国是斯里兰卡基础设施建设领域最大的合作伙伴。[1]

八、印度

印度是南亚次大陆最大的国家,其东北部与中国、尼泊尔、不丹接壤,孟加拉国夹在印度本部与其东北部各邦之间。印度东面与缅甸为邻,东南部与斯里兰卡隔海相望,西北部与巴基斯坦交界。需要说明的是,我们这里所说的"印度"与作为古代文明的"印度"并不是同一个概念。作为古代文明的"印度",主要是一个地理概念,还包括巴基斯坦的一部分地区和孟加拉国,而古代印度河文明的核心区域位于巴基斯坦境内。在古代,印度在大部分时期都处于分裂状态。到了19世纪中后期,英国殖民者将其捏合成为一个国家。印度东临孟加拉湾,西濒阿拉伯海,海岸线长达5560公里。印度的国土面积约有298万平方公里(其中不包括中印边境的印占区和印控克什米尔等)。2019年,印度的人口数量为13.24亿,仅次于中国。

印度有100多个民族,其中印度斯坦族约占全国总人口的46.3%,其他较大的民族包括马拉提族、孟加拉族、比哈尔族、泰卢固族、泰米尔族等。印度是一个宗教社会,世界各大宗教在印度都有信徒,其中印度教教徒和穆斯林分别占总人口的80.5%和13.4%。印度民族众多,语言复杂,除了印地语、

---

[1] 吴兆礼:《中国与斯里兰卡在"一带一路"建设中的合作》,载《"一带一路"建设发展报告(2018)》,社会科学文献出版社,2018年版,第26—42页。

英语两种联邦级官方语言外，宪法还承认了包括印地语在内的22种邦级官方语言。印地语是印度所有通行语言中最具影响力的一种语言。英语在印度的影响力并没有外界想象得那么大。2005年的数据显示，只有大约5%的印度人能说比较流利的英语。自2014年莫迪执政以来，印度政府出台了一系列推广印地语的政策。

1947年6月，英国通过了"蒙巴顿方案"，将印度殖民地分为印度和巴基斯坦两个自治区域。1947年8月，印度独立。印度独立后长期由国大党统治，反对党曾在1977—1979年、1989—1991年两次执政。1996年之后，印度政局不稳，政府换届频繁。仅1996—1999年，印度就产生了5届政府。1999年，以印度人民党为首的全国民主联盟开始执政，瓦杰帕伊任总理。2004年，国大党领导的团结进步联盟开始执政，曼莫汉·辛格任总理。2014年5月，以印度人民党为首的全国民主联盟再次赢得大选，莫迪出任总理。2019年5月，全国民主联盟赢得大选，莫迪总理成功连任。

印度土地肥沃，资源丰富。印度拥有世界上10%的可耕地，面积约有1.6亿公顷，人均耕地面积为0.17公顷，是世界上最大的粮食生产国之一。印度拥有矿藏将近100种，其中云母产量居世界第一，煤和重晶石产量居世界第三。

自1991年开始，印度政府努力推行经济自由化政策。近30年来，印度经济取得较快发展。2018—2019财年，印度的GDP为2.72万亿美元，超过法国，居世界第六位，但人均GDP只有2038美元。印度被西方国家认为是仅次于中国的新兴经济体，并对印度将来超过中国寄予厚望。由于印度的年轻人占绝对优势，因此全球投资者都把印度当成一个充满潜力的大市场。由于印度处于"丝绸之路经济带"和"21世纪海上丝绸之路"之间的重要位置，中国政府将印度视为"一带一路"的天然合作伙伴。

2013年5月，李克强总理访问印度，与曼莫汉·辛格总理共同倡议建设"孟中印缅经济走廊"。2014年2月，印度总理曼莫汉·辛格在会见中国国务委员杨洁篪时表示，印方将积极参与"孟中印缅经济走廊"和"丝绸之路经济带"建设。2014年9月，习近平主席访问印度，两国发表《中印关于构建更加紧密的发展伙伴关系的联合声明》，认为"发展伙伴关系"应成为两国"战略合作伙伴关系"的核心内容。这不仅符合两国共同利益，而且有利于印度乃至世界的稳定与繁荣。

然而，迄今为止，印度是"一带一路"沿线大国中唯一一个未公开表态支持中国的国家。印度政府对中国提出的"一带一路"倡议充满了疑虑，而且多次表示反对。对印度的对外政策决策者来说，对地缘政治的考虑优先于对地缘经济的考虑。由于他们对中国心存疑虑，所以他们在看待"一带一路"时将其中的地缘政治因素扩大化了，并以地缘政治竞争的"零和"思维模式来对待"一带一路"倡议。中国领导人对印度领导人多次提出发展战略对接建议，但没有得到积极的回应。于是，中国领导人不再提中国与印度的战略对接问题。

九、不丹

不丹是一个位于喜马拉雅山脉东段南坡的内陆国，其东、北、西三面与中国接壤，南部与印度交界，国土面积约有3.8万平方公里。2018年，不丹的人口数量约有73.5万，不丹族约占总人口的50%，尼泊尔族约占总人口的35%。不丹语是不丹的官方语言。藏传佛教（噶举派）为不丹国教，但尼泊尔族居民信奉印度教。

不丹是世界上最不发达的国家之一。2016年，在联合国发展署发表的全球人类发展报告中，不丹排名第134位。2017年，不丹的GDP为25.12亿美元，人均GDP为3438美元。农业是不丹的支柱产业。2017年，农业约占GDP的17.37%，农业和林业人口占总就业人口的58%。近年来，不丹的第二产业和三产业发展较快。2017年，不丹的第二产业和三产业的产值分别占GDP的40.57%和42.06%。不丹水力资源丰富，水电资源蕴藏量约有3万兆瓦，目前仅有1.5%的水力资源得到开发利用。近年来，电力行业逐渐成为不丹的经济支柱之一，水电及相关建筑业已成为拉动经济增长的主要因素。2017年，不丹的全国发电量为 77.3 亿千瓦时，出口电量达到 57 亿千瓦时，水电产值为 217.28 亿努，[①] 占 GDP 的 13.2%。[②]

旅游业是不丹外汇的重要来源之一。每年的 3—6 月和 9—12 月，是不丹的旅游旺季。2017 年，不丹的入境游客达到 6.2 万人次，旅游创收达到 7980 万美元。然而，不丹的交通基础设施比较落后，交通运输以公路为主。2017 年，不丹的公路总里程为 1.8 万公里。[③] 山区仍以马、牛、骡等为主要交通运输工具。

不丹的经济建设严重依赖外国和国际组织的援助，而印度是最大的援助方。1949 年 8 月，不丹与印度签订《永久和平与友好条约》。2007 年 2 月，不丹与印度签署了的《不印友好条约》。

不丹是周边国家中唯一一个没有与中国建立正式外交关系的国家，并且在边界问题上一直存在争议。中不边界线有 500 多公里长，从未正式划定。1998 年，中、不两国在第 12 轮边界会谈期间签署了《中华人民共和国政府和不丹王国政府关于在中不边境地区保持和平与安宁的协定》。这是两国第一次签订政府间的协定，对维护两国边境地区稳定具有重要意义。截至 2019 年 1 月 30 日，双方共举行了 24 轮边界会谈以及 9 次边界问题专家组会议，希望边界问题得到解决。[④]

虽然不丹非常希望加强与中国的交往，但不丹产品的出口与石油等战略资源的进口都要经过印度，对外贸易需要借用印度的港口和通道，印度随时可能对不丹施压，不丹在外交和对外贸易方面深受印度牵制。

---

① 不丹货币名称 Ngultrum，简称"努"，与印度的卢比等值。
② 《不丹国家概况》，外交部网站，https://www.fmprc.gov.cn/web/gjhdq_676201/gj_676203/yz_676205/1206_676380/1206x0_676382/，访问日期：2020 年 8 月 4 日。
③ 《不丹国家概况》，外交部网站，https://www.fmprc.gov.cn/web/gjhdq_676201/gj_676203/yz_676205/1206_676380/1206x0_676382/，访问日期：2020 年 8 月 4 日。
④ 《不丹国家概况》，外交部网站，https://www.fmprc.gov.cn/web/gjhdq_676201/gj_676203/yz_676205/1206_676380/1206x0_676382/，访问日期：2020 年 8 月 4 日。

第四节
"一带一路"倡议在南亚地区的三种合作模式

"一带一路"倡议提出后,对南亚地区产生了重要影响:

首先,"一带一路"促进了南亚地区基础设施建设和经济发展,以及南亚地区与中国的人文交流。在"一带一路"倡议下,中国与巴基斯坦、孟加拉国、斯里兰卡、马尔代夫、缅甸等国的一批重大合作项目积极推进,有力促进了这些国家的经济发展,并为深化南亚区域合作提供了强大的动力。中国已经成为南亚国家的第一大外资来源国。截至2015年12月30日,中国在南亚国家直接投资存量累计达到122.9亿美元,南亚国家累计在华实际投资额为8.9亿美元。[①] 2019年,中国与南亚国家的贸易额为1361.7亿美元。[②]

其次,"一带一路"倡议促进了南亚地区互联互通的发展。在"一带一路"倡议的推动下,南亚一些国家也提出了自己的互联互通项目。苏杰生在担任印度外交秘书时承认,互联互通对地区经济合作是有利的。印度接连提出"季节计划""香料之路""棉花之路""地区同安共荣""孟不印尼次区域合作"等项目。这些地区互联互通项目与"一带一路"倡议并不冲突,而是互为补充的。如果这些项目能够真正作为地缘经济合作项目顺利开展,将有利于区域经济合作的顺利推进。

虽然印度一直反对"一带一路"倡议,但实际上,自中国提出"一带一路"倡议后,中、印两国之间的经济合作明显加强。2014年9月,习近平主席对印度进行了访问。之后,中国对印度的投资增长比较快,在2015年达到一个小高峰。2014—2015年,中国对印度投资增长较快,与中、印两国领导人互

---

① 《中国已成南亚国家主要外资来源国》,2016年5月6日,人民日报,http://www.gov.cn/xinwen/2016-05/06/ content_5070640.htm,访问日期:2020年8月6日。

② 《2019年1—12月中国与亚洲周边国家双边贸易统计》,商务部亚洲司,http://yzs.mofcom.gov.cn/article/date/202003/20200302949562.shtml,访问日期:2020年3月30日。

访密切相关。2015年,莫迪总理访华,在中国掀起"莫迪旋风",吸引中国企业赴印度投资。但在2016年,由于中印关系持续恶化,中国对印度的投资减少。2017年,中国对印度的投资又有较大增长,主要是因为阿里巴巴集团向印度电子商务公司Paytm的在线零售部门投资了2亿美元,腾讯向印度移动医疗企业Practo投资了5500万美元。自2017年以来,中国私企在对印度的投资中发挥了重要作用。

截至2020年4月30日,中、印两国之间开展了许多大型项目的合作,特别是在基础设施建设方面的合作。两国企业之间也有很多合作,阿里巴巴、腾讯、字节跳动等中国企业对印度进行了大量投资。印度地方政府非常希望中国企业前来投资。中国商务部2018年的统计数据显示:中国企业已在印度投资80亿美元。[①] 中国之前希望通过经济合作来促进中印双边关系发展。在2016年11月6日举行的第四次中印战略对话上,两国签署了多项协议,加大了中国对印度沿海制造业、高铁网络、清洁能源、城市发展等方面的投资,并确保印度信息技术公司进入中国市场。然而,这些合作深受双边关系的影响,特别是随着印度政府出台限制中国投资的"去中国化"政策,很多项目无法真正实施。

当前,南亚国家参与"一带一路"建设,基本形成了三种模式:一是中巴共建命运共同体模式;二是以竞争为主的模式,主要指印度;三是缅甸、尼泊尔、斯里兰卡、马尔代夫、孟加拉国等国的平衡合作模式。这三种模式都存在进一步优化的空间,第三种模式存在转变成第一种模式的可能性。

第一,中巴共建命运共同体模式。中国和巴基斯坦政治上相互信任,两国政府协调推动"中巴经济走廊"建设,实现发展战略对接。中国国有企业在"中巴经济走廊"建设中发挥了主导作用,私企投资也在积极跟进。虽然在"中巴经济走廊"建设中存在不少问题,包括国内政治斗争、恐怖主义、债务危机等问题,但两国都在想方设法解决。

---

① 《中印经贸联合小组第11次会议在印度举行》,商务部新闻办公室,2018年3月26日,http://www.mofcom.gov.cn/article/ae/ai/201803/20180302723856.shtml,访问日期:2020年8月6日。

第二，以竞争为主的模式。这里主要指印度。印度政府认为，"一带一路"倡议是一种地缘政治设计，对印度构成战略威胁，但印度学界存在"印度应积极参与'一带一路'建设"的声音。印度是亚投行的创始成员。当前，在中国对印度的投资中，私企发挥了重要作用。随着印度政府对中国国有企业和国有资本进入印度市场进行限制，私企可能会发挥更大的作用。针对"一带一路"倡议，印度表现出反对、对冲和替代、有条件合作等不同态度。然而，印度对"一带一路"倡议在南亚地区的成功至关重要，中国必须努力寻找将印度纳入"一带一路"倡议中的路径。

第三，缅甸、尼泊尔、斯里兰卡、马尔代夫、孟加拉国等国的平衡合作模式。这些国家受到印度和其他大国的压力，与国内选举政治、社会治理危机、财政可持续性等问题经常产生共振效应，从而影响"一带一路"合作项目的进展。

第五节
"一带一路"倡议在南亚地区面临的挑战

一、在地区经济合作中，大国竞争态势日益突出

在南亚地区，涉及利益较多的大国主要是域外的美国、日本等国，以及域内的印度。除印度外，美、日两国在该地区也与中国展开了激烈的竞争。奥巴马执政之后，美国推出了"亚太再平衡"战略。特朗普政府提出了"印太战略"。在政治上，美国拉拢菲律宾、越南、缅甸、印度等国，制造南海紧张形势和中印竞争态势，挑拨东南亚国家、印度与中国的关系，高调显示其捍卫该地区领导权的决心。在经济上，美国企图通过"新丝绸之路"计划、"印

太经济走廊"和"蓝点网络"等推动印度与中亚、印度与东南亚,以及美、日、澳、印等国的互联互通,促进贸易发展、能源交易和金融投资;在社会和文化方面,美国非政府组织以环保、人权等为借口,对中国在"一带一路"沿线国家的开发项目制造阻力。

在鸠山(Yukio)政府时期,日本就召开了"日本—湄公河各国首脑会议",将湄公河次区域列为日本政府开发援助的重点地区,充分表明日本想要主导东南亚。在缅甸,日本仍是该国的主要投资者之一。安倍政府积极配合美国推行"亚太再平衡"战略和"印太战略",在政治上拉拢印度;在经济上,日本政府推行"日本—湄公河伙伴关系计划""高质量基础设施建设计划""亚非增长走廊计划"等,并向印度、孟加拉国、斯里兰卡等南亚国家进行大量投资。

二、"一带一路"沿线国家担心自己成为中国的附庸

"一带一路"沿线国家在加强与中国的经济合作的同时,对中国综合国力上升后的担忧和戒备也在增加,企图实施大国平衡战略,避免出现"完全由中国主导"的局面。一方面,出于战略和安全上的考虑,"一带一路"沿线国家并不希望由中国独立投资、建设和经营港口等具有战略价值的基础设施,而是希望美、日等国共同参与。另一方面,出于经济上的考虑,"一带一路"沿线国家都怕本国的产业受到冲击,担心本国经济被中国资本控制。此外,一些国家企图利用大国竞争因素来获利,比如:孟加拉国希望各大国扩大投资,使本国利益最大化。这些情况在"一带一路"沿线国家中普遍存在。

三、"一带一路"沿线国家发展程度不一,社会不稳定,国内矛盾复杂

首先,"一带一路"沿线国家经济社会发展程度较低,基础设施落后,制

度不健全,标准不一,资金匮乏,严重影响了互联互通的进程。

其次,一些国家内部政党、地方势力、宗教团体和社会阶层众多,利益诉求不同,极易引发矛盾。如何使中国的投资真正惠及民众,而不是一场"分肥盛宴",对中国来说是一个重大的挑战。加之一些国家处于政治、社会转型时期,容易受西方政治思潮及非政府组织的影响,因此增加了中国投资面临的困难。例如,缅甸政府治理能力比较薄弱,极易受民意操控,而该国民意受西方主导的非政府组织和媒体的影响极大。

最后,一些国家政局动荡,恐怖主义猖獗,分离主义严重,安全问题突出。这些问题在巴基斯坦、阿富汗尤为严重。安全问题已经成为巴基斯坦、阿富汗经济发展的首要障碍。巴基斯坦政府多次郑重表示,要切实保护在巴基斯坦的中方人员的安全,并专门成立了一支安全部队。恐怖主义等安全问题与发展有很大的相关性,如果"中巴经济走廊"建成,将有助于改善当地的安全局势。

四、中国自身在推进"一带一路"建设过程中也存在问题

首先,中国在提出"一带一路"倡议之前,缺乏人才和知识储备。想要深入"一带一路"沿线国家,中国需要了解他们的语言、文化、宗教、社会、法律制度等。在"一带一路"倡议启动之前,中国缺乏对沿线国家和地区的深入了解,也缺乏精通沿线国家语言的人才。更重要的是,沿线国家也缺乏了解中国语言、文化、社会、法律等方面的人才,这不利于中国投资落地。其次,在发展计划对接和项目推介过程中未开展充分调研,未能充分考虑到对方的需求。"一带一路"倡议要取得成功,就必须了解对方的发展计划和项目需求,只有这样才能提出有效对接方案。

南亚是"丝绸之路经济带"与"21 世纪海上丝绸之路"的交汇地和重要目的地,"一带一路"倡议的提出,实际上为南亚国家提供了一次融入全球化的机会。在历史上,南亚曾经是陆上丝绸之路和海上丝绸之路的目的地,这个

地区拥有世界上非常精明的商人。凭借印度洋的海上优势，南亚国家都曾富甲一方。但进入现代社会之后，与东亚和东南亚的国家相比，南亚国家在融入全球化的过程中明显落后了。20世纪80年代，一些国家也曾希望通过实行经济自由化政策来融入全球化的大潮之中，以便提升本国经济地位，但它们最后都以失败告终。现在，欧美国家主导的经济全球化基本结束，欧美一些国家还掀起了"逆全球化"和"反全球化"的浪潮。在这一背景下，"一带一路"所代表的新一轮全球化，对南亚国家来说是一个宝贵的机会。能否抓住这个机会，实现经济社会的发展和文明的复兴，实际上取决于南亚国家的政府和人民。对中国来说，要想取得"一带一路"建设的成功，不仅取决于如何妥善应对大国地缘竞争的挑战，更要深入了解沿线国家的政治、经济和文化，了解它们经济自由化改革失败的原因，在推进"一带一路"建设的过程中避免失误。

第二章

南亚国家的经济开放政策

第二次世界大战结束之后,广大亚、非、拉发展中国家取得独立,并根据各自的国情建立了不同的经济制度。从20世纪50年代到70年代,广大发展中国家的经济发展总体上比较顺利。但20世纪70年代末至80年代初,许多发展中国家都出现了经济增长速度下降、通货膨胀加剧、对外贸易状况恶化、外债负担加重、债务偿还能力下降等问题。这些发展中国家之所以出现经济困难,虽与同时期西方发达国家经济衰退、转嫁危机、国际大宗商品市场及资本市场动荡有关,但根本原因在于:这些发展中国家自身的经济体制和发展战略出现了问题。大多数发展中国家在20世纪70年代以前都实行了"政府主导经济""进口替代"等策略。经过多年实践,这些策略出现了一系列结构性的深层次弊病,无力应对外来冲击,反而在外部力量的冲击下激化了内部矛盾。内外矛盾叠加,使其经济问题愈发严重。

面对经济困境,许多发展中国家纷纷进行经济改革。20世纪七八十年代是西方新自由主义经济思潮大行其道、广泛传播的时代,国际货币基金组织和世界银行在给这些发展中国家提供贷款的同时,要它们推行一揽子的"结构性调整"方案。在苏联计划经济模式日益僵化、西方资本主义经济模式优势明显、"亚洲四小龙"等东亚经济体勃然兴起的背景下,广大发展中国家并无其他发展模式可以遵循。因此,许多发展中国家不由自主地采取了自由、开放的新自由主义经济政策。整体而言,这是一次重新选择发展战略和发展模式的改革。在改革过程中,有的国家取得了比较大的成功,甚至发展成为新兴经济体,而有的国家并没有那么顺利,至今仍在艰难地摸索自己的发展道路。

从20世纪70年代开始,南亚国家一起走上了经济开放之路。南亚国家的经济改革和开放时间有早有晚,由于各个国家的政治和经济社会状况差别较大,各国实行经济改革和开放的成效也有很大不同。斯里兰卡、巴基斯坦、孟加拉国等国是南亚国家中较早推行经济开放的国家。而在印度,虽然在英迪拉·甘地和拉吉夫·甘地政府时期也采取了一些改革措施,但直到20世纪90年代才真正推行经济开放政策。虽然印度实行经济开放的时间要晚得多,但印度经济开放的成效和影响远远超过了巴基斯坦、孟加拉国等其他南亚国家。本章将分别探究南亚主要国家推行经济开放政策的做法、成效、问题以及经验教训。

第一节
印度经济开放的主要做法、成效和问题

自1947年印度独立,一直到1991年印度政府实行自由化经济改革,印度奉行的都是"尼赫鲁社会主义"。这是一种国有经济和私营经济并存的混合发展模式,其主要特点是:强调政府对经济的主导作用,通过"进口替代"实现工业化,重视发展国有企业,限制私营企业的发展,排斥外资。[1]印度经济长期保持年均3.5%左右的增长速度,被戏称为"印度教徒式的增长"。

---

[1] 荣鹰:《印度十年经济改革回顾与展望》,载《国际问题研究》2001年第6期,第51—56页。

进入20世纪80年代，英迪拉·甘地政府和拉吉夫·甘地政府为应对国内经济形势的变化，相继采取了一些改革措施，比如：减少政府干预，放宽对私营企业的限制，鼓励小工业的发展，扩大出口，放宽对外资的限制等，但这只是一些局部性、应急性的改革措施，既不全面也不深入，对印度经济发展没有产生实质性的影响。

进入20世纪90年代，由于苏联解体、东欧剧变、海湾战争等外部因素的冲击和国内政局动荡，印度失去了巨大的出口市场和外汇收入来源。此外，油价高涨又加重了印度进口石油的负担，印度卢比贬值，国际资本抽逃，经济陷入危机。这场危机的突出特点是：印度的国际信用丧失，外汇极度短缺。1991年5月初，印度的外汇储备已减少到12.13亿美元，仅能满足一个星期的进口需求。1991年5月21日，在信用丧失、举债无门的情况下，万般无奈的谢卡尔政府只好悄悄地从储备银行中取出20吨黄金，秘密运往瑞士银行，用来抵押硬通货并获得2.34亿美元的贷款，以解燃眉之急。①

1991年6月，在世界银行和国际货币基金组织的帮助下，拉奥政府采取了一系列旨在稳定宏观经济结构的经济政策，印度从此走上了以自由化、市场化、全球化为方向的全面经济改革之路。

一、印度经济开放的主要做法

迄今为止，印度经济改革的历程大体上经历了两个阶段。第一代改革阶段，可以说是放开管制的阶段，这一阶段的改革相对比较容易，可以分为拉奥政府时期、人民党高达联合阵线政府时期、古杰拉尔联合阵线政府时期以及瓦杰帕伊政府前期。第二代改革阶段，涉及经济领域立法和司法改革，可以分为瓦杰帕伊政府后期、曼莫汉·辛格政府时期和现在的莫迪政府时期。实际上，印度政府的经济改革和开放一直坚持稳步推进的原则，即使进入第

---

① 孙培钧、华碧云：《印度的经济改革：成就、问题与展望》，载《南亚研究》2003年第1期，第3—11、22页。

二代改革阶段，印度政府仍在第一代改革的基础上不断扩大开放的程度。

（一）第一代改革阶段

1. 拉奥政府时期[①]

（1）工业政策

1991年，拉奥政府制定的新工业政策改变了传统的保护体制，引入了自由竞争的市场机制。例如，基本上取消了实行了40多年的许可证制度，解除了对私营企业的严格管制，扩充私营企业的经营领域，规定只保留18种工业许可证制度，（1993年减少到15种），并放松对垄断财团扩大资产与生产规模的限制。新工业政策对公营部门重新定位，将其定位在发展基础工业、涉及国家安全的战略性工业上，还致力于改善国有企业的经营管理，并推行"国有企业私有化"政策。

（2）外贸政策

1991年7月，印度卢比两次贬值，贬值的幅度达到20%。1992—1993年，印度政府宣布卢比在贸易账户下可实现部分兑换；1994年8月，卢比实现了在经常项目下的自由兑换。汇率体制的改革不仅刺激了出口，也使印度经济与世界经济融为一体。1992年，印度政府取消了进出口许可证制度，逐步降低进口商品的关税，消除非关税性贸易壁垒。改革前，印度进口商品的平均关税为87%，其中消费品关税平均高达164%，进口商品的最高关税为350%。此外，政府在税收、金融、信贷政策等方面给出口提供了各种优惠条件，如普遍降低关税，鼓励私营企业扩大出口，对出口加工区和面向出口的企业给予优惠等。

（3）外资政策

拉奥政府对外资的态度从过去的"疑虑和限制"转变为"欢迎和开放"，积

[①] 本部分涉及的参考文献主要有：孙培钧、华碧云：《印度的经济改革：成就、问题与展望》，载《南亚研究》2003年第1期，第3—11页；荣鹰：《印度十年经济改革回顾与展望》，载《国际问题研究》2001年第6期，第51—56页；李好：《印度经济改革的核心：经济增长与社会公平》，载《经济研究导刊》2011年第18期，第178—180页。

极改善投资环境，对外商在印度的投资给予多方面的优惠政策。1992年2月，印度政府颁布了新的《外汇管理条例》，取消了英迪拉·甘地政府时期的种种限制，将外资对印度企业的参股最高比例从40%提高到51%，并且扩大了外资的投资领域，允许外资进入公营部门领域，支持外资进入高科技领域。印度政府还公布了外国投资者投资资本市场的有关规定，欢迎外国投资者投资印度一级和二级市场的各类证券，上限比例一般为24%，最高可达40%。

（4）财政金融改革

新经济政策要求对财政和金融体制进行改革，以适应市场发展的需要。财政改革的主要措施有：减少财政开支，精简政府机构，改革税收体制，降低财政赤字等。金融改革的目标是减少政府对银行系统的干预，促进市场竞争。1993年1月，印度政府公布了有关金融改革的一揽子方案，允许成立包括与外国投资者合资的私人银行。对非银行性金融机构，印度政府也建立了对其资质和信用的评定和管理机制。与此同时，政府撤销了"银行业招聘局"，各私人银行可自行决定其职员的聘用。

高达政府和古杰拉尔政府依靠国大党的支持，在经济政策上保持了拉奥政府时期政策的连续性，扩大了经济改革的影响。这段时间可以看作拉奥政府时期政策的延续。这一时期虽然没有出台大的改革措施，但两届政府仍在继续推进经济改革，主要表现有：在农业方面，开始农业改革，提出加强农村基础设施建设，扩大农业信贷，促进农业商品流通，发展食品加工业和促进农副产品出口；在工业方面，进一步取消工业部门的许可证制度，放宽外商参股上限和国外金融机构在印度证券市场上的投资比例限制，对国有企业实行重组和部分私有化，进一步下调关税税率、降低银行利率等。这些政策有助于印度经济向市场经济转轨。[①]

2. 瓦杰帕伊政府前期

1999年，印度人民党组成了以瓦杰帕伊为首的联合政府，在任期前三年

[①] 孙培钧、华碧云：《印度的经济改革：成就、问题与展望》，载《南亚研究》2003年第1期，第3—11页。

的时间里，瓦杰帕伊进一步推行了经济开放政策，例如：开放市场，逐步降低进口商品的关税，进一步清除非关税性贸易壁垒；除农产品外，实行了几十年的进口商品许可证制度基本废除；建立了以出口加工为主的经济特区，对出口企业和商品提供出口信贷，并给予税收、关税和通关方面的各种优惠政策，给出口商更大的自主权。

瓦杰帕伊政府大力扶持信息产业，将信息产业作为国家的支柱产业，主要采取的措施有：进一步放宽对外资的限制，外商可独立经营因特网服务和电子商务；把外商对宽带服务的投资比例从49%提高到74%；取消对外资电力、电力传输和销售项目（原子能发电项目除外）投资数额的限制。

此外，印度政府鼓励本国企业向国外融资，主要措施有：印度大公司可在国外发行股票和债券，筹集的资金可全部投资国外；有权在国外发行股票和债券的公司可拥有不超过1亿美元的外国股份等。此外，瓦杰帕伊政府还采取了一系列旨在加强预算能力、削减赤字、降低税率、增加税收等强化政府宏观调控能力的改革措施。[1]

（二）第二代改革阶段

1. 瓦杰帕伊政府后期

进入21世纪，瓦杰帕伊政府把难度较大的、涉及经济领域立法和司法的第二代经济改革提上日程。[2]

（1）减少在国有企业中的股份

为了吸取拉奥政府时期"国有企业私有化"失败的教训，瓦杰帕伊政府停止实行"关停并转"政策，转而鼓励国有企业上市，逐渐减少政府在国有企业中的股份。

（2）将农业作为改革的重点

继续推进农业的可持续发展，推动私营部门以合同形式经营现代农业，

---

[1] 荣鹰：《印度十年经济改革回顾与展望》，载《国际问题研究》，2001年第6期，第51—56页。
[2] 文富德：《印度难以推行第二代经济改革的原因及前景》，载《南亚研究季刊》2014年第3期，第38—44页。

加快现代农业技术的转让，允许农产品自由贸易，使其摆脱官僚与政治的干预。①

（3）进一步支持外国私人投资

瓦杰帕伊政府将外国投资者在印度股票市场投资的最高投资比例从24%提高至40%。外国投资者可以对印度非金融公司直接投资，允许设立外商独资公司，但必须将其中25%股权转让给印度国内投资者；放松外汇资本账户管制，鼓励印度国内公司对外投资。

此外，瓦杰帕伊政府修改了《工业纠纷法》，将原定100人以下工业企业可自行解雇员工的权利扩大至1000人以下工业企业。

2. 曼莫汉·辛格政府时期

曼莫汉·辛格被誉为"印度经济改革之父"。2004年，曼莫汉·辛格出任印度总理后，坚持推动经济改革和持续开放政策。②

（1）继续放松对私营经济的限制

曼莫汉·辛格政府主要采取的措施有：鼓励公私合营完善基础设施建设，创建具有国际竞争力的经济特区；进一步扩大私营经济活动的领域，允许私人企业开办铁路集装箱运输业务，鼓励私人企业建立集装箱站；出台激励私营部门发展食品加工业的新政策；鼓励企业"走出去"，逐渐放松外汇管制，使卢比逐渐成为自由兑换的货币。

（2）继续放松对外国投资的限制

曼莫汉·辛格政府主要采取的措施有：提高政府办事效率，加快外商投资申请审批速度；提高外资所占比例，将银行、保险行业的外商直接投资比例由26%提高到49%，将电信业的外商直接投资比例由49%提高到74%；扩大外资投资领域，向外资开放零售业，允许外参与印度城镇和住房开发建设、基础设施建设和建筑开发项目；加强外资管理；扩大出口加工区建设；加速

---

① 王金、沈健：《印度经济改革探析》，载《中国市场》2016年第16期，第182—183页。
② 文富德：《印度难以推行第二代经济改革的原因及前景》，载《南亚研究季刊》2014年第3期，第38—44页。

经济特区建设。

（3）加速快财政税收改革

曼莫汉·辛格政府主要采取的措施有：调整财政投资方向，引入增值税；取消电子硬件产品的消费税，促进电子硬件产品的消费与生产；降低石油、钢材等商品的进口关税。

（4）坚持金融制度改革

曼莫汉·辛格政府主要采取的措施有：提高外汇存款利率，利率逐渐市场化；运用金融措施控制通货膨胀；保持外汇市场的稳定性，促使外汇市场整体秩序良好；保持良好的外汇储备，以应付不动产领域的不确定性、国际油价的波动及高额公共债务等情况对国家经济造成的冲击。

曼莫汉·辛格政府的改革政策受到执政联盟内部左派势力的极力反对，未能完全贯彻实施。在2009年第二任期开始后，曼莫汉·辛格认为，印度要保持经济发展势头就必须进行全面经济改革。为此，他制定计划，准备进一步实施以市场为导向的经济改革，同时扩大穷人福利。但在国际金融危机的背景下，曼莫汉·辛格政府的第二代经济改革进展并不顺利。政府开放商品零售市场的新政策一提出就遭到数千万零售商的坚决反对，引发了全国性的游行示威，导致经济改革方案再度搁置。

2011年11月，印度政府试图利用议会通过的16项经济法案，启动第二轮经济改革，但遭到联邦院和人民院的强烈反对。2012年9月中旬，曼莫汉·辛格政府宣布再次进行新一轮的改革，要求放松外商收购民航、零售业、广播和电力贸易行业股份的限制。然而，零售业的改革引发了强烈的争议，大规模抗议示威活动不断出现，议员接二连三地退出执政联盟，印度经济改革陷入僵局。直到2012年冬季，在经历两天的议会激烈辩论后，印度议会才通过了曼莫汉·辛格政府力推的对零售业的改革方案。[①]

2013年，印度议会通过《土地征收、修复和安置中公平补偿和透明性权

---

① 文富德:《印度难以推行第二代经济改革的原因及前景》，载《南亚研究季刊》2014年第3期，第38—44页。

利法案》(简称《土地征收法案 2013》),以取代 1894 年的《土地征收法案》。推行该法案的目的在于:为大规模工业化进程中的土地征用制定规则。

3. 莫迪的经济改革

莫迪执政后,挟强大民意支持,以"政治强人"之姿大力推进第二代经济改革,对阻碍外商投资和经济发展的陈旧法令进行了修改,以释放经济活力。

2015 年 1 月 1 日,莫迪政府顶着反对党的压力,正式宣布撤销已有 65 年历史的国家计划委员会(简称"国家计委"),同时建立"改革印度全国学会"(NITI Aayog)。莫迪称,国家计委阻碍了印度经济发展,新机构将以"亲民、积极、参与性强的发展规划"来取代之前国家计委"一刀切"的做法。"改革印度全国学会"成为改革议程的积极推动者。

2015 年初,莫迪政府提出修改土地法,要求放松征地条款。新法规被国大党指责为"违背穷人利益,为资本家服务",因而未能在印度联邦院获得通过。

2016 年 5 月,印度议会上院通过了新的《破产法》。新的《破产法》有助于困难企业加快重组速度,避免无休止的法律诉讼。其关键作用是:保护无担保的债权人,保护投资者向公路、港口、电力等长期项目的投资利益。

另外,印度政府加快了投资审批制度改革。一方面,实行外商投资负面清单制度,除部分"战略性"部门外,其他行业都废除了外商投资许可证制度。2016 年 6 月,莫迪政府再次扩大开放范围,包括航空、国防、医药、零售、食品生产、有线电视网络和卫星通信等领域。另一方面,在外商允许投资的领域,外商直接投资的比例根据不同行业可逐步提高,同时允许外商在股票市场和债券市场上投资。2017 年 5 月,印度内阁批准淘汰外国投资促进委员会,因此外资得以通过"自动路线"快速进入印度市场。

2016 年 11 月,莫迪政府突然宣布废除 500 卢比和 1000 卢比面值的钞票。莫迪政府废钞政策的一个意外结果就是:数字交易和电子支付迅速发展。

2017 年 4 月 12 日,印度内阁经济委员会(CCEA)批准了 11 家中央国有企业的上市计划,旨在推进政府从国有企业中撤资,将国有股份缩减至 25%。同时,莫迪政府还启动投资改革,比如,煤炭矿区可对民间开放,主要措施是：改变印度煤炭公司（Coal India）掌握国内煤炭矿区的垄断局面，向国内外的民营企业敞开大门。[①]

2017年7月，印度推行了全国统一的商品与服务税（GST）税收政策。早在2008年，曼莫汉·辛格总理曾提出在印度实施统一的GST税务体系，但这一目标未能实现。在莫迪政府时期，GST改革终于实施。GST可以促进国内市场统一，增加赋税收入，促进经济增长，控制通货膨胀，维持财政平衡。由于征税和返税准确量化，印度的出口行业也将极大受益，并进一步增强其在国际市场上的竞争力。

二、印度经济开放的成效

（一）促进了印度经济的持续增长

在实行经济自由化改革之前，印度经济长期保持在年均3.5%的增长速度。在经济实行自由化改革和逐步走向开放之后，印度经济年均增长率由20世纪90年代的5%至6%上升到21世纪初的7%至8%，个别年份甚至达到10%（见图1）。

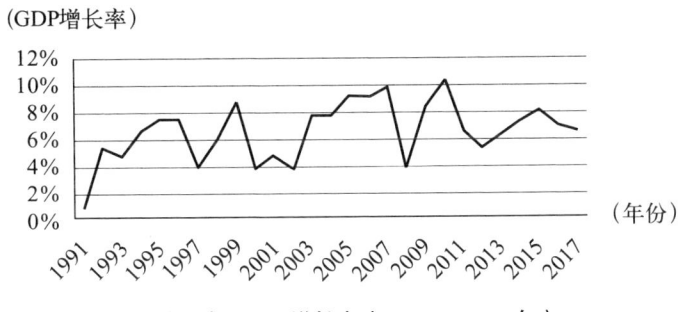

图1 印度历年GDP增长率（1991—2017年）

（图表由笔者自制。数据来源：https://www.kuaiyilicai.com，访问日期：2020年8月24日。）

[①]《印度的GDP将在2019年超过2.9万亿美元，经济规模将跃居世界第5位》，2018年3月2日，http://baijiahao.baidu.com/s?id=1593841298964422188&wfr=spider&for=pc，访问日期：2020年8月24日。

2016年，印度GDP按现价计算，约为2.251万亿美元，占世界GDP的2.99%，是世界第7大经济体，与法国和英国的差距已经非常小。印度的经济在亚洲仅次于中国和日本，是亚洲第三大经济体，占亚洲名义GDP的8.5%。然而，按照购买力平价（PPP）计算，印度经济总量约有8.72万亿美元，是世界上仅次于美国和中国的第三大经济体。2016年，印度GDP占世界GDP总额的7.32%，占亚洲GDP总量的15.98%。[1] 2017年，印度GDP已经超过了法国，排在世界第六位。

（二）营商便利度提高，外来投资和对外投资大幅增加

1985—1991年，印度每年吸收外国直接投资（FDI）约2亿美元。经济开放后，印度实际的外国直接投资额从1990—1991年度的1.07亿美元增长到1994年的9.58亿美元；世贸组织成立后，外国直接投资更是大量涌入印度。1995年，印度实际的外国直接投资为21亿美元；2005—2006年度，印度实际的外国直接投资为89.62亿美元；2016—2017财年，印度外国直接投资为356亿美元。2018年1月，在普华永道对全球CEO的调查中，印度超越了日本，成为第五大最具吸引力的投资目的地。在2017—2018财年的上半个财年，由于政府在基础设施、制造业和技能方面的改革努力，印度的外国直接投资飙升了17%，超过250亿美元。[2] 外国资本对印度证券投资从1990—1991年的0.06亿美元增长到2000—2001年的27.6亿美元；2009—2010年，外国资本对印度的投资增加到323.76亿美元；2014—2015年，外国资本对印度的投资为422亿美元。[3]

自20世纪90年代以来，印度公司对外直接投资从无到有，逐渐增多，2009—2010年增加到143.33亿美元。塔塔集团、马亨德拉集团、印度信息技术公司等一大批企业纷纷到国外投资。印度的对外投资额甚至超过外商对印

---

[1] "GDP of India", 2018.8.24, http://statisticstimes.com/economy/gdp-of-india.php，访问日期：2020年8月24日。

[2] "UTI International Monthly Reports", 2018.9.1, http://www.utifunds.com.sg/insights/monthly-reports/，访问日期：2020年9月1日。

[3] 数据来源：印度储备银行（RBI），2018.9.1, https://www.rbi.org.in/，访问日期：2020年9月1日。

度的直接投资额。

世界银行根据多个领域的营商便利程度测量结果,将印度评为"全球进步最快的十强国家之一"。印度在世界银行"营商便利"指数排名中的排名提高了30位,跻身全球前100名。世界银行认为,自2003年以来,印度采取了29项重大改革措施,改善了营商环境,其中近一半措施是在过去四年时间里采取的。印度在建设许可、土地信贷、保护小投资者利益、纳税、跨境贸易和破产保障等方面实施的改革均取得可圈可点的进步。[1] 在传统基金会发布的"2017年世界经济自由指数"排行中,印度在180个国家中排第143位。[2]

(三)印度对外贸易快速增长,地位不断提高

印度商品出口额从1990—1991年的181.43亿美元增加到2016—2017年的2758.52亿美元;商品进口额从1990—1991年的240.75亿美元增长到2016—2017年的3843.56亿美元。1990—1991年,印度软件出口额还不到1亿美元,还没有外包服务,但随后印度软件和外包服务的出口额逐年增加,2001—2002年的出口额为80亿美元,2010—2011年的出口额就已经增加到590亿美元。[3] 2017财年(2017年4月—2018年3月),印度IT-BPM出口额达到1160亿美元。[4] 随着对外贸易额的快速增长,印度在世界贸易中的地位不断提高。1992—1993年,印度在全球贸易中的比重为0.4%;[5] 2017年,印度贸易出口额占世界出口总额的1.68%,进口额占世界进口总额的2.48%;

---

[1] "India Jumps Doing Business Rankings with Sustained Reform Focus", 2017.10.31, http://www.worldbank.org/en/news/press-release/2017/10/31/india-jumps-doing-business-rankings-with-sustained-reform-focus, 访问日期:2020年8月10日.

[2] 郝洲:《莫迪的印度翻新计划》,载《财经》,http://magazine.caijing.com.cn/2017/0519/4274116.shtml,访问日期:2020年8月20日。

[3] 数据来源:印度软件和服务业企业协会(NASSCOM), https://nasscom.in/,访问日期:2020年9月1日。

[4] 《印度软件与信息服务业的数字化转型及创新》,2018年7月27日,http://www.sohu.com/a/243783249_640189,访问日期:2020年8月27日。

[5] 文富德:《印度经济改革的成绩与问题》,载《南亚研究季刊》2012年第1期,第92—99页。

印度外包服务大约占世界外包市场的55%。[1]印度的贸易开放度已经超过50%,。印度对外贸易长期存在的一大问题是财政赤字。2016—2017年,印度对外贸易赤字达到1085亿美元,这主要是由大量进口石油和经济结构不合理、制造业不发达等因素造成的。

与国民经济快速增长、外来投资增多和对外贸易迅速增加等密切相关的是印度的国际收支情况。1991年爆发的严重国际收支危机促使印度政府发起经济改革。2001—2002年,印度的外汇储备增至510.49亿美元,2003—2004年增至1074.48亿美元;2007年,印度的外汇储备超过了3000亿美元;2018年1月,印度的外汇储备为4178亿美元,成为世界上外汇储备较多的国家之一。[2]

(四)印度经济结构发生了较大的变化

1990—1991年,在印度当年的GDP中,农业占30.9%,工业占25.4%,服务业占43.7%。到2016—2017年,农业占GDP的比重降到了15.3%,工业产值的比重上升到了31.5%,而服务业的比重则上升到了53.2%。[3]服务业成为国民经济中最大的组成部分和增长速度最快的领域,尤其是软件和外包服务业发展非常迅速。1990年,印度的软件产业年产总值只有1.9亿美元。2017年,印度的IT-BPM总收入(包括电子商务)达到了1540亿美元,占GDP的7.7%。[4]班加罗尔软件园被称为"印度硅谷",是印度最大的软件园。

三、印度经济开放面临的问题

(一)印度独特的政治和政党制度使某些经济开放政策很难落实

印度的经济开放和自由化改革是1991年经济危机冲击下的产物,随后20

---

[1] 《印度软件与信息服务业的数字化转型及创新》,2018年7月27日,http://www.sohu.com/a/243783249_640189,访问日期:2020年8月27日。

[2] 文富德:《印度经济改革的成绩与问题》,载《南亚研究季刊》2012年第1期,第92—99页。

[3] 数据来源:印度统计和计划执行部,http://mospi.nic.in/,访问日期:2020年8月29日。

[4] 《印度软件与信息服务业的数字化转型及创新》,2018年7月27日,http://www.sohu.com/a/243783249_640189,访问日期:2020年8月27日。

多年的改革开放是一个循序渐进的过程，越到后来，改革开放政策推行的难度就越大。由于各种既得利益集团的存在、印度特殊的社会结构、联邦体制和政党制度、不同党派代表不同的利益集团，印度决策层在具体的开放和改革政策上很难形成共识，改革措施经常因为一个社会群体的不满而无法推进，反对党经常"为反对而反对"。有学者认为，印度的经济改革兼顾了经济增长与社会公平，但实际上严重牺牲了效率。[①]

印度政府进行经济改革的根本目标是实现印度经济快速发展，但一些改革措施带有非常强烈的政治意图，比如废钞令。废钞令导致的直接后果是印度人民党赢得了北方邦的选举。莫迪推出废钞令的目的据说是为打击地下经济和黑钱，强迫"地下经济"浮出水面，继而增加税收，强化财政。然而，莫迪忽略了大规模"地下经济"形成的主因，即政府的执行力较弱。若不从根本出发，推行大规模改革，只会引起社会混乱，甚至带来动荡。另外，为了拉选票，执政党也经常向民众发放福利，甚至推出超出政府财政能力的医改方案，增加了财政赤字，减少了政府对国民经济发展的投入。

印度经济改革和开放缓慢推进的一个好处是：经济没有大起大落，社会没有发生严重动荡。但是，这也造成了产业发展不平衡，地区发展不均衡，贫富差距拉大，基础设施不完善，制造业在 GDP 中的份额偏低，大量人口无法就业，所谓的人口红利难以兑现。

经济开放必须有相应的政治制度作为保障。改变一个国家的政治生态非常困难，即使像莫迪这样的"政治强人"出现，印度的第二代改革仍然难以顺利推进。例如，印度农业改革一直没有大的动作，土地法和劳动法的改革难以推行，大量的社会福利补贴使财政赤字居高不下，这些问题的存在都与印度的政党制度密切相关。目前，印度的改革也逐渐进入"深水区"，想要继续推进经济开放，确实需要强有力的政党和政治强人。

---

① 李好：《印度经济改革的核心：经济增长与社会公平》，载《经济研究导刊》2011 年第 18 期，第 178—180 页。

（二）根深蒂固的经济民族主义心态不利于经济开放

自 1991 年印度实行经济自由化政策以来，迄今已有 30 年，但印度的经济结构一直存在问题。在驱动国民经济发展的"三驾马车"（投资、消费和净出口）中，消费一直是印度经济发展的最大驱动力，居民消费约占印度 GDP 的 60%。近年来，印度政府加大了投资力度，甚至不惜采取财政赤字政策，大力推出投资便利化措施，大量引进外资。从莫迪政府的经济改革政策来看，印度经济已经进入"投资驱动型"阶段。印度亟需引进外资，但印度给外国投资者的感觉却是外资在印度处处受限。印度总理莫迪在 2017 年实施了一系列的经济改革措施，旨在提升印度的"投资友好度"。然而，据世界银行统计，印度依然是"全球最难做生意的国家之一"。印度一方面不遗余力地吸引外资，另一方面又随时用自己的方式限制外资。

印度制造业不发达的主因在于过度的劳动保护、妇女地位低、基础教育落后等。因此，印度需要大力推动劳动市场改革，让工资由市场决定。另外，简化劳动市场的法律法规以及加快土地流转是改善商业环境的长期要求。[1] 目前，印度大约有 45% 的劳动力在农业领域，而农业只占 GDP 的 15%。经济转型需要在工业和服务业创造更多的高薪工作岗位，以便转移农村劳动力。印度要实现这种转移，必须扩大商品的出口份额。

然而，印度政府一直没有放弃保护主义手段，印度的对外开放是有选择性的。印度的经济保护主义使国家的信用受到影响。2017 年 4 月，印度逐渐撤销一项可以对外国投资者提供保护的协议条款。[2] 英国沃达丰公司与印度之间的税务争议、澳大利亚白色工业公司诉印度案、日本日产公司与印度关于补贴的国际仲裁争端等，让相当一部分企业对印度的投资犹豫不决。

同时，印度的经济自由化改革其实并没有完全遵循新自由主义路线，这

---

[1] IMF, World Economic Outlook, "Seeking Sustainable Growth: Short-Term Recovery, Long-Term Challenges", 2018.9.29, https://www.imf.org/en/Publications/WEO/Issues/2017/09/19/world-economic-outlook-october-2017, 访问日期：2020 年 8 月 29 日。

[2]《英媒：印撤销一项保护外国投资者条款引发商界担忧》，2017 年 4 月 18 日，http://world.huanqiu.com/exclusive/2017-04/10494003.html, 访问日期：2020 年 8 月 29 日。

包括：对公营部门的改革，对国内产业和市场的保护，"进口替代"政策的延续和回调等。贸易壁垒使工业关税（除纺织品、服装和汽车外）从1991年的355%下降至2007年的10%。平均工业关税从113%下降至12%。但最近，印度政府重启了"进口替代"工业化策略，通过国内生产替代进口、提高众多进口产品的关税等措施来促进工业发展。[①]

虽然印度的对外开放程度较高，但当前国际经济环境已经发生了重大转折。以美国为首的一些西方发达国家推动"逆全球化"，特朗普政府大搞贸易战，要求"美国优先"，印度不仅担心自己受到牵连，而且对全球自由贸易的发展和全球资金回流到美国表示担忧。印度也不想加入以中国为中心的价值链和产业链体系中，拒绝"一带一路"倡议。

印度促进经济快速发展的关键是转变思维。首先，要彻底改变对外来资本的态度，放弃强烈的经济民族主义心态；其次，在经济全球化时代，任何一个国家都必须加入全球产业链和价值链体系当中。

第二节　巴基斯坦经济开放的主要做法、成效及经验教训

巴基斯坦独立之后，没有像印度那样建立强大的国营部门，由国家严格控制和干预经济。从经济体制看，巴基斯坦长期倚重私营经济。在农业方面，巴基斯坦政府没有进行过大规模的土地改革；在工业方面，也只是在佐洛菲卡尔·布托执政时期（1970—1977年）推行了国有化政策。因此，巴基斯坦实行的是自由资本主义经济体制。不过，巴基斯坦的自由资本主义并不是成熟的资本主义，而是在封建主义所有制并未完全解体的情况下发展起来的。

[①] 刘丽坤：《莫迪经济学：为何印度将走向长期繁荣》，载《社会科学报》第1619期第7版。

与其他很多发展中国家一样,巴基斯坦奉行的也是"进口替代"战略,仅对外资开放制造业,通过高估币值来确保外资进入国内市场,同时实行进口许可证制度,对进口商品实行高关税和进口管制。此外,政府努力推动国内工业化发展和产品出口,并采取提供补贴、红利分成、信贷优惠等措施,以提高出口商品的竞争力。[1] 巴基斯坦政府历来都很重视引进外资,早在 1976 年就出台了《私人投资(促进与保护)法案》,专门为外国投资者提供必要的法律保护。

一、巴基斯坦经济开放的主要做法

20 世纪 80 年代,巴基斯坦经济出现了一些令人担忧的问题。由于实行保护主义,国内企业缺乏竞争力,储蓄率低、债务负担加重、贸易赤字增加等问题长期存在。到 20 世纪 80 年代末,巴基斯坦经济已经达到官僚主义管理模式可以承受的极限。到 1988—1989 财年结束时,国内发生了财政危机,财政赤字占了国内生产总值的 8.5%,通货膨胀率超过 9%,外汇储备下降至 4.38 亿美元,这个数据相当于巴基斯坦三个星期的进口额。要解决上述问题,政府必须大力吸引外资,调整产业结构,扩大商品出口。为此,在 1989 年,巴基斯坦贝·布托政府进行了新的经济改革,包括削减关税、实行浮动汇率、简化投资和进出口手续、废除进口禁令、鼓励出口等。然而,这次改革因受国际贸易条件恶化、国内自然灾害严重、政局动荡不安、改革计划执行乏力等因素的影响而受阻。[2]

1990 年 11 月,纳瓦兹·谢里夫出任巴基斯坦总理,大力推行改革政策,全面实行经济自由化,解除管制,促进私有化,增进投资,要把巴基斯坦建成一个高度工业化的经济强国。

首先,谢里夫政府推行国有企业私有化政策,缩小政府对经济的干预范围。

---

[1] Muslem-ud Din, Ejaz Ghani, and Omer Siddique, "Openness and Economic Growth in Pakistan", The Pakistan Development Review, 42:4 Part II(Winter 2003)pp. 795-807.

[2] 胡国松、莫裕林:《巴基斯坦经济改革述评》,载《南亚研究季刊》1992 年第 4 期,第 15—20 页。

其次，鼓励国内外投资，并给予各种优惠政策。其中，吸引外资是政府经济改革措施的一个重点。巴基斯坦领导人一再声明，外国人在巴基斯坦投资会受到法律保护。1992年2月2日，巴基斯坦财政部长阿齐兹在达沃斯世界经济论坛会上宣布，巴基斯坦政府在1976年颁布的《外国私人投资（促进及保护）法》的基础上，又制定了鼓励外国投资的措施：扩大投资范围，简化审批手续；外国投资者可以向巴基斯坦国内公司投资"参股"，并允许拥有企业100%的股权；外商控股公司可以在巴基斯坦国内信贷机构筹借它们所需的资金；外国投资者汇出红利和股息不需要得到政府批准等。

再次，放宽外汇管制。《外汇与支付改革》规定：持有外汇的所有公民和外国人均可以在国内商业银行开设外币存款账户，也可以到国外兑换外汇；外国人出入境携带外汇不受限制，公民也可以将所持外汇存入国外银行。

同时，巴基斯坦政府大力促进外贸发展。为推动巴基斯坦对外贸易的发展，政府制定了下列政策措施：第一，促进出口。政府规定，除特别商品外，其余商品均可出口，不受限制。第二，进口自由化。政府规定，工业用原料及资本货物准许自由进口；缩短进口许可证的发证时间；鼓励企业建立出口加工区。

在私有化方面，巴基斯坦政府允许国家控股的亏损企业与私人交易。自1991年1月至2015年4月，国有企业私有化已完成171笔交易，交易额为6464.5亿卢比。私有化方式非常灵活，企业可以通过协议收购，也可以从资本市场购买股票或定向增发，还可以采取IPO认购等方式。巴基斯坦私有化市场比较开放，凡经巴基斯坦私有化委员会审批的项目，外资企业一般都可以参与进来，并无投资领域和股权比例方面的限制。[1] 然而，巴基斯坦的国有企业私有化也存在很多问题，将经济效益好或亏损不严重的国有企业低价出售，而亏损严重的国有企业却无人问津，这样下来，政府的包袱就卸不下来，造成国有资产流失，大量国有企业被一些富有的家族转为私产，而普通民众

---

[1] 刘星：《巴基斯坦金融市场现状及我国企业赴巴发展建议》，载《国际金融》2016年第5期，第46—53页。

没有得到任何好处。

在对外贸易方面，巴基斯坦继续通过降低关税及非关税、建立以市场为基准的汇率体系来推动贸易自由化。20世纪90年代后半期，巴基斯坦采取了一些措施来削减和降低非关税壁垒。到1999年，在负面清单上只剩32种产品，其中28种产品因健康和安全因素受到限制。政府最后取消了限制清单，原来限制清单上的商品只能通过指定的进口商进口。为遵守世界贸易组织的规定，巴基斯坦取消了进口商品的数量限制，关税成为主要的贸易政策工具。[1]然而，巴基斯坦为保护国内工业，仍然采取反倾销措施。在国家遇到财政赤字时，巴基斯坦政府也会适当调节进口税率。

在引进外资方面，巴基斯坦制定了鼓励外商直接投资的优惠政策，比如：外国投资者与巴基斯坦本国企业家享有同等待遇；外国人可向任何资本市场投资；简化审批手续，采取标准化措施；取消对外国投资者的本金、利息、股息、红利汇回国内的限制；外国投资者可获20%左右的投资收益；外国投资者在工业特区享有10年免税期等。目前，巴基斯坦几乎所有领域都对外商开放。

巴基斯坦保险市场是相当开放的。保险行业的最低资本要求是：非寿险3亿卢比，寿险5亿卢比。其中，外商独资的保险公司的实收资本达到400万美元即可。[2]

同时，巴基斯坦制订了比较完善的投资法规体系。其中，主要法规有：《外汇管制法》(1947年)，《私人投资（促进与保护）法案》(1976年)，《公司法》(1984年)，《经济改革保护法案》(1992年)，《公司（法院）规则》(1997年)，《外汇账户（保护）法案》(2001年)，《投资委员会法令》(2001年)，《私有化委员会法》(2001年)，《公共采购法》(2001年)，《竞争（并购

---

[1] Muslem-ud Din, Ejaz Ghani, and Omer Siddique, "Openness and Economic Growth in Pakistan", The Pakistan Development Review, 42:4 Part II (Winter 2003) pp. 795-807.

[2] 刘星：《巴基斯坦金融市场现状及我国企业赴巴发展建议》，载《国际金融》2016年第5期第46—53页。

控制）条例》（2007年）,《竞争法》（2010年）,《经济特区法》（2012年）,《巴基斯坦投资政策》（2013年）等。此外，巴基斯坦已与包括中国在内的47个国家签署了双边投资协定，与包括中国在内的52个国家签署了避免双重征税协定。[1]

二、巴基斯坦经济开放的成效并不明显

从1978年，巴基斯坦进入"工业非国有的自由化"阶段，到20世纪90年代初实行完全开放政策。现在，巴基斯坦在推行经济开放政策方面的某些做法比印度更加超前。从巴基斯坦经济增长方面来看，虽然巴基斯坦的整体经济增长率在发展中国家中处于中上水平，但它却没有出现像印度和孟加拉国那样的经济增长速度。

1978—1983年和1983—1988年，巴基斯坦的经济增长率分别为6.6%和6.2%。但自1988年度以来，经济增长速度趋于下降。1988—1993年和1993—1998年，巴基斯坦的经济增长率分别降为5.1%和4.5%。在1998—2003年，巴基斯坦的经济增长率进一步降到3.7%。在2003—2007年的"无计划时期"，经济增长显著提高，达到7%。[2] 2013年之后，巴基斯坦的经济增长率也在5%以上。2017—2018年，巴基斯坦的经济增长率为5.8%，创13年来的新高。[3] 巴基斯坦的经济开放程度与GDP的增长有一定的关系，但巴基斯坦的经济发展不只由经济开放因素决定。[4]

---

[1] 复旦大学"一带一路"及全球治理研究院:《"中巴经济走廊"的中资园区建设》,2018年第5期（总第12期）。

[2] 陈继东:《转型中的巴基斯坦经济——经济困境与结构矛盾分析》,载《四川大学学报（哲学社会科学版）》2009年第4期,第52—57页。

[3] 《巴基斯坦2017—2018财年GDP增长率达5.8%创下13年来新高》,2018年4月27日,经济日报-中国经济网, http://intl.ce.cn/guoji/guojizg/201805/03/t20180503_29020778.shtml, 访问日期：2020年8月29日。

[4] 郑瑜、孙丽辉:《巴基斯坦的产业结构、经济开放与经济增长的实证研究》,载《企业研究》2007年第10期,第68—71页。

与此同时，在不断开放的过程中，巴基斯坦经济出现了一些比较严重的问题：

第一，经济结构出现了过早的"去工业化"特征。从1997—2015年，巴基斯坦工业产值平均每年增长3.4%，制造业平均每年增长3.6%，工业在GDP中的占比从23.5%降为20.2%，制造业在GDP中的占比由15.9%降为12.6%。2005年推行的"中期发展战略"目标宏伟，但成效一般，工业仍停留在建国初期的基础上，工业的基础部门主要还是非耐用消费品工业和轻工业，钢铁、冶金、重型机械、石化产业等现代化的基础工业仍未发展起来，高新技术产业就更弱了。总体来看，工业基础薄弱、规模小、门类不全等是巴基斯坦工业发展的突出问题，水泥、汽车制造等行业又长期受到政府的过度保护。工业增长没有带来工业结构的转变和多样化的发展。服务业是GDP中增长最快、占比最高的行业，从1960—1961年的38.1%增加到2014—2015年的58.8%。服务业对GDP增长的贡献率高达60%，吸收了至少30%的就业人口，成为拉动经济增长的主要动力。巴基斯坦经济呈现出过早的"去工业化"特征，也折射出工业发展"未强先衰"的趋势。[①]

第二，巴基斯坦进口增长迅速，经济易受国际经济消极因素的影响。巴基斯坦经济对外部市场的依赖程度较大，既需要从国外进口能源、技术和设备，又需要不断扩大本国产品在国外的市场份额。巴基斯坦主导的出口行业是纺织业，其产品和服务主要来自国内，对外盈利水平较低，贸易逆差较大。有限的出口和大量的进口经常让巴基斯坦外汇储备降至危险境地。进口有生产性和非生产性之分。一般而言，生产性进口可带来产出并增加出口，有利于经济发展。非生产性进口具有增加国内市场供给、抑制通货膨胀的作用，要结合国际支付能力，量入为出。如果把握得当，非生产性进口的增长也是经济健康发展的必要措施。巴基斯坦的问题在于：生产性进口受到国内外不利因素的影响，没有带来产出和出口数量的增长；而非生产性进口主要是高

[①] 复旦大学"一带一路"及全球治理研究院：《"中巴经济走廊"的中资园区建设》2018年第5期（总第12期）。

档消费品的进口，对增加国内市场供给、抑制通货膨胀的作用并不明显。巴基斯坦工业化进程比较缓慢，社会上层所需的高档消费品主要依靠进口。另外，巴基斯坦的私人轿车数量增加很快，耗油增多，石油进口数量猛增，这也是造成巴基斯坦进口不断增加的重要原因之一。[1]

第三，巴基斯坦国内投资率较低，吸收和利用外资的效果不佳。巴基斯坦国内储蓄率较低，大量有产者将财产转移到国外，国内投资率较低。巴基斯坦政府非常重视吸引和利用外资，但巴基斯坦吸引外资的水平受国际环境和地区及国内安全形势的影响较大。巴基斯坦在利用外资等方面的表现落后于亚太地区的平均水平。1989—1990年，巴基斯坦吸收外国直接投资仅为2.16亿美元。自1995年起，外资流入逐渐减少，主要原因包括：能源领域饱和、东南亚金融风暴，经济制裁，较低的外汇储备，对外支付义务未落实等。2000年以后，随着经济形势好转，外资流入大幅度增长。2000—2001年，外资达到3.22亿美元；2004—2005年，外资猛增为15.24亿美元；2006—2007年，外资攀升至54亿美元。但受持续的能源短缺、安全形势严峻以及政府治理能力弱化等因素的影响，2007—2017年，巴基斯坦外国直接投资持续低迷。外国投资者（特别是西方国家的投资者）纷纷撤资。自2010年以来，在政府的努力下，尤其是在"中巴经济走廊"建设推动下，外国直接投资趋稳态势明显。[2]

第四，外债负担加重。外债负担重一直是巴基斯坦经济发展中的一大问题。1998—1999年的外债为389亿美元，2001—2002年的外债总额占GDP的比重高达50.9%。随着经济形势好转，2006—2007年的外债总额为388亿美元，外债总额占GDP的比重为26.3%。2007—2008年，巴基斯坦的外债总额又升至463亿美元，比上一年增加了58亿美元，增幅达到14.6%。由于政

---

[1] 陈继东:《转型中的巴基斯坦经济——经济困境与结构矛盾分析》，载《四川大学学报（哲学社会科学版）》，2009年第4期第52—57页。

[2] 复旦大学"一带一路"及全球治理研究院:《"中巴经济走廊"的中资园区建设》2018年第5期（总第12期）。

府治理能力较弱，巴基斯坦存在大量逃税现象，逃税使政府失去了大量的税收收入。此外，巴基斯坦政府没有推行对封建地主征税的政策。1990—1991年，封建地主几乎雇用了全国51%的劳动力，其产值只占GDP的25%，他们本来可以提供大量的财政收入。[①] 沉重的债务负担使巴基斯坦政府不得不安排大笔预算来偿还债务和利息，从而限制了政府对公共领域的投资能力。[②] 自20世纪80年代末以来，巴基斯坦已向国际货币基金组织寻求了13次的支持。据巴基斯坦国家银行发布的数据显示，截至2018年6月底，巴基斯坦外债总额达到950亿美元，外汇储备只有164亿美元。目前，巴基斯坦外债总额约占该国GDP的33.6%，占所有外汇储备的58%。[③]

三、巴基斯坦经济开放的经验教训

世界银行通过对第二次世界大战后发展中国家经济发展道路的研究，得出结论：一个国家经济发展的成功与否，取决于它对市场竞争和政府干预两种调控手段的选择和结合使用程度。[④] 对巴基斯坦来说，市场竞争和政府干预都无法有效发挥作用。巴基斯坦的经济受到国内外非经济因素的严重影响。

（一）政治制度不完善，政局不稳，严重影响经济发展

由于独立之初"国父"真纳早亡，巴基斯坦未能建立完善的宪政制度，各党派之间、各地方之间、军队和文人政府之间争权夺利，严重影响到巴基斯坦国内政局的稳定和经济社会的发展。从独立建国开始，巴基斯坦经历了不同阶段的变化，如：1947—1958年、1988—1998年频繁更换政府时期，老布

---

① 胡国松、莫裕林：《巴基斯坦经济改革述评》，载《南亚研究季刊》1992年第4期，第15—20页。
② 陈继东：《转型中的巴基斯坦经济——经济困境与结构矛盾分析》，载《四川大学学报（哲学社会科学版）》2009年第4期，第52—57页。
③ 《巴基斯坦拟向国际货币基金组织寻求紧急援助》，2018年10月10日，http://www.laowuxx.com/view_news.asp?id=41723，访问日期：2020年9月1日。
④ 胡国松、莫裕林：《巴基斯坦经济改革述评》，载《南亚研究季刊》1992年第4期，第15—20页。

托政府及 2008 年 8 月以来不稳定的民选政府时期，还有 4 位军人先后统治的 30 多年。在军人执政时期，巴基斯坦社会比较稳定，经济发展较快。在穆沙拉夫当政时期，国内政局比较稳定，经济开放的效果明显提升。民选政府执政后，议会、司法部门、总统和总理冲突不断，党派斗争激烈，政府官员腐败严重。伊姆兰·汗在军队的支持下当选总理，但这并不能断言巴基斯坦已经建立了适合本国国情的政治和经济制度。现在，巴基斯坦中央与地方、各省区、各民族之间还存在各种矛盾，国内凝聚力有待增强。这些因素将在不同程度上继续影响着巴基斯坦的经济建设。

（二）经济制度落后，国家治理能力较弱，政策不能贯彻执行

巴基斯坦独立之后，其经济制度没有进行过大规模的改革，其资本主义经济是在封建主义所有制并未完全解体的情况下发展起来的。1947 年巴基斯坦独立后，政府先后颁布各种方案，比如：1959 颁布了《土地改革法案》，1972 年颁布了《土地租赁改革修正案》，1977 年推出《土地改革条款》等。2004 年，穆沙拉夫政府又强化《土地租赁改革修正案》的实施。然而，这些改革都属于改良性的土地政策，未能从根本上改变封建地产制度。在巴基斯坦，地主阶层和新兴工商阶层正相互转化、相互渗透。

巴基斯坦议会几乎被大地主把持，触动他们利益的经济改革方案难以通过。即使有经济改革政策出台，由于政府治理能力较弱，政府官员腐败严重，经济政策很难贯彻落实。

巴基斯坦的基础设施落后，电力不足。由于大地主税收缴纳率较低，城市富有阶层大量移民到海外或者转移资产，国内投资率较低。根据世界经济论坛发布的 2017—2018 年"全球竞争力指数"（CGI），巴基斯坦在 138 个国家中排第 115 位。在巴基斯坦，商业运营在经营许可、进行施工、电力供应、资产登记、缴纳税负等方面存在诸多问题。此外，腐败问题是在巴基斯坦营商面临的最为严重的问题。

（三）巴基斯坦经济开放和发展受到地区安全和国内形势的严重影响

阿富汗战争造成的大量难民涌入巴基斯坦，巴基斯坦政府承担了巨额花

费。在 2001 年以来的反恐战争中，巴基斯坦成为前线。"伊斯兰国"势力在美、俄等国的打击下纷纷回流到包括阿富汗和巴基斯坦在内的广大地区。包括"中巴经济走廊"在内的诸多经济合作项目都受到地区安全局势的严重影响。巴基斯坦国内宗教势力很大，恐怖主义和极端主义猖獗，恐怖活动频繁，犯罪率高，教派冲突持续不断，导致外来投资逐年减少。

第三节
孟加拉国经济开放的主要做法、成效、问题及经验教训

孟加拉国的经济基础比较薄弱。在过去，英国对印度的殖民统治长期以孟加拉地区为基地。殖民统治使东孟加拉的经济处于停滞状态，人民处于赤贫状态，该地区成为"世界上最贫困的地区之一"。在巴基斯坦时期，东巴地区（即现在的孟加拉国）的发展同样被忽视。中央财政收入和国家接受的外援资金主要用于西巴地区。至于私人工业投资，主要聚集在西巴地区。巴基斯坦中央政府对东巴地区经济发展的忽视和资金投入的严重不足，使东巴经济难以发展。1971 年，孟加拉国独立后，孟加拉国政府几乎将全部较大规模的制造企业收归国有，并对私人在工业企业的投资规模进行限制。至于当时孟加拉国急需的外国直接投资，则以国家合作为条件。结果，经济政策的失误导致国民经济发展缓慢。国有企业管理混乱，生产效率低下，人民生活困难，治安状况恶化。

一、孟加拉国经济开放的主要做法

20 世纪 70 年代后期，孟加拉国政府从齐亚将军和艾尔沙德将军执政时

期开始进行经济改革。在 20 世纪 80 年代，孟加拉国在世界银行和国际货币基金组织的帮助下实行了一揽子的经济结构调整政策，推行"去国有化""国有企业私有化"、贸易自由化、降低关税和非关税税率，调整汇率，从多种渠道引进外资，参与国际分工和交换，但孟加拉国仍然坚持"进口替代"政策。[①]直到 20 世纪 90 年代，经济改革才获得一些动力。[②]

1991 年，卡莉达·齐亚就任政府总理后，提出"实行经济改革，加快发展步伐"的发展方针。她着手改善私营企业的发展条件，积极推动国有企业私有化，解除贸易管制，实行农业供给配置的私有化制度，取消对化肥和灌溉设备的补贴。卡莉达·齐亚政府奉行严格的货币政策和财政政策，在 1991—1992 年进行的一项重大的改革就是征收 15% 的增值税。

孟加拉国人民联盟也修改了竞选宣言，奉行市场经济路线。这样，人民联盟和孟加拉国民族主义党在经济政策上的分歧缩小了。1996 年，谢赫·哈西娜·瓦吉德继任总理，继续推行自由市场经济政策，进一步推动私有化改革。谢赫·哈西娜·瓦吉德政府推行了以下政策：进口自由化，关税机构合理化，降低关税税率，取消进口商品的数量限制，实行货币政策改革，建立更加灵活的汇率政策，建立私人商业银行等。孟加拉国从一个近乎封闭的经济体转型为一个完全开放的市场经济体。[③]

卡莉达·齐亚领导的民族主义党和谢赫·哈西娜·瓦吉德领导的人民联盟在过去近 30 年时间里轮流执政。值得欣慰的是，两党始终坚持经济改革，努力促进自由经济的发展。2003 年 5 月 29 日，孟加拉国中央银行宣布实行浮

[①] Jahangir Alam, "Review of Economic Reforms in Bangladesh and New Zealand, and their Impact on Agriculture", January 1999, Research Report No. 240, Agribusiness and Economics Research Unit, Lincoln University,Canterbury, New Zealand.

[②] "Understanding Economic Reform: Case Study on Bangladesh", A Research Proposal from Institute of Development Environmental and Strategic Studies (IDESS), North South University, 12 Kemal Ataturk Avenue, Banani, dhaka 1213, Bangladesh.

[③] Jahangir Alam, "A Review of Economic Reforms in Bangladesh and New Zealand, and their Impact on Agriculture", January 1999, The Agribusiness and Economics Research Unit, Uncoln University, Canterbury, New Zealand, pp.10–12.

动汇率制,这是孟加拉国政府在金融领域采取的重要改革措施之一。2009年6月29日,孟加拉国议会通过了《金融法案》。①

二、孟加拉国经济开放的成效

(一)经济增速加快,增长稳定,经济实力显著增强

自1991年以来,孟加拉国的经济进入快速发展时期。在20世纪90年代,孟加拉国经济增长速度突破了4%;② 在20世纪末至21世纪初,孟加拉国经济增长速度突破了5%;自2010年以来,孟加拉国克服了全球经济复苏乏力的不利影响,经济持续增长,GDP年均增速维持在6%以上,综合国力与人民收入也在不断提高。与前一财年相比,2015—2016财年孟加拉国的GDP增长率达到了7.11%。③ 孟加拉国的人均GDP在1998—1999财年为282美元,到2013—2014财年,孟加拉国的人均GDP收入首次突破1000美元,达到1110美元。2015—2016财年,孟加拉国的人均GDP大幅增加,达到1385美元。孟加拉国的贫穷率已从独立后的80%下降至2016年的23.5%,极端贫困率下降到12.1%。2013—2014财年,孟加拉国的财政收入达到15667.1亿塔卡(约合201亿美元)。与2010—2011财年相比,在2015—2016财年,孟加拉国的财政收入增长了86.36%。④

(二)产业结构发生重大变化

20世纪70年代初期,农业占据孟加拉国GDP的60%,农业人口占总人口的80%。经济开放之后,农业在GDP中所占的比重不断下降,工业和服务

---

① 刘建:《列国志:孟加拉国》,社会科学文献出版社2010年版,第125页。
② 刘建:《胸怀伟志继往开来:孟加拉国总理卡莉达·齐亚》,载《当代亚太》2002年第12期,第56—59页。
③ 李建军、杜宏:《浅析近年来孟加拉国经济发展及前景》,载《南亚研究季刊》2017年第4期,第65—74页。
④ 李建军、杜宏:《浅析近年来孟加拉国经济发展及前景》,载《南亚研究季刊》2017年第4期,第65—74页。

业在 GDP 中所占的比重不断上升。到 2016—2017 财年，孟加拉国的农业、工业和服务业所占的比重分别为 18%、30% 和 53%。[①]

（三）出口稳步增长，海外劳务收入增加，外汇储备迅速增加

孟加拉国政府出台了一系列政策来鼓励出口。2016 年，孟加拉国商品出口达到 342.55 亿美元。商品出口收入主要依靠成衣、冷冻食品、黄麻及其制品、皮革及其制品等五大类。自 1992 年起，成衣开始出口，目前每年保持着超过 10% 的增长速度。2015—2016 财年，成衣出口达到 280.94 亿美元，比上一个财年增长了 10.2%，创历史新高。成衣出口则占总出口额的 82%。目前，孟加拉国是世界上仅次于中国的全球第二大成衣出口国，在全球成衣市场所占份额为 5%。

2007—2008 财年，孟加拉国海外劳工数量达到 98.1 万人。近年来，海外劳工人数尽管下降，但海外劳务收入并未受到影响，劳务收入反而不断增长。2016 年，孟加拉国海外劳务汇款达到 149.31 亿美元，占全国 GDP 的 6.74%。商品出口、海外劳务汇款和外国援助持续保持增长是孟加拉国外汇储备屡创新高的三大因素。2010 年 6 月 30 日，孟加拉国外汇储备首次突破 100 亿美元，达到 107.50 亿美元。2014 年 6 月 30 日，孟加拉国外汇储备突破了 200 亿美元。2016 年 6 月 30 日，孟加拉国外汇储备突破了 300 亿美元。[②]

三、孟加拉国经济开放存在的问题

（一）不同社会群体在经济开放中受益不均

孟加拉国的经济开放政策让从事工商业的人受益，而没有将经济开放的好处分配给各个社会阶层。一个显而易见的结果是：一个由几十个家族组成的小集团，控制了孟加拉国的工业和金融资产。其他社会集团的大多数人，包括城市里的产业工人、不同的专业人士、小商人、乡村中的小农、无地的农

[①] 李建军、杜宏：《浅析近年来孟加拉国经济发展及前景》，载《南亚研究季刊》2017 年第 4 期，第 65—74 页。

[②] 李建军、杜宏：《浅析近年来孟加拉国经济发展及前景》，载《南亚研究季刊》2017 年第 4 期，第 65—74 页。

业工人和贫穷的妇女等在改革中饱受冲击,属于被遗忘的群体。无论是改革带来的正面好处,还是改革的"涓滴效应",都没有使他们的生活水平提高。无论国家宏观层面的经济如何扩张,微观层面的分配都无法跟上。确切地说,经济改革的全过程,导致社会分化为两极:工商业集团成为改革的赢家,而社会上的底层人民则成为输家。①

(二) 产业发展不均衡

首先,农业、工商业和服务业之间的比例失衡。

有人认为,快速的经济自由化导致了"去工业化",进口商品的迅速增长使孟加拉国不能发挥其工业增长的潜力。② 孟加拉国服务业占全国GDP的50%以上,这个比例接近于发达国家的比例。但是,孟加拉国的服务业以传统的商业、服务业为主,如批发零售、酒店餐饮、交通运输、通信、公共服务等,与发达国家以信息、咨询、科技、金融等新兴产业为主的服务业完全不同。服务业的发展必须依托于制造业,否则就是无本之木。由于孟加拉国的服务业与农业、工业脱节,国内没有积累足够的物质财富作为更高层次的消费基础,因此服务业对经济增长的拉动力非常有限。服务业虽然创造了超过50%以上的产值,但只创造了30%的就业岗位。③

其次,工业结构严重失衡。

孟加拉国工业以原材料工业为主,包括成衣业、黄麻及黄麻制品业、皮革及皮革制造业、食品加工业、冷冻食品、糖业、天然气开采加工业、茶业等。重工业微不足道,制造业欠发达,以技术密集为特征的产业结构还未起步。同时,孟加拉国对农业投入严重不足,农业发展缓慢,对工业、服务业

---

① Mohammed Nuruzzaman, "Neoliberal Economic Reforms, the Rich and the Poor in Bangladesh, in Journal of Contemporary Asia", January 2004, 34:1, 33–54.

② Understanding Economic Reform: "A Case Study on Bangladesh, Research Proposal from Institute of Development Environmental and Strategic Studies (IDESS), North South University, 12 Kemal Ataturk Avenue, Banani, dhaka 1213, Bangladesh.

③ 李建军、杜宏:《浅析近年来孟加拉国经济发展及前景》,载《南亚研究季刊》2017年第4期,第65—74页。

支撑力不足。制造业不能从根本上解决农村剩余劳动力问题。目前，孟加拉国有 80% 的人口仍滞留在农村。

（三）贸易赤字严重

虽然多年来孟加拉国国际收支总体保持平衡或略有盈余，但贸易赤字问题却相当严重。据孟加拉国央行高级官员介绍，由于近年来孟加拉国进口持续增长而出口动力不足，导致孟加拉国贸易赤字增加。2017—2018 财年，孟加拉国的贸易赤字为 183.7 亿美元。

在 2018—2019 财年，孟加拉国的贸易赤字达到 220 亿美元。石油和粮食的进口不断增加，大型项目建设需要进口设备，这些都是影响孟加拉国国际收支平衡的主要因素。

四、孟加拉国经济开放的经验教训

（一）民主政治发展不成熟，政局动荡，对经济发展造成影响

虽然孟加拉国两党在推行经济开放和改革上有一些共识，但民主政治长期积累的痼疾决定了孟加拉国政局难以平稳发展。政治冲突和暴力事件频发，全国大罢工不断出现，这些因素对孟加拉国经济发展已造成严重影响。根据 2015 年经济学家情报社的"国家风险评价"排名，孟加拉国的政治风险连续两年得分为 53 分，被评为"C"级，属于政治风险较高的国家。孟加拉国政治冲突的主要表现形式是全国大罢工和街头暴力。数十万人罢工、罢市，导致商业停止、交通瘫痪、出口中断，社会经济陷入停摆状态。政治冲突往往演变成街头暴力，政局动荡，政府疲于应付，无法专心发展经济。政治冲突损害了孟加拉国的国际形象，打击了国际投资者的信心。因此，政治冲突与不确定性是孟加拉国经济发展的首要制约因素。[①]

---

① 李建军、杜宏:《浅析近年来孟加拉经济发展及前景》，载《南亚研究季刊》2017 年第 4 期，第 65—74 页。

（二）经济开放和改革方案存在诸多问题，导致经济结构失衡，两极分化严重

孟加拉国推行经济开放政策受到世界银行和国际货币基金组织的深刻影响，并且经济改革方案的设计和实施都由商业和工业主导，国家在经济开放过程中完全放弃了"进口替代"政策，对经济的干预力度不足，海外商品大量涌入，对国内民族产业造成严重冲击，导致经济结构失衡，出现巨额赤字。

孟加拉国的经济增长策略偏重城市经济发展，重点是发展非农业，这在一定程度上削弱了减贫效果。孟加拉国 80% 的人口在农村，并且国内经常遭受飓风、海啸等自然灾害，因此政府忽视了对农业的投入和民生项目的发展，这必将严重影响其制造业的产出和国民经济的健康、长远发展。

（三）孟加拉国经济持续快速增长的支柱是制衣业[①]

制衣业是孟加拉国最重要的制造业，也是国民经济发展的主导产业。始于 20 世纪 80 年代早期的制衣业发展迅速，对孟加拉国的就业、减贫乃至整个国民经济的发展作出了巨大贡献。制衣业的增长速度在很大程度上决定着整个国民经济的增长速度。孟加拉国的制衣工厂超过 6000 家，从业人数超过 480 万。吸收了全国 50% 的工业劳动力。该行业的产值约占工业产值的 40%，出口收入的比重已从 20 世纪 80 年代的 6%，猛增至 2015—2016 财年的 80%，成为国家赚取外汇最重要的手段。制衣业集中了大量的贫困人口，他们的消费倾向于由非正式、非贸易部门提供的产品和服务，因此，制衣业的发展促进了服务业和其他非贸易经济的发展。制衣业是孟加拉国经济发展的命脉，制衣业的兴衰直接关系到孟加拉国经济的稳定与发展。制衣业属典型的劳动密集型产业，充分利用和发挥了孟加拉国人口众多、劳动力廉价的优势，但技术含量低，附加值不高，并且高度依赖进口，这种"一家

---

① 张庆红：《越南和孟加拉国益贫式增长的实践比较与启示》，载《东南亚南亚研究》2014 年第 2 期，第 48—53 页。

独大"的格局反映出孟加拉国产业结构单一、依赖性强、抵御风险能力差的缺陷。①

第四节
斯里兰卡经济开放的主要做法、成效、问题及经验教训

斯里兰卡在1977年就开始实行经济改革政策,是南亚最先实行经济开放的国家之一。②从1977年到现在,斯里兰卡一共实行了三轮经济自由化改革。

1948年,斯里兰卡独立。殖民主义造成的单一的畸形经济结构使斯里兰卡面临越来越多的困难,茶叶、橡胶和椰子的产量没有大幅增长,并且价格受国际市场的影响很大,外贸赤字严重。斯里兰卡是福利国家,有限的收入大部分用于消费,用于发展生产的资金相对较少,而人口增长过快,用于福利方面的费用与日俱增。20世纪60年代,斯里兰卡实行了"进口替代"政策,严格控制进口,实行外汇管制。斯里兰卡自由党执政时期,实行国有化政策,国有企业(包括种植园)经营不善、效益低下、亏损严重。③1951—1977年,斯里兰卡人均GDP以每年2%的速度缓慢增长。与工业化国家相比,斯里兰卡经济落后了很多。与那些刚独立时还不如斯里兰卡的第三世界国家相比,斯里兰卡也显得落后了很多。④

---

① 张庆红:《越南和孟加拉国益贫式增长的实践比较与启示》,载《东南亚南亚研究》2014年第2期,第48—53页;李建军、杜宏:《浅析近年来孟加拉国经济发展及前景》,载《南亚研究季刊》2017年第4期,第65—74页。
② 帕特里克·皮尔布斯:《斯里兰卡史》,王琛等译,上海东方出版中心2013年版,第173页。
③ 张位均:《斯里兰卡的经济改革》,载《南亚研究》1994年第4期,第50—55页。
④ 帕特里克·皮尔布斯:《斯里兰卡史》,王琛等译,上海东方出版中心2013年版,第172页。

一、斯里兰卡经济开放的主要做法

1977年7月,斯里兰卡的统一国民党在大选中获胜。为了改变"低增长、高福利"局面,贾亚瓦德纳总统执政后改变了经济发展战略,实施了一系列的改革,但这些彼此矛盾的发展战略与政治需要混合在一起了,效果明显不佳。①

改革的首要战略是实行由国际货币基金组织、世界银行以及援助机构提倡的市场友好政策,即"华盛顿共识"。具体内容包括:开放贸易和外国投资,通过使货币贬值和增加利率来调整价格,国有企业私有化,放宽对国内市场的管制,平衡预算等。事实上,各种提议的具体实施是由各派政治力量决定的。在国有企业私有化方面,贾亚瓦德纳总统要面对来自议会的反对意见,尤其是党内其他政治领袖的反对意见。②

经济自由化的第一波浪潮是取消对进口商品关税的限制,降低进口商品的关税税率。外国银行可以在斯里兰卡开设分支机构。经济自由化的最大成功之处在于:大科伦坡经济委员会建立了由外国投资的出口加工区。1978年6月,位于卡图纳亚克的第一个自由贸易区正式设立;1982年,第二个自由贸易区在比亚伽马设立;1991年6月,第三个自由贸易区在考格拉设立。设立自由贸易区的好处在于:允许投资者拥有投资企业的完全产权;免除10年税收和进口关税;按政府的补贴价格为企业提供服务;允许外国信贷无限进入。③

1989年,斯里兰卡与国际货币基金组织签署了《加强结构调整设施贷款协议》。由于斯里兰卡没有践行向国际货币基金组织承诺的改革,国际贷款多次受阻。普雷马达萨总统仍然掀起了第二轮经济自由化改革的浪潮,开始了对国有企业进行私有化的改革。但是,改革在削减预算赤字和降低开支方面

---

① 帕特里克·皮尔布斯:《斯里兰卡史》,王琛等译,上海东方出版中心2013年版,第173页。
② 帕特里克·皮尔布斯:《斯里兰卡史》,王琛等译,上海东方出版中心2013年版,第173—175页。
③ 帕特里克·皮尔布斯:《斯里兰卡史》,王琛等译,上海东方出版中心2013年版,第174页。

并没有取得成功。[1]

1994年,以库马拉通加夫人为首的人民联盟政府建立以后,积极引进外资,大力推动私有化改革。20世纪90年代,斯里兰卡政府运用关税和税收杠杆,加大了对外国直接投资政策的优惠力度,其中包括:外国投资公司的股份可在境内外自由转让,并且免征股份转让税;公司红利可自由汇出,无须纳税,不受外汇管制的限制;公司进口的原材料、设备和出口产品可减免关税;给予5—20年的免税期和让税期。[2]尽管内战连续不断,国内政局持续动荡不安,斯里兰卡的经济建设还是取得了好成绩,经济连年增长。[3]

2005年,拉贾帕克萨当选总统,政府对经济的干预力度逐渐加强,明确了国家在经济发展中的主导作用,加强了政府对经济的整体控制。受经济自由化政策的影响,斯里兰卡成为南亚地区经济自由度最高、营商环境最好的国家。斯里兰卡政府对外国直接投资给予政策支持和法律保护,已经形成非常宽松的营商环境。在斯里兰卡,几乎所有经济领域都允许外商独资,并且对收入、资本和经营费用没有任何限制;外国公司购买土地,可享受国民免税待遇;成立了专门促进投资便利化的投资局(BOI),其审批企业注册登记程序非常简单、便捷;另外,还有完善的保护投资者利益的法律法规体系。值得一提的是,投资项目可与投资局签订双边投资保护协议。该协议特别强调:投资方的权益不会因为政府更替而受到损害;投资方因政府行为受损,有要求国家赔偿的权利。[4]

---

[1] 帕特里克·皮尔布斯:《斯里兰卡史》,王琛等译,上海东方出版中心2013年版,第178—179页。
[2] 李好:《对斯里兰卡直接投资:机会与风险分析》,载《对外经贸实务》2011年第9期,第75—78页。
[3] 王兰:《斯里兰卡经济格局的变化》,载《南亚研究》1999年第1期,第37页。
[4] 李好:《对斯里兰卡直接投资:机会与风险分析》,载《对外经贸实务》2011年第9期,第75—78页。

二、斯里兰卡经济开放的成效

（一）改革开放以来，斯里兰卡经济有了明显的增长

在1977年改革开放之前的几年，斯里兰卡国内生产总值年均增长率只有2%。20世纪80年代，斯里兰卡经济增长速度始终保持在4%。进入21世纪，特别在2005—2008年，斯里兰卡的经济增长速度超过了6%，2009—2010年达到了7.5%；2010—2012年，斯里兰卡经济保持了8%以上的高增长。2012年，斯里兰卡的GDP增长率达到9.14%，成为南亚地区经济增长的新亮点。[①] 随着经济持续快速增长，斯里兰卡的国民收入也在不断增长。目前，斯里兰卡人均GDP按人均购买力计算，每年超过3400美元，比印度高出两倍。斯里兰卡成为南亚地区人均收入最高的国家。[②]

（二）产业结构有了比较积极的变化

斯里兰卡是一个农业经济占重要地位的国家，随着制造业和服务业的发展，农业的地位大大下降。在产业结构方面，斯里兰卡服务业占GDP的比重最大。2016年，斯里兰卡的GDP构成中，农业占8.2%，工业占29.6%，服务业占62.2%。优势产业主要包括旅游业、信息产业、海洋产业、教育产业、文化产业。[③] 1977年之后，斯里兰卡成为国际游客的一个热门旅游目的地。

（三）在吸引外国直接投资方面，取得令人瞩目的成绩

在1990—2003年，斯里兰卡年均吸引外资不足1.5亿美元，但在2007年，外国直接投资却达到了8.8亿美元。主要原因在于：一方面，国内战争和民族冲突的局势明显缓解，增强了投资者信心；另一方面，这也是斯里兰卡政府努力营造宽松、自由的投资环境的结果。2008—2009年，受国际金融危机的

[①]《斯斯里兰卡历年GDP年度增长率》，2018年8月1日，https://www.kuaiyilicai.com/stats/global/yearly_per_country/g_gdp_growth/lka.html，访问日期：2020年8月15日。

[②] 李好：《对斯里兰卡直接投资：机会与风险分析》，载《对外经贸实务》2011年第9期，第75—78页。

[③]《斯里兰卡国家概况、投资机遇及风险分析》，2018年2月8日，http://www.sohu.com/a/221622771_618573，访问日期：2020年8月15日。

影响，外资流入出现剧烈波动。但在2009—2010年，在内战结束、印度和中国经济强劲复苏等利好因素的推动下，斯里兰卡的外国直接投资很快就恢复到7.25亿美元的较高水平。[①] 斯里兰卡在基础设施建设领域吸引了大批外资。现在，斯里兰卡的基础设施建设虽然不完善，但在南亚地区已经处于相对较高的水平，这与印度、马来西亚、中国等国的企业参与斯里兰卡的港口开发、高速公路和机场修建有很大关系。斯里兰卡海运和空运都比较便利，能满足国际投资的基本需要，为斯里兰卡经济发展作出了重要贡献。

三、斯里兰卡经济开放存在的问题

（一）政治斗争激烈，腐败问题严重，贫富差距加大，外来投资易受政治局势影响

斯里兰卡的经济开放政策受政治斗争影响，很多有利于经济发展的开放措施因政党之争、党内斗争而搁置。在经济改革和开放政策的执行过程中，巩固政治地位、中饱私囊的现象时有发生。据2010年国际透明组织公布的"全球清廉指数"报告，斯里兰卡以3.2分在178个国家和地区中位居第91位。拉贾帕克萨就曾公开表示，腐败是内战结束后国家经济复苏的最大障碍。对外资企业来讲，当地政府腐败，一方面会增加其经营成本与风险，另一方面会降低办事效率，影响投资权益。[②] 一小撮位于社会顶层的成功者享受着奢华的生活，而大多数位于底层的斯里兰卡人却还在贫困中挣扎。

政治斗争使外国投资很容易受到影响。斯里兰卡工会力量较大，工会组织十分活跃，并且工会一般都以相关党派作为政治靠山。在斯里兰卡，劳动法对工人权益保护严格，规定雇主在解雇职工时必须征得工会的同意，否则

---

① 李好：《对斯里兰卡直接投资：机会与风险分析》，载《对外经贸实务》2011年第9期，第75—78页。

② 李好：《对斯里兰卡直接投资：机会与风险分析》，载《对外经贸实务》2011年第9期，第75—78页。

解雇无效。如果工会和雇主谈判破裂，且政府调解无效，工会会员可以投票决定是否罢工。因此，一旦发生劳资纠纷，资方处理起来十分棘手。

（二）财政赤字和贸易赤字比较严重，外债负担沉重

斯里兰卡是一个福利国家，为得到选民的支持，创造良好的执政条件，每届政府基本上都会扩大涉及社会福利、政府雇员等公共领域的财政开支。另外，斯政府还要面对工会组织要求增加工资的财政压力，斯里兰卡政府的社会公共开支仍将居高不下。从某种程度上，政府对其国有企业的不断补贴是造成其财政赤字和国有银行坏账的主要因素。国有银行对国有企业的大笔融资，也使广大中小企业遭到排挤，增加了它们融资的难度。

因为工业基础薄弱，能源缺乏，所以生产、生活要素严重依赖进口，贸易逆差不断扩大。2016年，斯里兰卡贸易逆差为91.1亿美元，与上一年相比，同比增长了5.4%。另外，斯里兰卡的国际储备连续下降。2016年，斯里兰卡的储备资产为60.2亿美元，与上一年相比，减少了12.8亿美元。[1]

由于债务融资型增长模式的累积效应，斯里兰卡的外债规模持续增长，负债率和债务率都超过了国际警戒线。[2]2016年，斯里兰卡的外债总额为45亿美元。其中，短期外债占比较小，偿债率保持在较低水平，短期偿债压力不大；中长期债务占比较大，存在长期偿债能力不足的潜在风险。[3]

（三）贸易保护主义色彩较重

整体而言，斯里兰卡进口产品（尤其是工业原料）的关税较低，所有商品的平均关税税率为10%，低于南亚国家的平均水平。但在实际操作中，政府还要征收各种各样的附加税，从而抬高了工业制成品的实际税率。斯里兰卡政府一直通过提高关税来维持本国农产品的价格。比如，斯里兰卡的土豆

---

[1]《斯里兰卡国家概况、投资机遇及风险分析》，2018年2月8日，http://www.sohu.com/a/221622771_618573，访问日期：2020年8月15日。

[2] 宁胜男：《斯里兰卡外债问题现状、实质与影响》，载《印度洋经济体研究》2018年第4期，第88—103页。

[3]《斯里兰卡国家概况、投资机遇及风险分析》，2018年2月8日，http://www.sohu.com/a/221622771_618573，访问日期：2020年8月15日。

价格是全世界最高的,各种蔬菜、水果价格水平也较高,这些都增加了普通民众的生活成本。贸易保护主义也维持了斯里兰卡农业的低效率,农业共雇用了全国35%的劳动力,却只创造了12%的财富。

四、斯里兰卡经济开放的经验教训

(一)由于存在政治斗争和政党之争,斯里兰卡经济开放政策缺乏连续性

斯里兰卡的经济发展受到国内长达近30年内战的严重影响,其经济改革政策因内战而无法实施。更严重的是,持不同政治立场、不同经济纲领的政党轮流执政,对经济造成了不利影响。统一国民党和自由党,或者是以这两党为主体的政治联盟,不仅在政治方面存在很大分歧,而且它们的经济纲领几乎都是截然相反的。因此,斯里兰卡政府的经济开放政策缺乏连续性,任何一个政党都无法将其经济纲领贯彻始终。同时,各党派之间的斗争(尤其是执政联盟内部的斗争)不仅严重影响到政府的稳定性,损害了政府的形象,而且使政策难以推行。几乎每次政权更迭都是历史的倒退或重复。[①]

(二)社会福利要与国民经济发展水平应相适应

斯里兰卡是一个福利国家,社会公共开支居高不下,教育、医疗等全部由政府买单。斯里兰卡政府部门和国有企业机构臃肿,人浮于事,效率低下。这是斯里兰卡行政部门办事拖沓、官僚主义作风严重的根本原因,也是国家投资回报率较低和产品在国际市场不具竞争力的重要因素。大多数民众确实从中得到了更好的生活,这是毋庸置疑的。然而,社会公共支出如此巨大,连当今世界上发达的资本主义国家都难以承受,更何况是一个落后的发展中国家。政府每年都要把大量的支出从投资转移到消费上。为了补足支出,斯里兰卡一直依赖外国援助,推行赤字财政。斯里兰卡的经济发展模式属于债务融资型增长模式,因此斯里兰卡积累了大量的外债。一旦遇到国际经济危

[①] 王兰:《斯里兰卡经济格局的变化》,载《南亚研究》1999年第1期,第37页。

机或者国内经济出现动荡，政府就会陷入债务危机。这种发展模式是不可持续的。

第五节
马尔代夫和尼泊尔的经济开放

一、马尔代夫的经济开放

马尔代夫属于典型的小型开放经济体，政府开放港口，外国商品免征关税，引进外商投资和管理，提高岛屿开发力度和经营管理水平。国际发展经验表明，小型开放经济体因为经济规模较小，所以产业发展一般具有高度的集中性或单一性。马尔代夫的旅游业在单一产业结构中所起的引擎作用尤为突出。[①]

为发展旅游业，马尔代夫通过吸引外商投资和管理来带动整个旅游度假产业链，从而提高岛屿开发力度和经营管理水平。在马尔代夫酒店业投资中，本土企业相对较少，合资企业较为普遍。由于马尔代夫国民所受的教育和培训不多，所以很多企业都聘请外国人来担任管理职位。大部分度假酒店管理公司是国际连锁公司，拥有成熟的全球营销网络，能为马尔代夫本地酒店源源不断地输送优质、稳定的客源。[②]

基础设施是制约马尔代夫经济发展的瓶颈。近年来，在中、马两国的共同努力下，困扰马尔代夫人民多年的基础设施问题初步得到解决，马尔代夫

---

① 杨丽琼：《小型开放经济体发展国家旅游战略研究：以马尔代夫为例》，载《三峡大学学报（人文社会科学版）》2013年第3期，第53—57页。

② 杨丽琼：《小型开放经济体发展国家旅游战略研究：以马尔代夫为例》，载《三峡大学学报（人文社会科学版）》2013年第3期，第53—57页。

的经济已经显现出新面貌。但是，由于马尔代夫社会治理基础薄弱，体制机制极不健全，在大规模的建设过程中难免出现各种争议和问题，包括玩忽职守、裙带关系、贪污腐败等，这些成为国内政党之争、政治斗争和地缘政治斗争的借口。政治局势不稳定是影响马尔代夫经济发展最大阻碍因素。

二、尼泊尔的经济开放

尼泊尔远离出海口，东、南、西三面被印度包围，北面与中国西藏相连。受地缘影响，尼泊尔对印度高度依赖。这种局面对尼泊尔的经济安全、政治安全和文化安全带来极大的风险。2015年9月，印度对尼泊尔实施"禁运"政策，虽只有短短的几个月时间，但这种做法已使尼泊尔国家的正常运转基本处于瘫痪状态。

尼泊尔极力通过对外经济关系的多元化来摆脱印度的控制。在20世纪60年代的马亨德拉国王时期，尼泊尔就大力发展与区域外国家的经济贸易，并争取多方援助，希望减少本国对印度的依赖。然而，尼泊尔这种试图摆脱印度的行为极易引起印度的不满，并招致印度更加严厉的经济制裁。《贸易和过境条约》的更新续签问题常常成为印度与尼泊尔之间政治博弈的筹码。随着经济全球化和尼印关系的发展，尼泊尔的对外贸易有长足发展，但受制于封闭的地理环境，尼泊尔在经贸领域高度依赖印度的状况并没有发生根本性的转变。

中国提出了"一带一路"倡议，尼泊尔看到了发展机遇。2015年10月，尼泊尔将"一带一路"倡议下的"中尼战略合作"作为尼泊尔经济发展和增加就业的重要机遇。2016年3月，尼泊尔总理奥利访华，中国和尼泊尔发表了《中华人民共和国和尼泊尔联合声明》，双方同意对接各自的发展战略，制订双边合作规划，在"一带一路"倡议框架下推进大项目合作。2017年5月，两国签署了《关于在"一带一路"倡议下开展合作的谅解备忘录》。2017年9月7日，王毅外长与尼泊尔副总理兼外长马哈拉会谈后共同会见记者，表示中尼在"一带一路"框架下达成多项共识,并将合作重点聚焦在规划一条铁路、修复两条公路、建设三个口岸,以及深化贸易投资、灾后重建、能源和旅游等重点领域的合作。

尼泊尔工业局统计数据显示,在2015—2016财年,尼泊尔吸收外资流量为152亿卢比。截至2015年12月底,全球有89个国家和地区对尼泊尔进行了投资,尼泊尔吸收外资存量总共有1977亿卢比。在2015—2016财年,中国在尼泊尔的投资名列第一,占比高达41.3%。但从累计投资总额来看,印度仍然是对尼泊尔投资存量最大的国家,投资额占比达到40.8%。

在过去几十年里,由于尼泊尔国内政局动荡和外部势力的干预,中尼合作进展缓慢。2017年12月,联合马列和尼共—毛主义中心在尼泊尔大选中同时获胜。2018年5月,两党合并成立尼泊尔共产党(简称"尼共")。尼泊尔政局是否稳定,取决于尼泊尔共产党内部联合马列和尼共—毛主义中心两派能否实现真正的和解。如果尼泊尔政治相对稳定,尼泊尔的对外开放政策将会得到平稳推进。

第六节
南亚国家经济开放的经验总结

综合分析南亚国家经济开放的主要做法、成效、问题及经验教训,南亚国家基本遵循了新自由主义的思想。但在具体政策上,有的国家较为激进,有的稍显保守。当然,这种保守也可能是因为国内政治斗争而使一些激进的开放政策无法实施;有的国家对经济有很强的控制能力,而有的国家基本放任不管。这并不是说政府不想干预经济,而是因为政府治理能力较差而缺乏干预手段。

通过归纳总结南亚各国经济开放的成效、问题及其经验教训,可以得出以下结论：

第一，经济开放要取得积极成果，首先要有稳定的国内政局作为保障。相对而言，虽然印度是南亚实行经济开放政策较晚的国家，经济开放政策推进缓慢，但因为其体量大，国内政局较为稳定，对世界经济的影响较大，所以印度经济开放的成效最为明显。巴基斯坦和孟加拉国原本是一个国家，东巴和西巴分裂后，巴基斯坦和孟加拉国分别走上了经济开放道路，但孟加拉国周边地区和国内安全局势要好于巴基斯坦，所以它的GDP增长速度更快。斯里兰卡在结束内战之后，经济上取得了快速发展。阿富汗、尼泊尔等国，由于国内政治动荡，周边地区和国内安全形势不佳，经济发展比较缓慢。

第二，实行经济开放政策，必须要求国内各派政治力量统一思想。在实行经济开放政策问题上，印度、巴基斯坦、孟加拉国的主要政党基本上达成了共识；斯里兰卡的自由党和统一国民党在此问题上缺乏共识，由此导致经济开放政策多变，影响了经济发展。虽然印度、巴基斯坦、孟加拉国的主要政党在实行经济开放政策上达成了共识，但仍存在如何开放、如何发展的分歧，仍存在"为反对而反对"的情况。这也是印度第二代改革难以推行的重要原因。

第三，国家对经济的干预力度影响经济开放的成效。一个国家经济发展的成功与否，取决于它对市场竞争和政府干预两种调控手段的选择和结合使用的程度。经济开放在一定程度上会促进经济发展，但完全采取自由放任的态度对经济发展并无益处。国家应该掌控对影响国家经济命脉的行业，要积极引导经济结构的调整，并要掌握国家收支和资本流动的情况。因此，国家治理能力显得尤为重要。巴基斯坦、孟加拉国、斯里兰卡等国因为国家治理能力较弱，导致政府债台高筑，甚至引发债务危机。

第四，能否形成优势产业，影响经济开放成效。我们对南亚各国经济进行比较后发现，印度、孟加拉国、斯里兰卡、马尔代夫之所以取得较好的经济开放成效，主要是因为这些国家对外有拳头产品和优势产业。印度的IT和外包服务业、孟加拉国的制衣业和斯里兰卡及马尔代夫的旅游业,都为这些国家赚取了大量外汇,对弥补政府财政赤字起到积极作用,有力推动了国民经济的发展。然而,巴基斯坦到目前为止,尚未建立自己的优势产业,也没有自己的拳头产品。

第三章

"中巴经济走廊"建设：进展与前景

"中巴经济走廊"是李克强总理于2013年5月访问巴基斯坦时正式提出的。这一建设项目是中、巴两国发展计划对接的结果。1997年，巴基斯坦军方曾提出过一个"全国道路连接计划"，之后巴基斯坦政府又提出"国家能源贸易通道"计划，[①] 但这两个计划巴方都没有落实。"中巴经济走廊"是这两个计划的延续与扩展。与巴方这两个计划相比，"中巴经济走廊"规模更大，超出了巴基斯坦一国范围，具有地区意义和国际意义。"中巴经济走廊"北起中国新疆喀什，南到巴基斯坦瓜达尔港，全长3000多公里，连接中国、中亚、南亚三大经济区域，并通过瓜达尔港直达中东地区。

根据2017年底公布的《中巴经济走廊远景规划》，"中巴经济走廊"以中、巴两国的综合运输通道及产业合作为主轴，以两国经贸务实合作、人文领域往来为引擎，以重大基础设施建设、产业及民生领域的合作项目为依托，以促进两国经济发展、社会繁荣为目标，实现优势互补、互利共赢、共同发展。

[①] Hassan Khan, "Is China Pakistan Economic Corridor really agame changer?", 2015.7.13, https://archive.pakistantoday.com.pk/2015/06/13/is-china-pakistan-economic-corridor-really-a-game-changer/，访问日期：2020年8月24日。

在空间范围上,该走廊包括中国新疆和巴基斯坦全境。该走廊具有不同的层次、范围与布局,分为核心区和辐射区,并呈现"一带三轴多通道"的格局。"一带"指由走廊核心区构成的带状区域,包括中国新疆喀什地区、图木舒克市和克孜勒苏柯尔克孜自治州阿图什市、阿克陶县,巴基斯坦伊斯兰堡首都区、旁遮普省、信德省、开伯尔—普什图赫瓦省、俾路支省、巴控克什米尔地区、吉尔吉特—巴蒂斯坦的部分地区;"三轴"是指走廊中的三条东西向发展轴,分别代表了从拉合尔通往白沙瓦、从苏库尔通往奎达和从卡拉奇通往瓜达尔的带状区域;"多通道"指走廊从伊斯兰堡到卡拉奇和瓜达尔的多条铁路和公路交通干线。① 中、巴双方对"中巴经济走廊"建设的共识,体现了中方"一带一路"倡议和巴基斯坦"2025发展愿景"的深入对接。

"中巴经济走廊"从合作共识的形成,到项目建设的落地,再到早期收获的实现,只用了几年时间。2015年4月,习近平主席访问巴基斯坦,两国领导人一致同意将中巴关系提升为"全天候战略合作伙伴关系",共同致力于中巴世代友好合作。中、巴双方确定以"中巴经济走廊"为中心,以瓜达尔港、能源、交通基础设施、产业合作为重点的"1+4"合作建设布局,开创了"中巴经济走廊"建设的新局面,推动走廊建设进入快车道。

自习近平主席访问巴基斯坦以来,中、巴两国政府加大了推进"中巴经济走廊"建设的力度。在双方的共同推动下,两国领导人共同签署了51项合作协议,有力地推动了"中巴经济走廊"建设。② 两国主流媒体对"中巴经济走廊"建设给予了热情洋溢的评价。巴方领导人甚至将"中巴经济走廊"称作巴基斯坦的"命运改变者"和"地区格局改变者"。③ 两国政府和人民对"中巴经

---

① 《〈中巴经济走廊远景规划〉明确建设发展方向 获巴方盛赞》,中国证券网,2017年12月27日,http://sc.xfafinance.com/html/BR/Policy/2017/259461.shtml,访问日期:2020年8月27日。

② 徐伟:《中巴经济走廊建设硕果累累》,2016年3月15日,中华人民共和国国家发展和改革委员会,https://www.ndrc.gov.cn/fzggw/jgsj/gjs/sjdt/201603/t20160315_1106932.html,访问日期:2020年8月19日。Mir Sherbaz Khetran, CPEC: Benefits for Balochistan, Issue Brief, Institute of Strategic Studies, February 15, 2016.

③ Mir Sherbaz Khetran, CPEC: Benefits for Balochistan, Issue Brief, Institute of Strategic Studies, February 15, 2016.

济走廊"倾注的热情，充分体现了深厚的中巴友谊和巴方希望与中国合作推动经济和社会发展的迫切心情。但是，"中巴经济走廊"能否建成，光靠一腔热情是远远不够的，还需要两国政府为走廊的建设积极创造有利的条件，最终主要取决于协议的具体落实和两国人民的实干精神。

我国政府已将经济走廊确定为"一带一路"倡议的旗舰项目和先行先试项目。在中、巴两国的共同努力下，"中巴经济走廊"建设在过去几年时间里取得了重大进展，为巴基斯坦经济和社会的发展，为巩固"中巴全天候战略合作伙伴关系"，为打造"中巴命运共同体"作出了重大贡献。

毋庸置疑，"中巴经济走廊"建设成就斐然。然而，由于种种原因，"中巴经济走廊"建设并未达到两国原先预期速度，未完全实现预定的建设目标。鉴于"中巴经济走廊"在"一带一路"中的重要地位，我们需要认真总结经验，反思遇到的困难，研判前面可能出现的形势，无论是对下一阶段的建设，还是对我国与其他国家合作推进"一带一路"倡议，都具有重要意义。本章在概括过去几年"中巴经济走廊"建设成就的基础上，对走廊建设进展情况进行评估，分析走廊建设未达到预期目标的原因，以便有效应对走廊建设的新挑战。

第一节
"中巴经济走廊"建设及其进展

"中巴经济走廊"是"一带一路"建设的旗舰项目，也是中、巴两国发展战略对接的产物。在巴基斯坦2014年通过的"巴基斯坦2025愿景"中，交通运输基础设施的现代化和广大地区的互联互通是重要发展目标，而"中巴经济走廊"在其中发挥了关键作用。"巴基斯坦2025愿景"指出，"中巴经济走廊"为巴基斯坦实现与南盟（SAARC）、东盟（ASEAN）、中亚地区经济合作组织

（CAREC）及经济合作组织（ECO）的互联互通和发展一体化提供了一个千载难逢的机会。如果瓜达尔港成为国际自由港，巴基斯坦将成为地区贸易和工业中心。①

在中、巴两国领导人签署的《中华人民共和国和巴基斯坦伊斯兰共和国关于建立全天候战略合作伙伴关系的联合声明》中，双方同意携手推进"中巴经济走廊"中"1+4"的合作建设布局，尽快完成《中巴经济走廊远景规划》，并积极推进喀喇昆仑公路升级改造二期（塔科特至哈维连段）、瓜达尔港东湾快速路、新国际机场、卡拉奇至拉合尔高速公路（木尔坦至苏库尔段）、拉合尔轨道交通橙线、海尔—鲁巴经济区、中巴跨境光缆、地面数字电视传输标准等重点合作项目。

此后，经"中巴经济走廊"联合委员会磋商并经两国政府同意，"中巴经济走廊"项目建设确定了如下时间表：（1）2014—2018年，早期收获项目阶段；（2）2014—2020年，短期项目阶段（包括早期收获项目）；（3）2021—2025年，中期项目阶段；（4）2026—2030年，长期项目阶段。② 两国共同拟定了"中巴经济走廊"早期收获项目30个，但由于种种原因，在"中巴经济走廊"框架下目前共有22个合作项目，其中9个项目已完工，13个项目还在建设中，总投资190亿美元，给巴基斯坦创造了7万多个就业机会。③ "中巴经济走廊"建设对巴基斯坦国际形象的改善发挥了巨大作用，巴基斯坦对外资的吸引力大幅度提高。外国对巴基斯坦的直接投资由2012年的6.5亿美元增加

---

① Ministry of Planning, Development . Reform, "Pakistan Vision 2025 approved by National Economic Council（NEC）", 2016.1.2, https://www.pc.gov.pk/uploads/vision2025/Pakistan-Vision-2025.pdf, 访问日期：2020年9月2日。

② Mushtaq Ghumman, "CPEC projects: Cabinet approves revolving fund for timely payments", 2018.9.29, https://fp.brecorder.com/2018/10/20181028419333/, 访问日期：2018年9月8日。

③ 《中巴经济走廊22个项目指哪些?》，2019年1月19日，经济日报—中国经济网，http://intl. ce.cn/sjjj/. qy/201901/09/t20190109_31215542.shtml, 访问日期：2020年9月19日。王毅：《中巴经济走廊建设成果实实在在，没有加重巴债务负担》，2018年9月8日，新华社，http://www.gov.cn/guowuyuan/2018-09/08/ content_5320425.htm, 访问日期：2020年9月19日。

至 2018 年的 22 亿美元，其中来自中国的直接投资就有 14 亿美元。[①] 欧洲国家对"中巴经济走廊"建设开始展现出浓厚的兴趣。2018 年，英国议会成立了跨党派"一带一路"和"中巴经济走廊"小组，以便促进对"一带一路"倡议和"中巴经济走廊"项目的了解，并为英国企业界提供积极参与、寻求机会的平台。[②] 沙特阿拉伯（简称"沙特"）、阿拉伯联合酋长国（简称"阿联酋"）等国也纷纷表示，要对巴基斯坦及"中巴经济走廊"进行投资。

（一）能源

能源和电力是巴基斯坦经济发展迫切需要解决的问题，拉闸停电一直困扰着巴基斯坦的企业生产和民众生活。统计表明，在上述 22 个项目中，能源项目就有 11 个。本来规划优先实施的项目是 15 个，总装机规模为 1.1 万兆瓦，现已开工或投产运营的 11 个项目装机总量为 6910 兆瓦，占原先计划的 62%。随着数个能源项目建成投产，巴基斯坦国家电网新增 3240 兆瓦装机总量，占巴基斯坦装机总量的 11%。[③]

在所有已投入运营或在建能源项目中，卡西姆港电站和萨希瓦尔电站是标志性项目。中国电建集团与卡塔尔 Al-Mirqab 公司联合投资建设的卡西姆港燃煤电站，位于巴基斯坦最大的城市卡拉奇附近，是"中巴经济走廊"首个落地的能源项目。从开始建设到首台机组并网发电，该项目仅用了 30 个月的时间。2017 年 11 月，卡西姆港燃煤电站举行了发电仪式。截至 2018 年 12 月 30 日，卡西姆港燃煤电站累计发电量达到 75 亿度。由华能山东发电公司和山东如意科技集团联合投资的萨希瓦尔燃煤电站，于 2015 年 7 月 31 日正式开建，仅用了 22 个月的时间就能投产发电。截至 2018 年 12 月 30 日，萨希瓦尔燃

[①] 《驻巴基斯坦大使姚敬发表署名文章:〈让中巴经济走廊再出发〉》，外交部网站，https://www.fmprc.gov.cn/web/dszlsjt_673036/t1584949.shtml，访问日期：2018 年 8 月 13 日。

[②] 《中巴产业合作前景广阔》，2019 年 2 月 11 日，中国经济网——《经济日报》，http://www.ce.cn/xwzx/gnsz/gdxw/201902/11/t20190211_31442130.shtml，访问日期：2020 年 8 月 25 日。

[③] "CPEC will continue fueling growth of Pakistan's construction industry over next decade: Fitch Solutions," 2019.1.28, https://obortunity.org/2019/01/28/，访问日期：2020 年 8 月 28 日。

煤电站累计发电量已经突破140亿度。①

在新能源项目方面，由中国水电顾问集团、华东勘测设计院合作建设的达沃风电项目，总装机量为5万千瓦，已于2017年4月5日正式投入运营。萨恰尔50兆瓦风电项目于2017年4月11日投入运营。吉姆普尔100兆瓦风电项目于2017年6月16日投入运营。真纳太阳能园区1000兆瓦发电项目于2017年6月16日投入运营。②

（二）基础设施

交通运输是"中巴经济走廊"框架内继能源项目之后的另一类项目，担负着打通"中巴经济走廊"大动脉的重要职能。喀喇昆仑公路二期改建工程（哈维连至塔科特段）、拉合尔至卡拉奇高速公路（木尔坦至苏库尔段）、瓜达尔国际机场和瓜达尔港东湾公路、拉合尔橙线轨道交通、中巴跨境光缆等项目被列入早期收获项目清单。喀喇昆仑公路的改建工程使这条唯一通过陆路连接中、巴两国的"友谊之路"焕发出新的生机，并承担新时期"中巴经济走廊北部通道"的职能。该项目已经完成。③

拉合尔至卡拉奇的高速公路致力于连接巴基斯坦最大的两座城市，该项目是"中巴经济走廊"框架下最大的交通运输基础设施项目。这条高速公路（苏库尔至木尔坦段）于2016年5月6日在巴基斯坦南部信德省苏库尔市举行了开工仪式。这项工程是"中巴经济走廊"最大公路建设项目。该公路现已完成。④

2018年7月13日，从乌鲁木齐到拉瓦尔品第全长2950公里的中巴光缆全线贯通，并且测试运行良好。2018年8月31日，这条"中巴经济走廊数字

---

① 驻巴基斯坦大使姚敬发表署名文章《让中巴经济走廊再出发》，外交部网站，https://www.fmprc.gov.cn/web/dszlsjt_673036/t1584949.shtml，访问日期：2018年8月13日。

② 《中巴经济走廊能源项目最新进展情况》，2018年6月14日，https://www.sohu.com/a/235699087_99901645，访问日期：2020年8月14日。

③ "CPEC will continue fueling growth of Pakistan's construction industry over next decade: Fitch Solutions." 2019.1.28, https://obortunity.org/2019/01/28/，访问日期：2020年8月28日。

④ 《中巴经济走廊22个项目指哪些？》，经济日报—中国经济网，2019年1月19日，http://intl.ce.cn/sjjj/qy/201901/09/t20190109_31215542.shtml，访问日期：2020年9月19日。

信息大通道"正式投入使用大大缩短了中、巴两国之间的通信时长,对跨国金融交易、远程医疗等具有重要意义。①

巴基斯坦一号铁路干线(ML1)升级改造可行性研究项目耗资300万美元。该铁路干线计划从卡拉奇开建,向北经拉合尔、伊斯兰堡至白沙瓦,全长1726公里,是巴基斯坦最重要的南北铁路干线。该项目仅处于可行性研究阶段,还不能算在建项目。②现在,巴基斯坦伊姆兰·汗政府有些后悔,因为没有把ML1的建设列入早期项目名单里。③

(三)瓜达尔港

瓜达尔港是"中巴经济走廊"的终点,是地区互联互通的最重要节点,也是"中巴经济走廊"项目的中心。2015年11月11日,巴基斯坦正式向中国海外港口控股有限公司(简称"中海港控")移交瓜达尔港自贸区300公顷的土地,占瓜达尔自贸区目前规划面积的30%,给予中海港控43年的开发使用权。2016年9月,瓜达尔港自由区正式启动,目前招商任务已经完成。入区企业中80%是中资企业,20%是巴基斯坦的企业。其中,巴基斯坦最大的两家银行已经入驻。

2016年,瓜达尔港的设施修复工程全部完成。当年11月,一列重型车队从中国新疆喀什地区出发,沿着"中巴经济走廊"平安抵达瓜达尔港,随车装载的货物由此发往西亚和非洲地区。这标志着"中巴经济走廊"基本贯通,初步具备交通货运能力。2018年3月7日,巴基斯坦瓜达尔港首条集装箱班轮航线正式开航,标志着"中巴经济走廊"重点项目瓜达尔港向商业化运营迈出重要步伐。

然而,瓜达尔港建设并未完全达到预期目标,港口配套设施建设远远不

---

① 《中巴经济走廊数字信息大通道全线贯通》,2018年9月1日,新华网,http://www.xinhuanet.com/world/2018-09/01/c_1123365101.htm,访问日期:2020年9月11日。

② 《中巴经济走廊22个项目指哪些?》,2019年1月19日,经济日报—中国经济网,http://intl.ce.cn/sjjj/qy/201901/09/t20190109_31215542.shtml,访问日期:2020年9月19日。

③ Mushtaq Ghumman, "CPEC projects: Cabinet approves revolving fund for timely payments", 2018.9.28, https://fp.brecorder.com/2018/10/20181028419333/,访问日期:2020年9月8日。

足。瓜达尔港东湾快速路还在建设之中,原先规划的瓜达尔新机场、职业学院和医院等附属设施当时计划在2019年第一季度破土动工。[1]另外,瓜达尔面临水、电资源严重短缺的问题。中方筹建了一个小型的海水淡化厂,却不能满足周边民众的用水需求。瓜达尔自贸区想要发展重工业,淡水短缺是一个重要的制约因素。300兆瓦火力发电项目尚未得到俾路支省政府的批准。2019年1月,巴基斯坦计划发展部部长巴赫蒂亚尔会见了中国驻巴基斯坦大使姚敬,双方同意,要确保瓜达尔港的新国际机场、职业学院和医院等项目尽快落地,以便造福当地人民。[2]

(四)产业合作

在过去几年里,中、巴双方就中国产业向巴基斯坦转移问题举行了多轮磋商,但产业合作是"中巴经济走廊"建设进展最为缓慢的领域。主要原因在于以下几点:巴基斯坦能源供应短缺,基础设施需要完善;巴方承诺的税收优惠政策、对投资者的激励措施落实不到位,投资环境不尽如人意;巴方有的人将"中巴经济走廊"理解为"中国为国内过剩资金和产能寻找出路",有的人对产业合作发展规律及自身产业发展方向缺乏明确的认识,有的人又存在急于求成的心理,等等。统计表明,在汽车、家电、农业等领域的中巴产业合作取得一些进展,尤其是在双方享有合作基础的领域。2016年7月,巴基斯坦旁遮普省首席部长夏巴兹·谢里夫率本省人员访问青岛,并与青岛相关部门签订了《中华人民共和国青岛市与巴基斯坦伊斯兰共和国旁遮普省关于建立青岛—旁遮普省工业园联合工作组的协议书》。在青岛海尔工业园一期取得成功的基础上,双方共同推进在旁遮普省建设青岛—旁遮普工业园区。

2016年1月,巴方提出沿着"中巴经济走廊"建设46个经济特区,希望有效利用巴方资源和劳动力优势来吸引中国的劳动密集型产业。2016年4月,

---

[1] "CPEC projects not facing any delay: Ministry of Planning", 2019.2.11, https://obortunity.org/2019/02/11/ cpec-projects-not-facing-any-delay-ministry-of-planning/,访问日期:2020年8月11日。

[2]《2019年将成为巴中产业合作年》,2019年1月17日,驻巴基斯坦经商参处,http://pk.mofcom.gov.cn/article/jmxw/201901/20190102827866.shtml,访问日期:2020年8月29日。

巴基斯坦计划发展部部长伊克巴尔率团到北京、上海、苏州、天津等地进行考察,进一步了解中国在钢铁、化工、电力等领域的发展情况。2017年2月,巴基斯坦政府制定了特别经济区全面建设计划,要求在"中巴经济走廊"框架下建立37个园区,以便提高工业生产能力。[1] 2017年4月,巴基斯坦计划发展部部长伊克巴尔表示,经反复磋商和研究,巴基斯坦在两到三年内完成"中巴经济走廊"框架下9个工业园的建设,其中旁遮普省、开普省、信德省、联邦直辖部落区、俾路支省、吉尔吉特地区和巴控克什米尔地区各布局一个工业园,另由联邦政府在伊斯兰堡和卡西姆港各设立一个工业园,以便更好地利用巴基斯坦的资源优势和劳动力优势,吸引中国的劳动密集型产业,培育巴基斯坦的产业集群。[2]

伊姆兰·汗执政后,产业合作和产业园区建设已成为"中巴经济走廊"建设的重要项目。2018年底,在中国与巴基斯坦共同发表的《加强中巴全天候战略合作伙伴关系,打造新时代更紧密中巴命运共同体》联合声明中,双方将重点转向产业合作,旨在改善民生、促进农业和渔业以及先进技术产业等方面的合作。中国和巴基斯坦同意将2019年定为"巴中产业合作年"。巴基斯坦计划发展部部长巴赫蒂亚尔表示,在第八届"中巴经济走廊"联合委员会会议期间签署的产业合作谅解备忘录,为促进巴基斯坦纺织、石化、钢铁等重点产业的发展提供了框架。双方同意将开普省的拉沙卡伊特殊经济区、旁遮普省的M3特殊经济区,信德省的塔贝吉特殊经济区作为优先发展对象,同时加快特殊经济区的建设。巴方希望中方对瓜达尔港进行大规模投资,大力发展石化项目。[3]

---

[1] 《巴基斯坦计划设立37家工业园区》,2017年2月23日,中国贸易新闻网,http://www.ccpit.org/Contents/Channel_4126/2017/0223/765790/content_765790.htm,访问日期:2020.年8.月23.日。

[2] 《巴基斯坦拟在"中巴经济走廊"框架下设立9个工业园》,2017年4月14日,商务部网站,http://pk.mofcom.gov.cn/article/jmxw/201704/20170402557846.shtml,访问日期:2020年9月28日。

[3] "CPEC projects not facing any delay: Ministry of Planning",2019.2.11,https://obortunity.org/2019/02/11/,访问日期:2020年9月28日。

第二节
对"中巴经济走廊"建设进展情况的总体评估

在"中巴经济走廊"合作建设过程中,两国领导人都给予了高度重视,两国政府积极推动项目建设,大部分规划项目已经建成并投入运营,部分项目正在筹建或处于不同的建设阶段,项目的经济效益和社会效益有目共睹。走廊建设已经成为"一带一路"其他项目建设的经验参照,建设成就毋庸置疑。但回顾"中巴经济走廊"几年来合作建设的进展情况,还存在一系列制约因素,许多问题需要协调解决。

其一,双方对走廊建设进程的认识存在一些差异。巴基斯坦官方否认"中巴经济走廊"项目建设有任何延期的情况。根据"惠誉解决方案"(Fitch Solutions)的评估,他们认为"中巴经济走廊"项目的进度情况良好。但是,按照两国原先的顶层设计和两国政府相关文件[1]提出的要求以及"中巴经济走廊"联合委员会制订的走廊建设时间表,部分项目建设进度已经滞后。例如,巴方希望一些合作项目在2017年完成,但部分项目目前仍在建设之中。

其二,"中巴经济走廊"建设的蓝图尚未确定。经过反复磋商和修改,中、巴两国政府有关部门共同编制的《中巴经济走廊远景规划(2017—2030年)》于2017年12月18日由巴基斯坦计划发展部正式发布。虽然发布时间远远落后于预期时间,但"远景规划"实现了中方共建"一带一路"倡议和巴基斯坦《2025发展愿景》的无缝对接,为"中巴经济走廊"建设确定了建设条件、发展目标、指导思想、基本原则、重点合作领域和保障措施等关键内容,是走廊建设的纲领性文件。但关键问题在于,这个远景规划是穆盟(谢派)执政期间与中方达成的,伊姆兰·汗政府可能会有所调整。这就意味着"中巴经济走廊"的

---

[1] 包括《中华人民共和国和巴基斯坦伊斯兰共和国关于深化两国全面战略合作的联合声明》《关于新时期深化中巴战略合作伙伴关系的共同展望》《中华人民共和国和巴基斯坦伊斯兰共和国关于建立全天候战略合作伙伴关系的联合声明》等。

建设蓝图需要进一步修改，建设项目和重点合作领域等内容还要进一步调整。

其三，"1+4"的走廊建设框架还未最终确立。按照 2015 年 4 月的《中华人民共和国和巴基斯坦伊斯兰共和国关于建立全天候战略合作伙伴关系的联合声明》，如果双方能够积极推进一大批重点合作项目的建设，"中巴经济走廊"的"1+4"合作框架则基本确立。现在，能源领域的早期项收获目完成较多，但巴基斯坦境内出现电力过剩、不能连接到国家电网、收不上电费等问题。因此，巴方主动取消了一些能源项目。在交通和基础设施建设方面的早期收获项目取得一些进展，光缆已经全线贯通，但喀喇昆仑公路二期改造项目在 2020 年才完工。由于土地纠纷较多，瓜达尔港的一些配套设施项目尚未开工。[1]

其四，经济走廊推动的地区互联互通的辐射效应尚未充分显现。由于谢里夫政府明确反对伊朗等第三方参与"中巴经济走廊"建设，巴基斯坦全境道路建设严重滞后，"中巴经济走廊"尚未联通到周边国家；同时，周边国家也没有真正参与到"中巴经济走廊"的建设中来。

第三节
"中巴经济走廊"建设进程受阻的主要原因

"中巴经济走廊"建设在过去几年里的进展确实使巴基斯坦部分民众受益，但由于巴基斯坦急需发展的部分产业没有得到投资，大部分民众的获得感不强，具体原因如下。

（一）中方在走廊建设中尚未实现权利与义务的相对平衡

从政治层面分析，中方强调尊重伙伴国家的主权，不干涉伙伴国家内政。

---

[1] Mushtaq Ghumman, "CPEC projects: Cabinet approves revolving fund for timely payments", 2018.9.28, https://fp.brecorder.com/2018/10/20181028419333/，访问日期：2020 年 9 月 25 日。

相关部门对经济走廊建设的主导作用没有得到充分发挥,相关项目执行单位对巴基斯坦经济产业结构存在的实际情况了解不多。此外,巴基斯坦政府执政能力建设相对滞后,规划设计能力和执行能力相对较弱,对本国产业发展的规划脱离了普通民众期盼的目标。在巴基斯坦各政党之中,穆盟(谢派)在国家治理和经济建设方面更有经验。然而,在"中巴经济走廊"建设规划和实施过程中,中方由于受"不干涉"政策的限制以及对巴基斯坦经济产业信息了解不足,谢里夫政府提出了若干个超出巴基斯坦社会经济发展现阶段需要的能源项目,导致中方的大量投资集中于能源、交通基础设施等领域。由于能源、交通基础设施等领域的项目需要资金雄厚的企业参与,而巴基斯坦国内相关公司数量有限,出资能力薄弱,导致巴方上下各界形成"坐冷板凳"的局面,进而影响到后续产业合作项目的顺利推进。

从经济层面考察,能源领域的早期收获项目完成相对较好,但由于巴基斯坦的硬件配套能力不足,输变电设施陈旧,政府没有足够的财力来更新输变电设施,导致电力输送损耗严重,同时出现了新增电力无法接入国家电网等问题。由于巴基斯坦政府经济治理能力较差,电费收缴率低,无法收回成本,导致能源项目三角债问题突出。为此,巴基斯坦内阁经济协调委员会于2016年2月以"中巴经济走廊"框架协议补充条款的方式,决定由巴基斯坦政府开设一个循环账户,专门用来弥补发电方应收电费和最终消费者支付电费之间的差额。[①] 因为在早期收获项目中火力发电项目较多,所以巴基斯坦的煤炭进口负担很大。在巴基斯坦面临债务危机和外汇短缺的双重压力下,进口煤炭的压力已经为巴基斯坦国内反对派指责"中巴经济走廊"提供了口实。

从合作发展领域看,在产业园区合作、瓜达尔港及其自由区建设方面,巴方认为,只要巴方提供土地,中方将资金投入进来,一切问题都可以迎刃而解,所以上下各界对合作建设经济走廊的期望值很高。鉴于基础设施项目

---

① 梁桐:《项目取得积极进展,中巴经济走廊越走越宽》,2016年8月8日,中国经济网—《经济日报》,http:// intl.ce.cn/specials/zxgjzh/201608/08/t20160808_14595252.shtml,访问日期:2020年9月25日。

在短期内很难惠及民众，巴方相关利益集团对中方的抱怨逐渐增多。与此同时，巴基斯坦政府提供建设用地进展并不顺利，导致卡西姆电站、瓜达尔港配套设施等项目无法推进。

从巴方治国理政领域考察，相关部门制定的国家发展战略缺乏明确的产业升级换代和发展方向，工业园区规划缺乏水、电、气、道路等基础设施配套建设规划，官员腐败成风，效率低下，营商环境恶化；在招商引资领域，思想不够解放，税收优惠不足。上述政策瓶颈导致外商对巴基斯坦望而却步。依据双边协定，中国港控与瓜达尔港务局签订的特许经营权协议是有免税政策的，但巴方迄今尚未充分兑现承诺。

（二）巴基斯坦国内政治斗争影响了"中巴经济走廊"建设

"中巴经济走廊"一开始就受到巴基斯坦国内政治反对势力的严重阻碍。为推动合作项目顺利实施，中国驻巴基斯坦使领馆开展了艰苦却卓有成效的协调工作，呼吁巴基斯坦各政党携手推动走廊建设，促进巴基斯坦经济和社会发展。然而，巴基斯坦国内政治斗争由来已久，政党和家族利益之争纠缠在一起，对"中巴经济走廊"建设形成制约。

谢里夫执政期间高调炒作"中巴经济走廊"建设，将其看作"地区格局改变者"或"命运改变者"，进而将走廊建设项目作为政绩工程。政府有关部门在"中巴经济走廊"项目布局上透明度不高，致使反对派与政府较劲，相继出现了"东西线之争"和"西线与早期收获项目之争"。"中巴经济走廊"项目最强烈的反对者是开伯尔—普什图赫瓦省的首席部长佩尔韦兹·哈塔克。此人是巴基斯坦正义运动党的主要成员，曾要求谢里夫总理在各党派会议上就其作出的"西线"承诺消除误解。[1] 虽然各党派就"中巴经济走廊"建设达成了一致意见，但反对派在项目布局和执行进程中仍然制造阻力。例如，反对派利用卡西姆电站等项目建设中出现的土地使用权纠纷问题以及拉合尔橙线建设过程中出现的文物保护问题向政府发难。

---

[1] 刘宗义：《中巴经济走廊建设：进展与挑战》，载《国际问题研究》2016年第3期，第122—136页。

另外，由于巴方需要从中国进口大量的基建物资，而巴方对中国出口很少，导致双边贸易失衡。巴基斯坦央行公布的国别数据显示，在2017—2018财年，巴基斯坦从中国进口的数额是114.6亿美元，占巴方进口总额的18.8%，是其第二大进口来源国阿联酋的一倍，而2017—2018财年巴基斯坦对中国出口的数额只有17.4亿美元。例如，卡西姆等火电站建成后，需要进口大量煤炭，这使得巴基斯坦外汇压力增大。反对派利用这些问题不断炒作，向政府施加压力，造成负面影响。

巴基斯坦政策的不连续性是"中巴经济走廊"建设面临的一大挑战。在反对派的不断干扰下，巴基斯坦中央和地方政府的政策容易出现变化。

（三）地缘政治和安全因素不容小觑

印度对"中巴经济走廊"一直持反对态度，认为包括"中巴经济走廊"在内的"一带一路"倡议均是中国出于地缘政治目的推进的战略计划，声称经济走廊经过的吉尔吉特—巴尔蒂斯坦地区属于巴控克什米尔，而巴控克什米尔是印度不可分割的一部分。印度政府、媒体和学界始终都在利用各种场合煽动反对"中巴经济走廊"和"一带一路"的情绪。据报道，印度情报部门调查分析局（RAW）专门成立了应对"中巴经济走廊"的机构。[1] 为对冲"中巴经济走廊"，印度在伊朗建设恰巴哈尔港，并与伊朗、阿富汗合建"北南国际走廊"。美、日等国从地缘政治和地缘战略竞争角度看待"中巴经济走廊"建设，并通过代理人不断制造麻烦。

巴基斯坦和阿富汗之间互不信任由来已久。阿方认为，巴基斯坦仍在执行其"冷战"时期实施的"战略纵深"政策，指责其政策是英国"前进政策"的翻版。阿方坚持认为，巴基斯坦企图利用塔利班来影响阿富汗的国内政治局势。巴方认为，印度长期以阿富汗为基地对巴基斯坦进行破坏。中国希望推动建立中、阿、巴地区合作机制，将"中巴经济走廊"向阿富汗境内延伸，使"中巴经济走廊"成为中、阿、巴三方合作的平台，加强三边政治和安全合作，

---

[1] 《巴基斯坦点名批评印度情报机构试图破坏中巴经济走廊》，2016年4月13日，环球网，http://world.huanqiu.com/exclusive/2016-04/8807898.html，访问日期：2020年8月25日。

促进阿巴和平进程。

在安全方面，巴方大力打击恐怖主义和反叛势力，并取得一些成效，巴基斯坦境内恐怖袭击事件数量明显下降，但针对"中巴经济走廊"和中国人的袭击事件明显上升。巴基斯坦政府为保障中国在巴工程人员安全和"中巴经济走廊"建设安全，专门建立了一支安全部队，但"中巴经济走廊"沿线局部地区的安全形势依然不太乐观。2016年，信德省和俾路支省均发生过针对中国人的袭击事件。俾路支省的局势对"中巴经济走廊"的建设至为关键。目前，在俾路支省存在俾路支解放军、俾路支共和军、俾路支解放阵线等反叛势力。一些恐怖组织在外国势力支持下进行破坏活动。极端组织"伊斯兰国"势力也在本地区扩散，对阿巴局势及中国新疆安全和稳定都构成了威胁。

第四节
"中巴经济走廊"建设面临的新挑战

经过几年的规划和建设，"中巴经济走廊"建设已进入充实、拓展的新阶段。2018年11月，在伊姆兰·汗总理访华期间，中、巴两国签署了《加强中巴全天候战略合作伙伴关系，打造新时代更紧密中巴命运共同体》联合声明，并在当年12月成功召开了"中巴经济走廊"联合委员会第八次会议。中、巴双方一致认为，下一阶段的走廊建设要落实走廊早期收获项目，确保已建成项目顺利运营，同时加快推进在建项目，在能源和交通基础设施建设领域取得新进展。与此同时，结合走廊长远发展目标和双方合作发展需要，完善经济与安全合作机制，推动走廊建设向产业园区、社会民生等方面拓展。

放眼未来，国际环境和南亚局势正在发生重大变化，巴基斯坦国内政治也发生了一些变化，"中巴经济走廊"合作建设需要有效应对既有的挑战，又要应对新的挑战。

（一）"印太战略"从军事、安全、经济、金融、价值观和国际规则等方面围堵和对冲"一带一路"

中、美两国存在合作与竞争并存的格局，美国从战略上遏制中国发展态势的政策举措势必愈益增多。因此，中国与伙伴国家共建"一带一路"面临的国际战略和安全压力会越来越大。美国政策精英担心，"一带一路"倡议是在欧亚大陆构建"新型全球化运动"，会在地缘政治和全球经济两个方面动摇美国的霸权地位。因此，美国政策精英努力推动美国政府多管齐下，对华实施对冲政策。其中，特朗普政府提出的"印太战略"是遏制中国崛起、应对"一带一路"的主要战略设计。

在军事和安全方面，美国在强化围堵中国的双边军事同盟的同时，加紧与日、澳、印等国筹建"四国联盟"。2018年9月至10月，美印"2+2"部长级对话和日印"2+2"部长级对话分别确立；印度与澳大利亚之间也在探索构建类似的战略安全合作机制。上述情况是我国与伙伴国家推进"一带一路"建设必须认真应对新的发展态势。

在经济和金融方面，美国与日、印、澳等国讨论开展"替代性"贸易、航运和金融等，日、印等国也在开展类似的合作。美国参众两院通过了《2018年善用投资促进发展法》，这一法案被认为是与"一带一路"倡议直接抗衡的国际发展投资法案。该法案将海外私人投资公司与美国国际发展署的两个部门合并，设立规模更大的美国国际发展金融公司，并为之提供600亿美元资金，帮助全球贫困地区兴建基础设施。

在价值观和国际规则方面，美、日、印、澳等国利用媒体在全球传播方面的优势，不断污蔑中国给"一带一路"沿线国家造成的债务负担。

在美、日、澳等国的"印太战略"中，印度是在南亚和印度洋地区抗衡与对冲"一带一路"的"马前卒"。印度抗衡"一带一路"的决心和行动都没有发生任何变化。

（二）伊姆兰·汗政府时期"中巴经济走廊"建设重点发生变化

第一，巴基斯坦财政赤字和经常账户赤字严重，外债数额巨大，负担沉重，政府为"中巴经济走廊"建设提供配套资金的能力急剧下降，扩大基础设施建设项目已不可行。2017—2018财年，巴基斯坦财政赤字达到2.4万亿卢比，约占全国GDP的7%。同时，经常账户赤字达到180亿美元，同比增长44.7%。财政和经常账户"双赤字"加重了巴基斯坦的债务负担。截至2018年6月末，巴基斯坦政府的债务占GDP的74.3%，其中内债占47.7%，外债占26.6%，如果加上巴基斯坦的国有企业债务，巴基斯坦总体债务水平达到28.4万亿卢比，占GDP的82.6%。与此同时，巴基斯坦当前外汇储备仅能勉强维持在100亿美元的水平，在国际收支领域正面临巨大的风险和挑战。[1]巴基斯坦新政府很可能进一步控制涉及巨额资金投入的合作建设项目，或者削减耗费大量外汇的项目。

第二，巴基斯坦国内政治斗争日益激化。在军方的支持下，伊姆兰·汗继续反腐，司法部门地位提升。伊姆兰·汗和军方仍在利用一些"中巴经济走廊"项目不透明、不合规问题打压谢里夫派。政府设立了针对"中巴经济走廊"的评估委员会，导致一些建设项目停止运行。在政府的打压下，反对党有抱团取暖之势，也有可能对"中巴经济走廊"项目发难。伊姆兰·汗代表的的正义运动党及其同盟的执政地位比较脆弱，在议会中不得不面对由多党派组成的反对党联盟。这样的政治氛围对"中巴经济走廊"下一步建设非常不利。

第二，伊姆兰·汗非常在意选民的支持率，希望在"中巴经济走廊"建设项目上打上自己的烙印。伊姆兰·汗上任后明确表示，"中巴经济走廊"下一步发展规划要符合正义运动党的竞选纲领，要聚焦经济和社会发展，加快产业园区和农业合作，创造就业机会，改善民生。他强调，"中巴经济走廊"建设要更均衡、可持续，项目设置要向西部的开—普省和俾路支省倾斜，使巴基斯坦全体人民得到实惠。在巴基斯坦政府会议上，伊姆兰·汗明确表示，要成立"中巴经济走廊"商业咨询委员会，负责向政府提供推进"中巴经济走廊"产业园区建设的政策建议。政府在能源、电力和基础设施条件不断改善的基础上，积极推进更多惠及民生的产业合作项目。巴基斯坦与中国达成一致，

---

[1] 《2017—2018财年巴基斯坦经济运行情况》，2018年10月11日，驻巴基斯坦经商参处 http://pk.mofcom.gov.cn/article/ddgk/jj/201810/20181002794374.shtml，访问日期：2020年8月25日。

把2019年定为"中巴产业合作年"。①

第四,民心隔阂可能会加深。伊姆兰·汗的伊斯兰情结较重,西方甚至曾称其为"塔利班汗"。他上任后首先访问的是沙特。巴基斯坦民众受沙特等伊斯兰国家的影响很深,沙特对巴基斯坦的影响可能会使巴基斯坦社会各界更趋保守。同时,在反华舆论和反对派势力的炒作下,中国新疆内部问题、双边贸易不平衡等问题会影响"中巴经济走廊"的建设。

(三)安全保障成为合作建设需要关注的重点问题

巴基斯坦的国内安全形势逐年好转,但针对中国人和"中巴经济走廊"项目的破坏案件越来越多。2017年12月,中国驻巴基斯坦大使馆发布重要通告,提醒巴基斯坦的中资机构和中国公民切实提高安防意识,尽量减少外出,不要前往人员密集的场所。2018年11月23日,中国驻卡拉奇总领馆附近发生一起恐怖袭击事件,造成5人死亡。上述事件表明,随着地缘政治形势的改变和"中巴经济走廊"建设的进展,外部势力的介入已成为"中巴经济走廊"建设的现实挑战。

巴基斯坦政府为保障"中巴经济走廊"建设项目的安全,专门建立了一支安全部队,但这并不能从根本上解除"中巴经济走廊"建设项目面临的安全威胁,也使该项目和在巴基斯坦的中国人陷入一种"防御性安保"的困境。他们在当地开展工作时周围布满巴方军警,无法与当地人进行正常互动。

(四)"中巴经济走廊"建设需要直面多边合作问题

中、巴双方已多次声明,"中巴经济走廊"是一项多边合作项目。但在过去几年里,"中巴经济走廊"建设项目基本上以中、巴双方的企业为主。中资企业在把优质资源带到巴基斯坦的同时,也在积极探索多边合作方式,如三峡集团与世界银行、澳大利亚雪山公司的合作,为提高中资企业的国际竞争力积累了宝贵经验。

早在2015年,巴方官员就表示,希望伊朗也能加入"中巴经济走廊"建

---

① 《中巴产业合作前景广阔》,2019年2月11日,中国经济网——《经济日报》,http://www.ce.cn/xwzx/gnsz/gdxw/201902/11/t20190211_31442130.shtml,访问日期:2020年8月25日。

设当中。伊朗总统鲁哈尼也表示,希望伊朗能够加入"中巴经济走廊"建设当中。2017年,巴基斯坦南方司令部指挥官阿米尔·里亚兹建议印度加入"中巴经济走廊",共享未来发展成果。中国方面也对印度提出类似的建议。2017年底,中方提出将"中巴经济走廊"向阿富汗境内延伸,建立中、巴、阿三方合作平台。然而,在谢里夫政府时期,这些多边合作均未落实。

伊姆兰·汗上任之后,情况开始发生变化。2018年9月,伊姆兰·汗就任巴基斯坦总理,并首次出访沙特和阿联酋。在访问期间,伊姆兰·汗正式邀请沙特参与"中巴经济走廊"建设。2019年1月12日,沙特能源部长法利赫表示,沙特计划在巴基斯坦瓜达尔港兴建一座投资100亿美元的炼油厂。除了吸引沙特的投资,巴基斯坦还准备与伊朗合作建设自由经济区。另外,巴基斯坦正式邀请土耳其参与推动"中巴经济走廊"建设。①

依据"一带一路"倡议,"中巴经济走廊"建设的多边合作道路势在必行。中国应当加快研究有效的应对之策,充分调动沙特、阿联酋、土耳其等伙伴国家参与合作建设的积极性,以双边合作促进多边合作,推动"中巴经济走廊"建设平稳发展。与此同时,中国也要警惕沙特等国在瓜达尔港和巴基斯坦境内其他地区的投资会将中东地区的地缘政治矛盾和宗教矛盾带到巴基斯坦,从而影响"中巴经济走廊"建设及我国周边地区安全。

第五节
进一步推进"中巴经济走廊"建设的对策

"中巴经济走廊"是"一带一路"建设的旗舰项目,现在,"中巴经济走廊"建设已进入新阶段。回顾过去几年"中巴经济走廊"建设所取得的成就以及存

---

① 《丝路情报:"中巴经济走廊"迎来两个好消息!沙特出资100亿美元,伊朗还将……》,2019年1月14日,启路国际网,http://www.kashiqilu.com/html/0114/1177.html,访问日期:2020年8月25日。

在的不足，是为了在下一阶段让"中巴经济走廊"建设更加顺畅。现在的"中巴经济走廊"面临的国际政治经济环境和巴基斯坦国内环境都发生了深刻变化，旧的问题依然存在，而新的挑战又凸显出来。面对这种局面，中、巴双方应认真总结过去几年"中巴经济走廊"建设中的经验和教训。

目前，"一带一路"的管理协调机制对建设"中巴经济走廊"不是很有利。发改委、商务部、外交部、国际合作署等相关部委应进一步完善"中巴经济走廊"建设的分工协调机制，建立专门的咨询机制，在认真听取专业意见、充分论证的基础上进行科学决策。我们应该从"中巴经济走廊"过去几年的规划设计和建设项目的统筹过程中吸取经验和教训，对巴基斯坦的资源、产业和经济结构进行摸底调查，立足其资源和实际需求来推进项目建设，以保证项目的经济效益和可持续性。

中国要帮助巴基斯坦发展经济，就必须帮助巴基斯坦政府解决"中巴经济走廊"建设过程中遇到的问题。巴基斯坦政府在经济发展、社会治理方面经验不足，所以中国应该以理念为先导，对其进行积极引导。首先，中方人员通过与巴方人员接触，交流发展理念和执政理念，使巴方认识到稳定对发展的重要性，认识到"中巴经济走廊"就是最大的民生项目，同时与巴方交流制订发展规划、管控舆论等方面的经验。其次，建立"中巴经济走廊"智库，在建设项目的选择方面做到"智库先行"，在智库论证的基础上，由两国政府共同决定取舍，双方充分协商达成一致意见后再执行，增加其透明度。

产业合作是"中巴经济走廊"建设的重点。在产业合作方面，农业是一个可以帮助巴基斯坦形成产业优势，较快实现出口创汇的领域。同时，中国应向巴基斯坦开放农产品和水果市场，扩大产品进口，平衡双边贸易，否则双边经济合作无法持续推进。

另外，在安全方面，中方必须改变防御性的安保思路，而要积极融入，特别要做好俾路支省、开—普省等部落长老的工作，促进一些关键地区的发展。巴方也要努力推进社会"去极端化"，否则，不但"中巴经济走廊"建设无法持续进行，原先取得的建设成果也将会化为乌有。

第四章

中、阿、巴三方区域经济合作机制建设的意义及其进展

阿富汗位于西亚、南亚和中亚的交汇处，属于"丝绸之路经济带"沿线的重要国家。在古代，阿富汗是贯通从中国到欧洲的"古丝绸之路"必经之地。现在，阿富汗是"丝绸之路经济带"南部通道的重要枢纽，具有极其重要的地缘位置。"丝绸之路经济带"欧亚大陆国际通道总体上可分为东西向的北、中、南三个通道。其中，南通道可选择从中国出发到阿富汗，途经伊朗、土耳其至南部欧洲地区，并辐射广大阿拉伯地区和非洲北部。不仅如此，经阿富汗可以南下至巴基斯坦的瓜达尔港、卡拉奇港和伊朗的阿巴斯港，与"海上丝绸之路"的战略要点相汇，从而形成我国与阿拉伯海、印度洋之间的海陆便捷通道，将明显改变我国的能源运输格局，并且能够有力支撑我国西部地区的开放与崛起。

迄今为止，阿富汗既不是"中国—中亚—西亚"经济走廊经过的国家，也不是"中巴经济走廊"的参与者。阿富汗经历过苏联的入侵和长期内战，在经济上属于世界上最不发达国家之一。中国努力推进阿富汗的和平重建进程，积极参与阿富汗铁路、公路、水利、电力等基础设施建设，促进阿富汗的经济发展和长治久安，维护地区和平与稳定。

阿富汗的经济开放面临两大挑战。第一个挑战是国内安全局势动荡，和平进程遥遥无期。外国投资在阿富汗得不到保障，投资项目无法落实。第二个挑战在于，推动更大范围自由贸易的一个关键问题是阿富汗与周边国家要相互开放边境，但开放边境对充满边界冲突与纠纷的中亚国家来说是非常困难的。边界与领土争端等传统安全问题仍然是阻碍中亚区域贸易发展的重要隐患。

第一节
中、阿、巴三方区域经济合作机制的建立

从2014年开始，中国在阿富汗问题上的外交力度明显增强，中国成为阿富汗和平进程的一个重要外部推动力量。中国积极推动阿富汗问题的和平解决，不仅是为了维护新疆安全稳定，保护中国在阿富汗的投资利益，打击恐怖主义等，而且是为了促进整个地区稳定，希望通过推动"丝绸之路经济带"的建设来带动中亚、南亚、中东地区的经济繁荣与社会融合。这体现了中国作为一个大国发挥领导作用、承担国际责任的胸怀和担当。同时，中国积极参与阿富汗事务也是无奈之举，因为美国撤军之后，如果地区国家不联合起来，不积极推动阿富汗和平进程，阿富汗仍有陷入动乱的极大可能性。美国制造问题，然后把问题留给地区国家来解决。

中国在解决阿富汗问题上有一些美国不具备的优势：第一，是在地理上，中国更接近阿富汗；第二，中国在阿富汗不追求特殊利益；第三，中国与阿富汗周边各邻国都保持着友好关系，与巴基斯坦的关系非常密切；第四，中国与阿富汗国内各派政治力量也都保持着联系。

中国解决阿富汗问题的途径是通过一系列双边（如中阿、中巴、中印、中美等）、三边（如中巴阿、中俄印等）或多边（如上合组织、伊斯坦布尔进程、联合国等）机制来推动，同时通过双边经济合作，以及"丝绸之经济

带"等多边经济合作来促进经济发展,消除恐怖主义滋生的土壤。

2017年,中国为推动阿富汗的和平进程、促进巴基斯坦和阿富汗之间关系的改善,开展了密集的外交活动。2017年6月24日至25日,王毅外长分别对阿富汗、巴基斯坦进行了访问,中、阿、巴三方在共同维护地区和平稳定、增进政治互信、加强区域互联互通和经济合作、促进共同安全和共同发展等方面达成共识。三方一致同意,要建立中、阿、巴外长对话机制,在共同感兴趣的领域开展合作。①

2017年12月26日,首次中国、阿富汗、巴基斯坦三方外长对话在北京举行,中国外交部部长王毅、阿富汗外长拉巴尼、巴基斯坦外长阿西夫出席了对话,共同发表了《中国、阿富汗、巴基斯坦三方外长首次对话的联合新闻公报》。三国一致同意在外长对话框架下,以"政治互信与和解""发展合作与联通""安全合作与反恐"为三大主题,本着相互尊重、平等协商、互利共赢的原则,积极推进三方合作,致力于实现支持阿富汗和平重建与和解进程、帮助阿巴改善和发展关系、促进三国和地区共同安全、推进区域互联互通与"一带一路"合作等四大目标。阿、巴两国重申支持中方提出的"一带一路"倡议,愿意将各自的发展战略与"一带一路"建设对接,同时积极探讨"一带一路"框架下的中、阿、巴三方合作,并发挥中国新疆的区位优势,开展中国新疆与阿、巴相关地区的合作。② 王毅外长表示,阿富汗是中巴共同的重要邻国,在发展经济、改善民生方面有着迫切愿望,愿意融入区域互联互通进程。中、巴双方愿与阿方一道,本着互利共赢原则,探讨"中巴经济走廊"以适当方式向阿富汗延伸。关于具体合作项目和合作方式,三方将本着由易到难、由小到大、循序渐进的原则,通过平等协商来确定。改善边境地区的民生是走廊延伸的一个切入点。③

---

① 《中阿巴联合新闻公报》,2017年06月26日,人民网—国际频道,http://world.people.com.cn/n1/2017/0626/c1002-29362173.html,访问日期:2020年8月30日。

② 《王毅谈首次中阿巴三方外长对话达成的八大共识》,2017年12月26日,http://www.chinaconsulatesf.org/chn/zgxw/t1522178.htm,访问日期:2020年8月25日。

③ 王毅:《探讨中巴经济走廊以适当方式向阿富汗延伸》,2017年12月26日,http://switzerlandemb.fmprc.gov.cn/web/wjbzhd/t1522194.shtml,访问日期:2020年8月25日。

当前，中国正在积极推进"一带一路"建设，视阿、巴为重要合作伙伴，愿为地区稳定、安全和发展而努力。在此背景下，中、阿、巴三方合作机制应运而生。中、阿、巴三方区域经济合作机制是三方合作机制的重要组成部分，将为实现阿富汗和平、促进阿巴关系的改善奠定物质基础。同时，合作机制也将改变我国西部的安全形势，为中国新疆等地的对外开放和"一带一路"建设创造一个安全、稳定的周边环境，为推进我国在中亚和南亚地区的战略布局作出贡献。

第二节
中、阿、巴三方区域经济合作机制在"一带一路"中的地位

在"一带一路"框架下的所有路线中，"中巴经济走廊"的地位非常关键。这不仅因为"中巴经济走廊"被中国领导人确定为"一带一路"的旗舰项目，而且因为"中巴经济走廊"在联通"丝绸之路经济带"和"21世纪海上丝绸之路"中具有枢纽作用。"中巴经济走廊"的起点在中国新疆喀什，终点位于巴基斯坦的瓜达尔港，全长3000多公里。该走廊北接"丝绸之路经济带"，南连"21世纪海上丝绸之路"，是贯通南北丝路的重要通道。

从中国新疆出发的陆上经济走廊不仅有"中巴经济走廊"，而且有"中国—中亚—西亚"经济走廊和新亚欧大陆桥。其中，"中国—中亚—西亚"经济走廊是从中国新疆出发，抵达波斯湾、地中海沿岸和阿拉伯半岛，主要涉及哈萨克斯坦、吉尔吉斯斯坦、塔吉克斯坦、乌兹别克斯坦、土库曼斯坦等中亚等国和伊朗、土耳其等国。自20世纪90年代中期以来，中国就是中亚地区基础设施投资和建设的主要推动力量。中国企业在塔吉克斯坦、吉尔吉斯斯坦和乌兹别克斯坦等国修建了公路、铁路、桥梁和电信工程。

中亚国家自然资源丰富，却处于欧亚大陆内部，交通不便，现有的出海口既远又少。它们不仅希望本国的商品能够进入周边国家的市场，而且非常希望从印度洋获得出海口，到达欧洲和中东地区。在这方面，"中巴经济走廊"将会给哈萨克斯坦、土库曼斯坦、乌兹别克斯坦、吉尔吉斯斯坦和塔吉克斯坦等国创造机会，出口它们的商品，使它们获得地区市场和全球市场。巴基斯坦也希望通过阿富汗来获取中亚地区的丰富资源，以满足自身的能源需求，并且把商品运输到中亚地区。中亚国家都支持"中巴经济走廊"建设项目。在北京举办"一带一路"峰会期间，巴基斯坦总理纳瓦兹·谢里夫与哈萨克斯坦、乌兹别克斯坦、吉尔吉斯斯坦等国的领导人举行了会谈，劝说他们投资"中巴经济走廊"项目。从理论上讲，中亚国家的商品完全可以通过"中巴经济走廊"到达印度洋，其中连接中亚国家与巴基斯坦瓜达尔港的最短路线是需要穿过阿富汗的。尽管"中巴经济走廊"可能有利于参与国的经济增长，但地区安全问题仍然是中国和中亚国家的重大忧虑，深化多边关系的主要障碍是阿富汗不断恶化的安全局势。

阿富汗政府非常重视中国倡导的"丝绸之路经济带"。2014年10月，加尼总统访华时表示，"一带一路"建设对促进阿中合作和地区互联互通具有重要意义，阿方愿意积极参与，加强双方在油气、矿产、基础设施建设、民生等领域的合作。在2015年9月举办的第六届阿富汗区域经济合作会议上，加尼总统曾表示，将致力于"古丝绸之路"的复兴，并将阿富汗建设成连接中亚和南亚的区域经济中心。阿富汗领导人认为，"一带一路"建设将使阿富汗获益，中国对阿富汗国内的稳定与繁荣发挥着积极作用，也在阿富汗问题上扮演着重要角色。自古以来，阿富汗就是丝绸之路上的重要枢纽国家。时至今日，它依然为该地区国家间互联互通提供便利。阿富汗民众普遍认为，阿富汗应积极参与"一带一路"建设，搭上中国全面深化改革开放的"顺风车"，分享中国经济发展红利，助推本国经济的可持续发展。①

---

① 李青燕：《阿富汗形势与中国的"一带一路"倡议》，载《南亚研究季刊》2016年第3期，第9—16页。

2016年9月9日,从中国出发的第一列通向阿富汗的货运火车从江苏南通出发,从阿拉山口边境口岸出境,穿过哈萨克斯坦,经乌兹别克斯坦的铁尔梅兹市,经过阿姆河友谊桥后进入阿富汗,抵达阿富汗北部的边境小城海拉顿。这标志着"丝绸之路经济带"项目向阿富汗境内延伸。2017年1月至7月,中、阿双边贸易额为2.911亿美元,同比增长了40.6%。同期,中国对阿富汗非金融类直接投资流量为250万美元,同比增长了57.2%;中国在阿富汗新签工程承包合同额为2.96亿美元,同比增长1940.6%;完成的营业额达到2456万美元,同比增长了130.4%。截至2017年7月30日,中国在阿富汗累计签订工程承包合同额为12.21亿美元,完成的营业额达到10.76亿美元。[1]

国际社会希望阿富汗实现和平稳定和经济发展。2016年11月18日,第71届联合国大会协商一致通过关于阿富汗问题的第A/71/9号决议,呼吁国际社会进一步达成共识,在政治、经济、安全领域等方面向阿富汗提供援助。该决议欢迎"一带一路"等经济合作倡议,敦促各方通过"一带一路"倡议等加强阿富汗及地区的经济发展,呼吁国际社会为"一带一路"建设提供安全保障。[2] 2017年3月17日,联合国安理会,一致通过关于阿富汗问题的第2344号决议,首次载入构建"人类命运共同体"的重要理念。该决议敦促各方进一步推进"一带一路"建设,并提出加强安全保障等具体要求,这是对以往联合国及安理会决议关于"一带一路"表述的继承和发展,强化了国际社会的共识。中方希望广大会员国按照安理会的决议要求,积极参与和推进"一带一路"建设,共同构建"人类命运共同体"。[3]

阿富汗主要通过巴基斯坦的卡拉奇和伊朗的阿巴斯港与外界联系,但通

---

[1] 王琳:《中巴经济走廊向阿富汗延伸,经贸投资合作潜力大》,2017年12月27日,http://finance.sina.com.cn/roll/2017-12-27/doc-ifyqchnr6308949.shtml,访问日期:2020年8月25日。

[2] 《"一带一路"倡议对促进阿富汗经济发展具有重要意义》,2016年11月18日,人民网—国际频道,http://world.people.com.cn/n1/2016/1118/c1002-28879520.html,访问日期:2020年8月25日。

[3] 《联合国安理会决议呼吁各国推"一带一路"建设》,2017年3月20日,国务院新闻办公室,http://www.scio.gov.cn/31773/35507/35510/35524/Document/1545367/1545367.htm,访问日期:2020年8月25日。

向印度洋的最便捷出口是巴基斯坦的瓜达尔港。2016年5月，印度利用巴基斯坦和阿富汗之间的矛盾，与伊朗共同签署了一项协议，力图打造一条运输走廊，希望绕过巴基斯坦，经伊朗的恰巴哈尔港到达阿富汗。然而，比起瓜达尔港，经由恰巴哈尔港开展贸易路途更远，手续更加繁琐。当然，阿富汗支持和参与"中巴经济走廊"建设，也有利于"中巴经济走廊"的安全运行。这是中国积极推动建立中、阿、巴三方经济合作机制的因素之一。

目前，中、阿、巴三国已在六个项目上进行了合作，包括白沙瓦—喀布尔高速公路、蓝地科托—贾拉拉巴德铁路（Landi Kotal-Jalalabad Railway）、查曼—斯平布尔达克铁路（Chaman-Speen Boldak Railway）、库纳尔河（Kunar River）上的水电大坝、土库曼斯坦—阿富汗—巴基斯坦输电线路，以及从巴基斯坦白沙瓦经阿富汗到中亚国家的公路。有学者认为，这些项目与洛加尔—托尔坎铁路（Logar-Torkham Railway）一起，将成为"中巴经济走廊"的一部分。其他可以纳入"一带一路"倡议中的项目包括青金石运输和贸易走廊、阿姆河石油盆地、土库曼斯坦—阿富汗—塔吉克斯坦—中国天然气管道（TATC）和塔吉克斯坦—阿富汗天然气管道等。如果三个国家都参与这些项目，那将会使阿富汗成为"中巴经济走廊"和"一带一路"的交汇点。[①]

中、阿、巴三边经济合作机制的建立以及"中巴经济走廊"向阿富汗的延伸，不仅意味着要将阿富汗纳入"中巴经济走廊"的范围，而且意味着"中巴经济走廊"与"中国—中亚—西亚"经济走廊对接，意味着"中巴经济走廊"真正成为联结"丝绸之路经济带"和"21世纪海上丝绸之路"的枢纽，为中亚和南亚地区的经济一体化发展迈出了重要一步。阿富汗的加入对"中巴经济走廊"周边的国家具有重要意义。阿富汗只是一个开始，今后会有越来越多的国家参与"中巴经济走廊"建设。

---

① Ahmad Bilal Khalil, "The Blueprint for China-Afghanistan-Pakistan Cooperation", 2017.6.29, https://thediplomat.com/2017/06/the-blueprint-for-china-afghanistan-pakistan-cooperation/，访问日期：2020年8月5日。

第三节
中、阿、巴三方区域经济合作机制对维护中国新疆地区安全与稳定的作用

当前,新疆已经成为我国开放的前沿,"中巴经济走廊""中国—中亚—西亚"经济走廊和新亚欧大陆桥都从中国新疆出境。但近年来,随着全球性极端主义的威胁及其意识形态的不断扩张,我国西部周边地区成为阿富汗、巴基斯坦边境部落恐怖组织活动的高危地区,对我国西部周边安全、经济开放及互联互通构成重大隐患。中国新疆面临着民族分裂主义势力、宗教极端主义势力和暴力恐怖主义势力等"三股势力"的严峻挑战,地方政府的维稳压力越来越大。暴力恐怖案件频发,已成为影响中国新疆稳定最直接、最现实的因素。据统计,自2009年以来,新疆每年打掉的危害安全的组织团伙案件在百起以上,呈现高位徘徊态势。其中,2012年新疆暴恐案件超过190余起,比2011年大幅增加。现在,"独狼式活动"的暴恐活动越来越多。在境内外"三股势力"的合谋下,中国新疆南部的和田、喀什、阿克苏等地成为防恐防暴的重点地区。因此,在中国新疆,维持社会稳定依然是政府工作的重心之一。毫无疑问,这些维稳工作是十分重要的,但这些工作不可避免地分散了中国西北边疆政府发展经济的注意力。[1]为维护新疆的和平与稳定,中国与中亚国家和俄罗斯开展了上合组织等框架下的国际合作。

国内仍有学者认为,阿富汗对中国直接的安全冲击是有限的。目前,中阿之间无论是人员流动,还是思想、毒品等传播,主要都不是直接在两国间进行的,而是通过巴基斯坦和中亚国家间接进行的,[2]但我们必须认识到,随

---

[1] 祁怀高:《"一带一路"对中国周边外交与亚洲发展的影响》,载《中国周边外交学刊》2015年第2期,第76—77页。

[2] 朱永彪、魏丽珺:《阿富汗安全形势及其对"丝绸之路经济带"的影响》,载《南亚研究》,2017年第3期,第100—116页。

着"一带一路"建设的推进,中国新疆与中亚国家、巴基斯坦之间的交往越来越多,因此受到的威胁也会越来越大。自阿富汗战争以来,阿巴地区动荡不安,其"恐怖外溢"对中国的安全威胁主要分为以下三个方面。

首先,是对中国国内安全稳定的威胁。"三股势力"(特别是"东伊运"恐怖分子)与"基地"组织、"乌伊运"等相互勾结。恐怖分子在境外接受培训后,伺机制造恐怖袭击事件。中、阿、巴三国相互为邻,阿巴边界"杜兰线"长达2500公里,阿、巴两国存在边界争端,中巴边界长约600公里,中阿边界全长90多公里,躲藏在阿富汗、巴基斯坦的分裂主义分子企图越过边界,在中国境内发动袭击。近年来,阿、巴两国已向中国移交多名"东突"分子。中国担心,阿富汗北部会成为战火蔓延至中亚的跳板。[①]

更值得注意的是,"伊斯兰国"极端组织在阿富汗慢慢渗透,加剧了该地区恐怖主义的反弹及各主要势力的重组。2015年1月,"伊斯兰国"在阿富汗东部楠格哈尔省宣布成立南亚分支(即"呼罗珊行省"),该组织主要在阿富汗境内进行恐怖活动,并向巴基斯坦等周边地区扩张。可以说,驻阿富汗的西方部队的大规模撤军为包括"伊斯兰国"在内的各武装团伙发展创造了契机。2014年,驻阿富汗的美军宣布结束在阿富汗的战斗任务不到一个月,一些叛乱分子就开始高举"伊斯兰国"旗帜进行恐怖活动。"伊斯兰国"极端分子在阿富汗的出现也与巴基斯坦"圣战"暴力活动整体衰落趋势有关。2014年,巴基斯坦军方在西北边境部落地区开展了一系列的军事行动,导致大量武装分子转移至阿富汗,成为阿富汗境内"伊斯兰国"成员的主要来源。阿富汗安全形势并没有因为美国的存在而有所好转,反而出现了愈演愈烈的态势,直接影响到我国海外项目在阿富汗的落地。

阿富汗境内的"伊斯兰国"恐怖组织可以从宏观战略与微观动机两个方面进行考察。在宏观战略方面,该极端组织希望在广大伊斯兰世界建立"哈里发帝国",其战略目标具有国际性。阿富汗前总统哈米德·卡尔扎伊曾提到,"伊

---

① 《英媒:中国比美国更有决心打破阿巴僵局》,2017年7月26日,参考消息,http://column.cankaoxiaoxi.com/2017/0726/2211777.shtml,访问日期:2020年8月25日。

斯兰国"极端组织战略目标是在阿富汗扩大地盘,然后向周边国家和地区渗透。①"伊斯兰国"在伊拉克和叙利亚受到重创后,进行外线扩张,大量恐怖分子回流。自2017年以来,"伊斯兰国呼罗珊省"在阿富汗绑架宗教学生,连续制造暴力事件,造成大量人员伤亡,掀起新一轮恐怖袭击浪潮,再次引起国际社会的高度关注。②中国对"伊斯兰国"在阿巴地区的发展十分关注。"伊斯兰国"极端组织自成立以来,就将中国列为发动"圣战"的战场之一。美国情报机构曾估计,"伊斯兰国"在阿富汗开辟反华恐怖训练营,并向反华组织提供资金、武器和技术指导。目前,中国境内并不存在"伊斯兰国"支持者网络,该极端组织在中国内部渗透或开展袭击活动的能力依然非常有限。③当前,"伊斯兰国"对中国的威胁主要体现在对华海外利益及人员安全带来的挑战上。

其次,与恐怖主义相伴生的是毒品走私和跨国犯罪,这对中国民众带来的危害日益加深。阿富汗毒品种植面积逐年上升,已占全球90%的毒品市场,是全球最大的毒品生产与输出国。2016年,阿富汗生产的鸦片估值达到30亿美元,远远高于2015年的15.6亿美元。④阿富汗毒贩设法利用中巴喀喇昆仑公路取道进入中国新疆,打通从中国南下到东南亚的贩毒新通道。在毒贩眼里,中国本身就是一个巨大的毒品吸纳市场,阿富汗海洛因的"高品质"使其比金三角的毒品更受欢迎,也更容易成瘾。近年来,中国新疆地区的吸毒人数大幅增加,阿富汗毒品有向中国其他地区蔓延的趋势。⑤

最后,阿巴地区局势动荡对"一带一路"构成威胁。"一带一路"倡议旨在

---

① 富育红:《"伊斯兰国"在阿富汗的渗透及各方的应对》,载《新疆社会科学》2017年第5期,第94—105页。
② 畅红:《"伊斯兰国"在阿富汗的渗透及其前景》,载《现代国际关系》2017年第4期,第40—46页。
③ 富育红:《"伊斯兰国"在阿富汗的渗透及各方的应对》,载《新疆社会科学》2017年第5期,第94—105页。
④ 安晶:《美国史上最长战争:16年来美军在阿富汗干了些什么?》,2017年8月22日,http://www.jiemian.com/article/1568963.html,访问日期:2020年8月27日。
⑤ 李青燕:《阿富汗形势与中国的"一带一路"倡议》,载《南亚研究季刊》2016年第3期,第9—16页。

促进区域经济合作,构建亚、欧、非互联互通网络。加强地区互联互通与经济融合,离不开安全稳定的周边环境。阿富汗局势动荡,将成为中国向西推进"一带一路"建设的潜在威胁。①随着"中巴经济走廊"等项目的推进,阿富汗、巴基斯坦等成为中国项目集中落地的地区,同时大批中国工程技术人员和商人走出国门,中国在当地的工程项目和中国人员的人身安全可能会受到恐怖主义和当地叛乱武装分子的威胁。在巴基斯坦西部,公路和电力项目受到恐怖组织的破坏。如果不早日和平解决阿富汗问题,"中巴经济走廊"就会对国内外投资者失去吸引力。"中巴经济走廊"一旦对中国和国际投资者失去吸引力,该项目将难以为继。如果中国终止"中巴经济走廊"建设,将严重损害"一带一路"的整体布局和中国的国际声誉。中、阿、巴三边经济合作机制将为解决帕米尔高原和兴都库什山区的跨境问题奠定了物质基础,使三国在"一带一路"倡议下共享安全和便利的交通,促进贸易和商业往来。②

　　经济问题是导致阿富汗安全环境进一步恶化的重要因素。很多人认为,阿富汗的安全问题实质上是经济问题。只有把经济问题解决了,安全问题才有可能真正得到解决。阿富汗拥有 3000 多万人口,国土面积为 64.75 万平方公里,能源和矿产资源丰富,价值超过 3 万亿美元。但由于阿富汗长期处于战乱状态,丰富的资源基本未得到开发,加之交通、能源、市政等基础设施极度落后,现代产业体系几近空白,阿富汗人被称为"躺在金矿上的穷人"。近年来,阿富汗在经济重建方面取得了一系列成绩,鼓舞人心,但由于历史包袱太重,现实困难太多,阿富汗经济仍面临很多难题。阿富汗仍然是世界上经济最落后的国家之一,15 岁以上的人识字率仅为 31%,失业率超过了 40%,40% 左右的阿富汗人仍生活在贫困线以下。直到今天,阿富汗仍然严重依赖外国援助、外国投资以及"军事经济"和"毒品经济",经济增长的内在动

---

① 李青燕:《阿富汗形势与中国的"一带一路"倡议》,载《南亚研究季刊》2016 年第 3 期,第 9—16 页。

② Ahmad Rashid Malik, "China-Pakistan-Afghanistan Trilateral Dialogue", Daily Times, 2017.12.26, https://dailytimes.com.pk/167017/china-pakistan-afghanistan-trilateral-dialogue/, 访问日期:2020 年 8 月 28 日。

力依旧严重不足。①

经济发展落后，社会问题严重，失业者和无家可归者众多，为"伊斯兰国"提供了潜在的后备军。自2014年以来，由于政治安全环境的不确定性，加上外国军队及其私营承包商逐步撤出，阿富汗高度依赖外国援助的"外生性经济"再次面临严重挑战，经济出现严重衰退，失业率居高不下，广大青年失业者对政府丧失信心。不断恶化的安全形势使阿富汗人流离失所。然而，"伊斯兰国"招募政策中许诺的高薪、抚恤金、作战奖励金等经济诱惑对阿富汗的失业民众、贫困民众具有很大的吸引力。大批生活无助、教育水平落后的下层民众成为"伊斯兰国"潜在的发展对象。②

中国提出的"一带一路"倡议不是单纯的经济合作倡议，还包括一些非经济职能。"一带一路"倡议不仅是中国对外开放的新计划，也是中国外交发展的新阶段。"一带一路"倡议旨在促进开放的、自由的、共同发展的周边经济秩序。促进中国产品和资本输出不仅是经济行为，而且是中国发挥周边外交的重要环节。打造稳定、繁荣与和平的周边环境是新时期中国外交的重要内容之一，而政治稳定是实施"一带一路"倡议的重要保障。③ 目前，国际社会的反恐行动只能治标，并没有治本之策，并且至今未取得突出的、能够解决根源性问题的成果。中国提出的"一带一路"倡议意义非常广泛，不仅能解决发展问题、共赢问题，而且能解决恐怖主义最根本的土壤问题。

中国在阿富汗开展的大规模基础设施建设，不仅能促进当地的工业化进程，改善当地经济发展的环境，而且能创造大量的就业机会。通过参与"中巴经济走廊"建设，阿富汗能够通过增加对外贸易的机会来发展本国经济。中国是全球经济大国，巴基斯坦、阿富汗与中国相连，如果彼此能够建立互信，各方将会大大受益。2016年，中、阿、巴三国的贸易额为224亿美元，其中，

---

① 朱永彪、魏丽珺：《阿富汗安全形势及其对"丝绸之路经济带"的影响》，载《南亚研究》2017年第3期，第100—116页。

② 畅红：《"伊斯兰国"在阿富汗的渗透及其前景》，载《现代国际关系》2017年第4期，第44页。

③ 张弘：《"一带一路"倡议中的政治风险研究逻辑与方法》，载《北京工业大学学报（社会科学版）》2016第4期，第45—55页。

中巴贸易额超过200亿美元，中阿贸易为10亿美元，阿巴贸易为14亿美元。[①]2015年，阿富汗超过70%的商品出口到了印度和巴基斯坦。出口的主要商品是地毯、小地毯、干果、药用植物等，而不是铜矿、铁矿和其他阿富汗储量丰富的资源。加入"一带一路"之后，阿富汗将获得两个机会：一是阿富汗的商品可以进入中国、中亚国家和部分欧洲国家的市场；二是阿富汗可以将铜、铁和其他资源出口到"一带一路"沿线国家，使出口商品多元化。这将有利于阿富汗经济和社会的发展。

一个稳定的和相对富足的阿富汗有利于包括中国新疆在内的周边地区的稳定与发展。通过双方投资和贸易合作，能够有效遏制恐怖主义势力向我国境内渗透。

第四节
中、阿、巴三方区域经济合作机制有助于"中巴经济走廊"建设

自2015年4月习近平主席访问巴基斯坦以来，"中巴经济走廊"建设已经取得了重大进展。但随着国际环境的变化，"中巴经济走廊"建设出现了一些新挑战，其中之一便是安全问题。恐怖主义势力、民族分裂势力和宗教极端势力，常年盘踞在巴基斯坦境内以及包括阿富汗在内的周边地区。这些势力相互勾结，形成错综复杂的关系网络。在"中巴经济走廊"的必经之地俾路支省，存在俾路支解放军、俾路支共和军、俾路支解放阵线等几股反叛势力，一些恐怖组织也在当地活动，背后还有外国势力的介入和支持。俾路支首府奎塔北部地区的安全局势比较严峻。这一问题的背后是阿巴关系和印巴关系

[①] Ahmad Rashid Malik, "China–Pakistan–Afghanistan Trilateral Dialogue", Daily Times, 2017.12.26, https://dailytimes.com.pk/167017/china-pakistan-afghanistan-trilateral-dialogue/, 访问日期：2020年8月28日。

的问题。

自 2014 年 6 月 15 日以来，巴基斯坦军队对极端分子开展了名为"利剑行动"的军事清剿，取得较大战果，击毙了上千名武装分子，控制了米兰沙、米尔阿里等战略要地，缴获了大量武器弹药、爆炸装置等。然而，此次军事清剿行动未能成功收官，其中一个原因便是巴基斯坦的北瓦济里斯坦与阿富汗接壤，很多武装分子逃到阿富汗境内，躲避巴方军队的打击，准备在巴方军队撤出之后返回巴基斯坦，继续从事恐怖活动。[①] 为了防止恐怖分子自由穿越阿巴边境，对"中巴经济走廊"等目标实施越境袭击，巴基斯坦加强了对两国边界的控制，由此激化了阿巴矛盾。

随着地区和国际地缘政治环境的变化，安全威胁可能进一步上升。2017 年就有三个标志性事件：第一，印度拒绝参加在北京举行的"一带一路"高峰论坛，直接将矛头指向"中巴经济走廊"；第二，中印边境发生了洞朗对峙，印度企图通过这一事件来扭转两国在南亚和印度洋地区的战略态势，阻止"一带一路"倡议向南亚地区推进；第三，特朗普政府宣布了美国的阿富汗和南亚政策，将破坏阿富汗稳定的责任推到了巴基斯坦身上，并且要求印度积极介入阿富汗事务。印度破坏"中巴经济走廊"的活动更加频繁，甚至可能在巴控克什米尔挑起战争。美国的阿富汗和南亚政策可能会加剧地区紧张局势。从地缘战略角度看，美、日、欧等都不希望"中巴经济走廊"建成，不愿意看到中国获得从西部直达印度洋的战略通道。因此，它们会通过代理人来制造障碍。例如，印度坚决反对"中巴经济走廊"建设，印度媒体发表的关于"中巴经济走廊"的报道几乎全是负面的。印度对巴基斯坦的干预力度加大，印度总理莫迪公开宣称，要干预吉尔吉特、俾路支等地的事务。印度情报部门调查分析局成立了针对"中巴经济走廊"的强力行动组。巴方已经抓获印度情报部门破坏"中巴经济走廊"建设的间谍人员，同时多次指责阿富汗情报部门与印度合作，试图破坏"中巴经济走廊"建设。

---

① 王世达：《巴基斯坦政局动荡及其前景分析》，载《现代国际关系》2014 年第 10 期，第 44 页。

中、阿、巴三方区域经济合作机制的建立,将从以下几个方面为"中巴经济走廊"建设创造和平、稳定的国内环境和周边环境。

第一,中、阿、巴三方区域经济合作机制将改善阿巴关系,增强两国互信。巴基斯坦和阿富汗之间存在严重的不信任。阿方认为,巴基斯坦仍在执行"冷战"时期的"战略纵深"政策,而这一政策曾受大英帝国"前进政策"的影响。巴基斯坦对阿富汗产生的焦虑在于安全方面,而不是经济方面。在美国撤军的背景下,巴基斯坦的"战略纵深"政策迫使阿富汗政府和民众将其外交政策的独立性与印阿关系挂钩,而这正是巴基斯坦想要阻止的。[1] 其实,巴基斯坦对阿富汗的政策之所以聚焦于安全方面,主要是因为巴方在其他方面的力量严重不足,在经济上无法对阿富汗产生较大影响。中、阿、巴三方区域经济合作机制将使阿、巴两国成为利益共同体,在实现共同利益的过程中,两国将加强互信,也将增强巴基斯坦对阿富汗的经济和文化影响力。在2017年12月26日举行的中、阿、巴三国外长对话中,巴方提出"巴阿加强团结行动计划",希望在政治、军事、情报、经济和难民等领域建立联系工作组,阿方表示愿意做出全面呼应。[2]

第二,中、阿、巴三方区域经济合作机制将改善阿巴边界局势,促进跨境贸易的发展。在经济合作的同时,双方仍将重视安全问题,这将激励两国寻求建立处理边界问题的新机制,这对两国来说是一个双赢的选择。长期以来,阿、巴两国一直因跨境恐怖主义问题而相互指责,甚至在边界地区交火。阿方认为,位于阿巴边境的巴基斯坦联邦直辖部落地区是恐怖分子的天堂;[3]而巴基斯坦为此加强了对边境的管制,关闭了两国边界。边界问题严重影响

---

[1] Ahmad Bilal Khalil, "Can China, Afghanistan, and Pakistan Work Together?", 2017.6.13, http://www.heartofasia.af/index.php/afghanistan/item/4242-can-china-afghanistan-and-pakistan-work-together,访问日期:2020年9月13日。

[2]《首次中阿巴三方外长对话达成八大共识》,2017年12月27日,新华网,http://www.xinhuanet.com/world/2017-12/26/c_1122170813.htm,访问日期:2020年8月25日。

[3] Anurag Ram Chandran, "Why Afghanistan Should Join CPEC", 2017.5.5, https://thediplomat.com/2017/05/why-afghanistan-should-join-cpec/,访问日期:2020年8月5日。

了两国跨境贸易和人员往来。据统计，两国贸易额从2015—2016年的15.73亿美元下降到了2016—2017年的14.82亿美元；同期，阿富汗从巴基斯坦的进口额从13.46亿美元下降到11.99亿美元。两国贸易在2010年曾达到25亿美元的峰值。①

两国边界的另一个问题是难民问题。为躲避战争和冲突，成百万的阿富汗难民逃到了巴基斯坦。由于人口增殖，难民数量不断增加，这给巴基斯坦脆弱的经济带来了沉重的负担。一位巴基斯坦部长透露，截至2013年12月30日，巴基斯坦已为阿富汗难民花费了2000亿美元。自2015年起，巴基斯坦政府要求阿富汗难民返回家园，从而引起了人道主义组织的不满。中、阿、巴三方区域经济合作机制带来的经济一体化和阿富汗经济发展的机会将会使阿富汗难民逐渐返回，同时缓解巴基斯坦的经济压力。②巴基斯坦将有更多的资金投入以"中巴经济走廊"为核心的国家经济发展进程中。

第三，中、阿、巴三方区域经济合作机制将扩大"中巴经济走廊"所涵盖的区域，为巴基斯坦与中亚地区的贸易打开了方便之门。中、阿、巴三方区域经济合作机制将连接起"中巴经济走廊"、"中国—中亚—西亚"经济走廊和其他地区的贸易通道，促进中亚和南亚的经济一体化。例如，塔吉克斯坦、阿富汗和巴基斯坦已经确定将中亚区域经济合作组织（CAREC）的希尔坎—尼恩吉帕扬边界通道（Sherkhan-Ninjpayan border route）作为潜在的贸易走廊，走廊建设将为巴基斯坦贸易提供便利。③

第四，中、阿、巴三方区域经济合作机制将为"中巴经济走廊"通道网络化提供更多的选择。在过去几年里，中国官员和阿富汗官员都曾提出在瓦罕走廊开通陆上交通的想法。双方都谈到共同修筑通过这一地区的公路和铁路，

---

① Ahmad Bilal Khalil, "The Blueprint for China-Afghanistan-Pakistan Cooperation", 2017.6.29, https://thediplomat.com/2017/06/the-blueprint-for-china-afghanistan-pakistan-cooperation/, 访问日期：2020年8月5日。

② Anurag Ram Chandran, "Why Afghanistan Should Join CPEC", 2017.5.5, https://thediplomat.com/2017/05/ why-afghanistan-should-join-cpec/, 访问日期：2020年8月5日。

③ Anurag Ram Chandran, "Why Afghanistan Should Join CPEC", 2017.5.5, https://thediplomat.com/2017/05/ why-afghanistan-should-join-cpec/, 访问日期：2020年8月5日。

甚至修筑输油管道。①打通瓦罕走廊通道是中阿互联互通的前提条件。瓦罕走廊地处喀喇昆仑山脉、帕米尔高原和兴都库什山脉交汇处，夹在巴控克什米尔与塔吉克斯坦之间。它是我国直接联系阿富汗的唯一通道。目前，瓦罕走廊基本处于自然状态，只有简易的公路在夏季才能通行。因为阿富汗国内战乱以及我国防范恐怖分子出入、查禁毒品入境等因素的存在，瓦罕走廊的中阿口岸长期关闭。

从长远来看，打通瓦罕走廊和中阿通道有利于减少"中巴经济走廊"的风险。中巴铁路是"中巴经济走廊"的核心项目，起点在中国新疆喀什，终点是巴基斯坦的瓜达尔港。中巴铁路基本上是沿着喀喇昆仑公路修建的，但在翻越喀喇昆仑山脉时，自然条件极为恶劣，经常发生山体滑坡和泥石流，不仅耗费巨资，而且建成后铁路的维护成本也非常高。这条全长2000多公里、贯穿巴基斯坦全境的中巴铁路一旦通车，中国将增加一条通往中亚的重要通道。针对喀喇昆仑山脉的恶劣地质条件，不少专家也提出从阿富汗瓦罕走廊绕行的铁路修建方案。若能从瓦罕走廊绕行几十公里，通到巴基斯坦的白沙瓦，则可绕过中巴边境喀喇昆仑山脉最恶劣的地段。中阿通道将与中巴通道互为支持。打通中国新疆到阿富汗的交通通道，南下可以抵达瓜达尔港，向西南方向可进入伊朗铁路网，并抵达阿巴斯港，与中巴通道互为支持，最终形成"多点通达，多线连通，机动呼应"的网络化通道与安全保障格局。

中阿通道将有利于缓解中国南疆地区的反恐、维稳压力。由于途径瓦罕走廊的铁路由我国负责建设和运营，沿线安保力量也将由中方负责。凭借瓦罕走廊约400公里的隔离带，中国不仅可以彻底切断南疆极端分子的出入通路，变被动防守为主动防御，而且可以利用这一通道协防周边地区（南边的巴基斯坦和北边的塔吉克斯坦），缓解南疆地区的反恐压力，对中国国家安全具有重大战略价值。

此外，中阿通道将对冲美国的"新丝绸之路"计划。美国在21世纪初就

---

① 《美媒称阿富汗对中阿货运班列寄厚望：助推经济发展》，2016年9月10日，参考消息网，http://news.xinhuanet.com/world/2016-09/10/c_129276168.htm，访问日期：2016年8月10日。

提出以阿富汗为枢纽、纵贯南北的"新丝绸之路"计划，以此强化美国在南亚、中亚地区的地位。该计划不仅引起俄罗斯的警觉，对我国在南亚和中亚的战略利益也形成潜在威胁。目前，美国已经启动阿富汗至中亚的铁路项目，如果经瓦罕走廊的中阿通道能够建成，不仅增加了通道的选择性，而且能够减少美国"新丝绸之路"计划对我国的影响。

第五节
中、阿、巴三方区域经济合作机制与中美在南亚地区的竞合关系

中、美两国在南亚地区既有竞争，也有合作。从2001年开始，美国以打击恐怖主义"基地"组织和塔利班为名进军阿富汗。美国有它的战略考虑：占领阿富汗，控制中亚，从而牵制中、俄、伊、印等周边国家。美国著名的外交战略家布热津斯基在20世纪90年代后期出版的《大棋局》一书中曾提到，"对美国来说，欧亚大陆是最重要的地缘政治目标"。因为"主宰欧亚大陆的国家，能够控制世界最先进和经济最发达的三个地区中的两个"。美国要想控制欧亚大陆，条件之一就是"欧亚大陆的中间地带能逐步并入由美国主导的西方势力范围"。如果中间地带拒绝向西方靠拢，而成为非常自信的单一实体，那么美国在欧亚大陆的地位就将会下降。布热津斯基所说的"中间地带"，就是包括阿富汗、伊朗、乌克兰在内的中亚国家。[①] 布热津斯基的这番论述，反映了美国对"后冷战"时期的全球霸权战略的考虑和对中亚战略地位的诉求。"9·11"恐怖袭击事件为美国进入这一地区提供了极好的政治和军事借口。

美国进入这一地区的另一个重要目的，是希望控制当地的能源和运输

---

① [美] 布热津斯基：《大棋局：美国的首要地位及其地缘战略》，上海人民出版社，1998年版，第41—47页。

路线。中亚的里海地区具有丰富的能源储备。美国加利福尼亚联合石油公司在 1997 年与塔利班接洽,就从土库曼斯坦经阿富汗到达巴基斯坦沿海这一路线铺设一条输油管道的问题进行了谈判。控制石油运输线路,并不仅仅出于经济需要,政治战略家们认为,谁控制或主导进入中亚地区的石油运输线路,谁就能够获得这一地缘政治和经济的主导权。在苏联解体之前,进入中亚地区的运输通道完全由苏联控制。所有的铁路运输、油气管道,甚至航空运输都通过苏联来运营。俄罗斯的地缘政治家们希望这种情况一直保持下去。那么现在,对美国来说,如果连接这一地区的主要管道继续在俄罗斯的控制之下,这个地区仍将在政治上依附于俄罗斯。反之,如果有一条管道经过阿富汗到达阿拉伯海或印度洋,那么,俄罗斯的垄断地位将不复存在。

通过打击"基地组织"和塔利班,美军已经成功进驻阿富汗及其周边的巴基斯坦、乌兹别克斯坦和塔吉克斯坦等国,其中,乌、塔两国曾是苏联的地盘。美国军事力量在这些地区的渗透,将加强美国对地缘政治空间的控制力。美国的首要利益是通过控制能源,利用各民族间的矛盾,改变部分国家的政治依附倾向,从而减少俄罗斯在这些地区的影响,同时削弱中国的影响力。美国将其作为全球战略的一部分,纳入它的势力范围。

然而,美国并没有给阿富汗带来和平、安全和稳定。阿富汗有"帝国坟墓"的称号。美国从 2001 年 10 月 7 日入侵阿富汗至今,在阿富汗的战争已经进行了 16 年。阿富汗战争成为美国历史上耗时最长的战争。根据美国中文网(CNN)的统计,截至 2017 年 8 月 30 日,美国为阿富汗战争已经花费了 8410 亿美元。如果再加上给退伍老兵的补贴和其他后续费用,这个数字将超过 1 万亿美元。在人员方面,美国和阿富汗都付出了惨痛的代价。美军至少有 2371 名士兵丧生,阿富汗则有 3.1 万名平民和 3 万多名士兵在战争中身亡。截至 2016 年 8 月 30 日,阿富汗政府仅控制了 63.4% 的土地,其余地区都被塔利班占领。除塔利班外,"伊斯兰国"及其他恐怖组织也在阿富汗设立了据点。① 美国在阿富汗欲进不得，欲退不能。

2008年，国际金融危机爆发，美国感受到了来自中国的压力，其战略重点转向巩固亚太联盟体系和地区霸权。因此，中、美两国的互动关系发生了微妙的变化：东亚地区二元格局的竞争性和相斥性开始取代互利性与兼容性。之前，两国是经济上的"正和"博弈；如今，在权力竞争和地区影响力上，"零和"博弈的色彩越来越浓。②

从美国奥巴马政府时期开始，美国就不断游说中国介入阿富汗事务，希望中国帮助美国改善阿富汗的经济和社会状况，为美国从阿富汗抽身创造条件。但从笔者与美国政府官员和战略学者的会谈中感觉到，美国实际上非常希望中国介入阿富汗和巴基斯坦的事务中，目的是使中国陷入其中，消耗国力。

对于中国提出的"一带一路"倡议，美国决不希望"一带一路"完全由中国控制。美国国防部长马蒂斯曾在美国参议院作证时说："在一个全球化的世界上，有许多的'带'和'路'，但任何一个国家都不应该控制'一带一路'。"

2017年8月21日，美国总统特朗普公布了新的阿富汗战略和南亚战略，不仅违背其竞选时的承诺，不从阿富汗撤军，反而力促北约与美国一起增兵。美国政府有这样的担忧：匆忙撤军会使包括"伊斯兰国"和"基地"组织在内的恐怖组织迅速填补权力真空。美国更进一步的考虑是，害怕中国、俄罗斯、伊朗等国趁机获得地缘政治优势。正如在特朗普政府的《国家安全战略报告》中所说，美国在中亚和南亚地区的利益还包括"确保中亚国家不被敌对大国控制"。特朗普的国安团队强调，美国在南亚若无政治、军事影响力，经贸商业利益也将不保，美军必须加强与印度的合作；中国是美国在南亚地区的主要博弈对手，拉拢印度牵制"一带一路"经济发展，成为美国的重要战略目标。

---

① 安晶：《美国史上最长战争：16年来美军在阿富汗干了些什么？》，2017年8月22日，界面新闻，http://www.jiemian.com/article/1568963.html，访问日期：2020年10月22日。
② 高程：《从中国经济外交转型的视角看"一带一路"的战略性》，载《国际观察》2015年第4期，第35—48页。

虽然中、美两国在南亚地区地缘政治竞争关系正在显现，但在中亚和阿富汗，美俄之间的地缘政治博弈则更加激烈。虽然中美整体上存在战略竞争，对阿富汗问题也存在不同的认识，但两国在阿富汗问题上的利益和立场实际上有很多相近之处。特朗普政府的阿富汗新战略对中国既有负面影响，也存在有利方面。在负面影响方面，新战略强化了美国在阿富汗的军事力量，并为它的长期存在提供了"政治背书"。美国军事力量在阿富汗的长期存在不符合中国的战略利益，它从西北方向对中国构成了潜在的威胁。但从有利的方面来看，美国对阿富汗的新战略有助于打击"基地"组织，阻止"伊斯兰国"在阿富汗扎根，这符合中国的安全利益。如果美国的新战略能稳定阿富汗不断恶化的政治局势，将有利于中国的周边安全，也有利于"一带一路"建设。[①]反恐和实现阿富汗和平都符合我国利益，有利于"一带一路"建设。

尽管特朗普政府强调，美国将继续支持阿富汗政府，但美国的承诺并非没有条件。美国对阿富汗的支持不是"空白支票"。美国政府多次表示，希望中国能在经济方面发挥作用。中、阿、巴三方的经济合作机制将对缓和中、美两国的整体战略竞争态势发挥一定的作用。中、阿、巴三方的经济合作机制也会有效消解美国"新丝绸之路"计划的影响。美国在2011年推出了"新丝绸之路"计划，希望通过该计划推动阿富汗与其周边国家的经济一体化。但是，由于周边国家政治意愿不足、阿富汗安全局势不稳等因素的存在，这一计划未能实施。"新丝绸之路"计划的两个主要项目是CASA—1000水电电网和TAPI（土库曼斯坦—阿富汗—巴基斯坦—印度）天然气管道。特朗普上任之后，美国国务院曾有意恢复"新丝绸之路"计划，印度对此充满期待。随着中、阿、巴三方经济合作机制的建立和"中巴经济走廊"向阿富汗的延伸，"新丝绸之路"计划将涵盖其中。这意味着美国的"新丝绸之路"计划与"一带一路"实现对接，美国成为其中的利益方。这可能为中美合作开辟新途径，降低或消解美国对"一带一路"的担忧，促进阿富汗经济和社会发展，并使"中

[①] 赵华胜：《美国特朗普政府的阿富汗新战略及中国的政策选择》，载《当代世界》2017年第10期，第44—45页。

巴经济走廊"向阿富汗和其他中亚国家顺利延伸。[1]

另外，中、阿、巴三方经济合作机制可能会改变美国对巴基斯坦的态度。在特朗普政府的阿富汗和南亚战略中，美国企图通过对巴基斯坦施压来解决阿富汗问题。中国国务委员杨洁篪在与美国国务卿蒂勒森通电话时表示，中国政府承诺帮助美国政府恢复阿富汗的和平。但是，杨洁篪还呼吁特朗普政府重新审视巴基斯坦在实现阿富汗和平进程中的作用。随着中、阿、巴三方经济合作机制的建立，巴基斯坦和阿富汗将真正结成利益共同体，这将有利于南亚地缘政治的平衡和"中巴经济走廊"的建设。

第六节
中、阿、巴三方区域经济合作机制与印度地区角色的互动

首先，中、阿、巴三方区域经济合作机制将打破印、阿两国联合遏制巴基斯坦的态势。

印度是南亚地区最大的国家，也是一个拥有地区霸权野心的国家。由于历史造成的印巴矛盾和冲突，印度一直将巴基斯坦当成妨碍其称霸南亚地区的重要障碍。印度企图建立以印度为中心的、从中亚到南亚的地区经济合作机制，希望通过巴基斯坦和阿富汗进入中亚地区，获得能源和市场。印度提出"连接中亚政策"和"北南运输走廊"等地区互联互通计划，巴基斯坦一直持反对态度。

在美国奥巴马执政时期，印度利用美国的外交态势对阿富汗展开了积极的外交行动。印度在阿富汗设立了一个大使馆和四个总领事馆。2002—2015

---

[1] Anurag Ram Chandran, "Why Afghanistan Should Join CPEC", 2017.5.5, https://thediplomat.com/2017/05/why-afghanistan-should-join-cpec/，访问日期：2020年8月5日。

年，印度向阿富汗提供了超过22亿美元的援助资金，位列发展中国家首位。阿富汗的新议会大楼、赫拉特省的水电站等项目都由印度出资兴建。同时，通过政治、经济、军事上的合作，印度扩大了它的影响力。印度对阿富汗的政策目的在于遏制巴基斯坦，扩大印度的影响力，获取相关资源，为其国家利益服务。

2011年10月4日，印度总理曼莫汉·辛格与阿富汗总统卡尔扎伊在首都新德里签署了两国战略合作伙伴协议。根据该协议，两国将在安全、经济、贸易、文化、教育和民间交往等领域开展合作。印阿战略关系对巴基斯坦构成了较大的战略压力。巴基斯坦一向担心印度在阿富汗的"过度存在"对其西北部安全构成严重威胁和挑战，而印阿战略关系的建立增加了巴基斯坦对其战略安全环境的忧虑。尽管印阿战略伙伴关系并非军事同盟关系，但巴基斯坦一直担心印度在阿富汗的军事存在。印度帮助"训练并装备阿富汗国家安全部队"的条款是巴基斯坦最敏感的问题。此外，协议中还有"预见到阿富汗变成连接中亚与南亚的贸易、运输与能源的枢纽""建立自由通畅的运输和往来通道"，"聚焦于区域基础设施项目"，"为阿富汗和印度产品打开市场，使阿富汗经济融入南亚及全球经济整体"等内容。[①] 一些巴基斯坦分析家担心，印、阿两国虽然没有结盟，但由于印巴争端和巴阿冲突，印阿战略伙伴关系对巴基斯坦形成了"东西夹击"之势。对印度而言，在阿富汗长期立足，不仅有利于其打通印度到中亚的能源战略通道，也可能会在对巴基斯坦的战略态势上使印度处于更加有利的地位，甚至能在未来的印巴和平进程中打"阿富汗牌"，而卡尔扎伊政府也可借此对巴基斯坦施加某种压力。

莫迪上任后，阿富汗一直是印度外交的重点方向，印度加大了对阿富汗的"经营"力度。

再者，中、阿、巴三方区域经济合作机制将对印度反对"中巴经济走廊"起到反制作用。

[①] 谭中：《印度—阿富汗战略伙伴协议与南亚的未来》，新加坡《联合早报》2011年10月10日。

对于"中巴经济走廊",印度是坚决反对的,莫迪总理曾当面向中国领导人表示反对"中巴经济走廊",其理由是"中巴经济走廊"经过巴控克什米尔。印方认为,整个克什米尔都是印度不可分割的一部分,中国在巴控克什米尔搞建设,侵犯了印度的领土主权。但在这个理由背后,印度还有更深的战略担忧,害怕"中巴经济走廊"和瓜达尔港建成之后,将增强巴基斯坦的国力,并使中国能够从西北内陆直通印度洋,从而损害印度在印度洋上的利益。对于海上丝绸之路,印度也基本持反对态度。印方认为,海上丝绸之路是中国化解印度对所谓"珍珠链战略"的一种手段。针对"中巴经济走廊",印度的反对措施不断升级,印度媒体发表的关于"中巴经济走廊"的报道几乎全是负面的。印度对巴基斯坦的干预力度加大,印度总理莫迪公开宣称,要干预吉尔吉特、俾路支等地事务。[①]印度情报部门成立了针对"中巴经济走廊"的强力行动组。印度将继续通过代理人和反叛势力进行破坏,并在国际上抹黑巴基斯坦,企图给巴基斯坦贴上"支持恐怖主义"的标签。2017年5月,印度拒绝参加北京"一带一路"高峰论坛,其理由之一就是"中巴经济走廊"侵犯了其领土主权。[②]

为了对抗瓜达尔港,印度加紧在伊朗建设恰巴哈尔港。印度在2003年就有意向建设恰巴哈尔港,该港口与瓜达尔港仅隔75公里。2016年5月23日,印度总理莫迪、阿富汗总统加尼与伊朗总统鲁哈尼共同签署一项协议,三方将打造一条运输走廊,绕过巴基斯坦,经伊朗恰巴哈尔港通往阿富汗。印度与伊朗达成协议,从恰巴哈尔港到靠近阿富汗边境的扎黑丹,修建一条500公里长的铁路,该铁路将连接阿富汗的扎兰季。日本也希望与印度一起开发恰巴哈尔港,以便与中国支持修建的瓜达尔港抗衡。2017年10月底,印度

[①] Express Web Desk, "Narendra Modi's Speech on Independence Day 2016: Here's the full text", 2016.8.16, http://indianexpress.com/article/india/india-news-india/pm-narendra-modis- speech-on-independence-day-2016-here-is-the-full-text/, 访问日期:2020年12月16日。

[②] Apur va, Shubhajit Roy, "One Belt One Road: China-Pakistan warmth, India skips summit", 2017.5.15, http://indianexpress.com/article/india/one-belt-one-road-summit-china-india-pakistan-cpec-4654401/, 访问日期:2020年12月15日。

向阿富汗提供的110万吨小麦运到了伊朗恰巴哈尔港，将通过公路运输，把小麦运到阿富汗首都喀布尔。[①]2017年12月3日，伊朗总统鲁哈尼出席了恰巴哈尔港第一阶段的竣工仪式，重启了搁置多年的恰巴哈尔港项目。据报道，印度将会为恰巴哈尔港二期建设工程投入2.35亿美元，并为恰巴哈尔港综合体建设投入5亿美元，其中包括道路、铁路及经济特区建设。如今，印度在阿富汗的迪拉腊姆（Zaranj-Delaram）道路建设已经竣工，此条道路将阿富汗四个主要城市与伊朗的边境相连。

中国要把"中巴经济走廊"延伸到阿富汗，中、阿、巴三方建立三区域合作机制，让印度感到紧张。印方认为，"中巴经济走廊"延伸到阿富汗，阿富汗将来可以通过瓜达尔港进入印度洋，将会影响印度对卡巴哈尔港的依赖，即使不会削弱印度、伊朗和阿富汗的三边协议，也将对其产生制衡作用。印度方面尤其担心，阿富汗加入"中巴经济走廊"，不仅意味着中国正寻求其他国家加入该项目，而且会使中国进一步深入中亚、连接南亚。鉴于中国已基本进入阿富汗电信、矿业、交通等关键领域，并且"中巴经济走廊"基本成熟，这种大手笔无疑会让印度感到不安。

其实，中国仍然非常希望印度能够参与"中巴经济走廊"建设以及其他"一带一路"建设项目，印度国内的一些有识之士也希望印度加入，"一带一路"仍将对印度保持开放。在印度领导人无法主动转变其地缘政治竞争的"零和"思维之前，中国有必要通过与其周边国家的经济合作来改变印度的态度，使之走上与中国合作共赢之路。

[①]《恰巴哈尔港或将取代卡拉奇港成阿富汗主要出海港》，2017年11月2日，商务部网站，http://af.mofcom.gov.cn/article/jmxw/201711/20171102664020.shtml，访问日期：2020年8月25日。

第五章

"孟中印缅经济走廊"建设面临的挑战及其发展前景

2013年5月,李克强总理访问印度,正式提出建设了"孟中印缅经济走廊"的设想。"孟中印缅经济走廊"和"中巴经济走廊"都是"一带一路"倡议框架下的重要合作项目。①"孟中印缅经济走廊"从中国昆明出发,经过缅甸、印度东北部地区和孟加拉国,一直通到印度的加尔各答。"孟中印缅经济走廊"直接涉及的地区总面积约有165万平方公里,人口约有4.4亿。虽然中国西南、印度东北部、缅甸、孟加拉国均不发达,但如果建设好这条国家层面的经济走廊,则有利于各方发挥优势,形成合理的国际分工,从而带动产业结构调整,加快各相邻地区的经济发展步伐。如果"孟中印缅经济走廊"建成,将促进南亚、东南亚、东亚三大经济板块的联合发展。

孟、中、印、缅相邻区域(以下简称"孟中印缅区域")经济合作最早是在20世纪90年代末由中国学界提出的,并得到印、缅、孟三国学界的积极响应。从1999年到2013年,孟、中、印、缅四国学界共举行了

---

① 《中巴经济走廊和孟中印缅经济走廊 外交部回应》,2017年6月27日,央视网,http://news.china.com.cn/2017-06/27/content_41103692.htm,访问日期:2020年8月25日。

十一届"孟中印缅区域经济合作论坛",就四国互联互通的必要性、可行性及可能需要面对的问题和挑战等进行了广泛而深入的讨论,达成了诸多共识。目前,四国学界在互联互通线路问题上形成了三个方案:第一,北线方案:从昆明到保山、腾冲,出境后再到缅甸密支那,经印度雷多、因帕尔到孟加拉国达卡,最后到达印度加尔各答;第二,中线方案:从昆明到瑞丽,出境后到缅甸曼德勒,经印度因帕尔到孟加拉国达卡,最后到印度加尔各答;第三,南线方案:从昆明到瑞丽,出境后经缅甸若开邦的腊戍、曼德勒到皎漂,经孟加拉国吉大港、达卡,最后到印度加尔各答。2013年2月,一个从印度加尔各答到中国昆明、主题为"建设纽带,促进友谊"的汽车拉力赛成功举办,证实了孟、中、印、缅四国实现互联互通的可能性。

2013年5月,李克强总理访问印度,在与曼莫汉·辛格总理会谈时,双方一致同意开展产业园区、基础设施等大项目合作,共同建设"孟中印缅经济走廊",推动中、印两个大市场紧密连接。曼莫汉·辛格政府对建设"孟中印缅经济走廊"回应非常积极,印度外交部很快就成立了相应的工作小组,以便就这个设想进行协商。2013年10月,印度总理曼莫汉·辛格访问中国,双方发表了《中印战略合作伙伴关系未来发展愿景的联合声明》,根据两国领导人达成的共识,双方已就"孟中印缅经济走廊"建设分别成立工作组。双方将与孟、缅保持沟通协商,并于2013年12月召开"孟中印缅经济走廊"联合工作组首次会议,研究"孟中印缅经济走廊"建设的具体规划。[①]

但从2013年到现在,"孟中印缅经济走廊"建设进展不大。本章将在总结"孟中印缅经济走廊"建设进展情况的基础上,分析该计划面临的问题与挑战,并尝试提出推进"孟中印缅经济走廊"建设的可行性方案。

---

① 《孟中印缅经济走廊联合工作组探讨加强联通与合作》,2014年,12月19日,http://www.gov.cn/xinwen/2014-12/19/content_2794163.htm,访问日期:2020年8月25日。

第一节
"孟中印缅经济走廊"建设的进展情况

"孟中印缅经济走廊"联合工作组第一次会议于2013年12月在昆明成功召开，来自孟、中、印、缅四国政府部门官员、专家学者、国际组织和云南省代表出席了会议。会议梳理了"孟中印缅区域经济合作论坛"达成的共识，就"孟中印缅经济走廊"发展前景、优先合作领域和机制建设等内容进行了深入讨论，在交通基础设施建设、投资和商贸流通、人文交流等方面达成了诸多共识。会议签署了会议纪要和"孟中印缅经济走廊"联合研究计划书。本次会议标志着孟、中、印、缅四国正式建立了四国政府推进合作的机制。[1]

2014年12月，"孟中印缅经济走廊"联合工作组第二次会议在孟加拉国的科克斯巴扎尔召开，会议讨论了四国提交的国别报告，探讨了在互联互通、能源、投融资、货物与服务贸易及贸易便利化、人力资源、人文交流等重点领域开展合作和推进机制建设的设想，并承诺加快推进"孟中印缅经济走廊"机制建设。

2017年4月25日，"孟中印缅经济走廊"联合工作组第三次会议在印度的加尔各答召开。四国各自提交了一份本国政府关于"孟中印缅经济走廊"的建设目标、方式、原则、执行机制等方面的报告。四国代表表示，联合研究报告在互联互通、能源、投融资、货物与服务贸易及投资便利化、可持续发展与人文交流等重点领域的交流与合作达成了诸多共识。各方一致认为，联合研究报告对走廊建设进行了深入分析，为下一步各方务实推进各项工作奠定了良好基础。与会各方认为，在国际形势发生深刻变化的背景下，四国进一步凝聚了共识，充分认识到"孟中印缅经济走廊"建设将促进各国经济发展，惠及民生，并提升区域的包容性。各方表示将进一步增强互信，秉持互

---

[1] 《孟中印缅经济走廊联合工作组第一次会议召开》，2013年12月20日，中国日报网，http://www.chinadaily.com.cn/hqzx/2013-12/20/content_17187850.htm，访问日期：2020年8月25日。

相尊重、平等互利、务实高效、合作共赢的原则，扎实稳妥推进"孟中印缅经济走廊"建设，争取当年内修改完善联合研究报告。会议还讨论了下一步工作安排，四方达成一致，第四次会议于2018年在缅甸举行，届时完成关于"孟中印缅经济走廊"的最终研究报告。[1] 中方希望在加尔各答会议上完成最终报告，并根据上次会议达成的协议草拟了《建立"孟中印缅经济走廊"四国政府间合作机制的建议》，但该草案未进行讨论。实际上，这次会议并未取得实质性的进展。

虽然"孟中印缅经济走廊"建设迄今为止没有正式开始，但从"一带一路"框架的角度来看，中缅、中孟、印缅等相互之间的互联互通建设已经取得一些进展。2016年8月8日，孟加拉国铁路局与中国中铁股份有限公司在孟加拉国首都达卡正式签署了帕德玛大桥铁路连接线项目的建设合同，该铁路建成后将成为孟加拉国东西部客货运输主通道和泛亚铁路的重要通道之一。[2] 2018年6月，中国铁路设计集团有限公司与孟加拉国马宗达（Majumder）公司组成的中孟企业联合体与孟加拉国铁路局在首都达卡签署合同，负责达卡至吉大港高速铁路项目可行性研究及规划设计。2015年1月30日，中缅原油管道全线贯通。2017年5月19日，中国石油天然气集团公司宣布，中缅原油管道原油于当日16时正式进入中国。中缅油气管道项目是"一带一路"倡议在缅甸实施的先导项目，能为缅甸带来可观的收益，同时有力地带动了中国西南地区的经济发展。[3] 在港口建设方面，中国援建了包括孟加拉国吉大港和缅甸皎漂港在内的海港建设与港区经济区建设的合作项目。在经贸和投资领域，中孟、中缅在"一带一路"框架下的双边合作取得更大进展。2016年，在习近平主席访问孟加拉国期间，中方承诺提供215亿美元的贷款，助力孟

---

[1]《孟中印缅经济走廊联合研究工作组第三次会议在印度举行》，2017年4月27日，人民网—人民日报，http://world.people.com.cn/n1/2017/0427/c1002-29238822.html，访问日期：2020.年8.月25日。

[2]《中企承建的孟加拉帕德玛大桥引桥首根正式桩开钻》，2016年8月12日，国务院新闻办公室，http://www.scio.gov.cn/ztk/wh/slxy/31208/Document/1486650/1486650.htm，访问日期：2020年8月25日。

[3]《中缅原油管道油正式进入中国 每天运量20万桶》，2017年5月20日，观察者网，https://www.guancha.cn/global-news/2017_05_20_409247.shtml，访问日期：2020年8月25日。

加拉国的现代化建设。中、孟双方签署了 27 个协议和谅解备忘录，涵盖了贸易投资、海洋经济、路桥建设、电力能源、海事合作、通信技术等国民经济各个领域。在"一带一路"框架下，两国已经就 8 个项目的贷款协议达成了共识。孟方还向中方提交了一份新的项目清单，包括 12 个重点领域的项目以及 2018 年的优先合作项目。这些项目将为孟加拉国带来更加完善的道路基础设施，能够复兴孟加拉国的黄麻纺织产业，减少电力系统的能源损耗，改善当地民生。中方将为这 12 个项目提供超过 94.5 亿美元的贷款。①

"一带一路"倡议提出后，中国对缅甸的投资明显增加，中国继续保持缅甸第一大贸易伙伴、第一大出口市场和第一大进口来源国的地位。根据外交部数据，我国对缅甸的总投资额累计达到 180 亿美元，涉及的项目超过 180 个。2017 年 1 月至 7 月，中、缅双边贸易额达到 76 亿美元，增长了 10.8%。新增非金融类直接投资 3.23 亿美元，增长了 26.4%。自 2017 年以来，中缅油气管道、皎漂港、莱比塘铜矿、达贡山镍矿等中国在缅甸的大型投资项目建设进展顺利。

2017 年 11 月 19 日，中国外交部长王毅在内比都与缅甸国务资政兼外交部长昂山素季共同会见记者时表示，中方愿意根据缅甸国家发展规划和实际需要，与缅方共同探讨建设"中缅经济走廊"，形成三端支撑、三足鼎立的大合作格局。这将有助于沿线重大项目相互连接，相互促进，形成集成效应，也有助于推进缅甸各地实现均衡发展。2017 年 12 月，习近平总书记会见了缅甸国务资政昂山素季，双方就共建"中缅经济走廊"达成重要共识。2018 年 9 月 9 日，中国国家发改委主任何立峰和缅甸计划与财政部部长吴梭温分别代表两国政府签署了《中华人民共和国政府与缅甸联邦共和国政府关于共建中缅经济走廊的谅解备忘录》。2018 年 9 月 11 日，国家发展改革委宁吉喆副主任和缅甸计划与财政部吴梭温部长在北京共同主持召开"中缅经济走廊"联合委员会第一次会议。双方就"中缅经济走廊"合作理念及原则、联合委员会工

---

① 张任重、鹿铖：《"一带一路"辉映金色孟加拉湾》，2018 年 1 月 5 日，光明日报，http://sky.cssn.cn/gj/gj_gjzl/gj_ggzl/201801/t20180105_3804934_3.shtml，访问日期：2020 年 8 月 25 日。

作机制、早期收获项目、合作规划等问题进行了深入探讨,达成了广泛共识。双方同意成立发展规划、产能与投资、交通、能源、农业、边境经济合作区、数字丝绸之路、生态环境、旅游、金融、信息以及地方合作等12个重点合作领域的专项工作组。双方将依托联合委员会工作机制开展发展战略和规划对接,推动各领域务实合作。[①]

第二节 孟、印、缅三国对"孟中印缅经济走廊"的认知

对于"孟中印缅经济走廊"建设未能取得实质性进展的原因,笔者曾多次与印、孟、缅三国学者和官员讨论。通过面对面的交流以及对媒体报道的分析,我们明显看出三国的不同态度和主张。印方学者和官员经常将原因推到孟加拉国和缅甸身上,认为缅甸政局不稳,缅北少数民族地区局势动荡,缅甸政府态度不太积极,孟、缅之间的边界纠纷和难民问题阻碍了"孟中印缅经济走廊"的进展。而孟、缅两国则比较一致,或明或暗地指责印度,认为印度是"孟中印缅经济走廊"建设的最大障碍。据笔者观察,印方所说的孟、缅两国的问题确实存在,但孟、缅两国都不构成"孟中印缅经济走廊"的主要障碍,主要障碍在印方。

(一)孟加拉国对"孟中印缅经济走廊"的态度比较积极[②]

首先,孟加拉国主张开放的地区主义,将"孟中印缅经济走廊"作为其与周边各国实现互联互通战略的一部分,认为"孟中印缅经济走廊"应增加透明

[①] 《中缅经济走廊联合委员会第一次会议在北京召开》,2018年9月12日,发展改革委网站,http://www.gov.cn/xinwen/2018-09/12/content_5321276.htm,访问日期:2020年8月25日。

[②] 本节观点基于笔者对孟加拉国外交部经济司司长M. Riaz Hamidullah、孟加拉国企业研究所的Farooq Sobhan大使、孟加拉国政策对话中心(CPD)的Rahman教授等人的访谈。

度。孟加拉国希望中国采取一种包容的策略,让地区国家有更多的时间去适应中国在地区经济存在。

其次,孟加拉国希望区域内大国势力均衡,不希望由中国单独投资、建设和经营具有战略价值的基础设施。它们希望印、美、日等国共同参与。实际上,孟方希望各国能够在孟加拉国开展投资和援助竞赛,好从中渔利,实现利益最大化。

再次,孟加拉国希望将"孟中印缅经济走廊"建设成为一条真正的经济带,而不只是一条只从孟加拉国经过的经济走廊。孟方希望中国和其他国家在孟加拉国切实推进产业合作,建设产业园区。

最后,孟方对印方积极参与"孟中印缅经济走廊"建设不抱信心,希望中方采取"快车道"措施来推动"孟中印缅经济走廊"建设。孟方比较青睐南线方案,这样既可实现孟加拉国与中国的互联互通,又能够避开印度。孟方认为,"孟中印缅经济走廊"实际上既可以包含"环孟加拉湾多领域经济技术合作倡议"(BIMSTEC)下的孟、印、缅三边合作,又可以包含孟、印、缅三边合作。从战略层面看,多种合作形式并存对孟加拉国的发展是有利的。

(二)缅甸对"孟中印缅经济走廊"持欢迎态度

缅甸对"孟中印缅经济走廊"的态度比较积极。缅甸前总统吴登盛曾赞赏中国提出建设"丝绸之路经济带"和"21世纪海上丝绸之路"的倡议,认为基础设施网络的发展将帮助连接本地区和国际市场。缅甸全国民主联盟执政之后,逐渐认清了西方国家的真实面目,对中国和"孟中印缅经济走廊"的态度变化很大,涉华负面消息明显减少。

首先,缅方认识到,缅甸大力发展经济和改善民生确实离不开中国的支持,希望通过"孟中印缅经济走廊"建设与中、印等国实现互联互通。但是,缅甸官员十分担心孟加拉国非法移民进入缅甸,并且希望借"孟中印缅经济走廊"建设之机解决缅北少数民族武装问题。因此,缅方比较青睐经钦邦联通印度的路线,而不是经若开邦联通孟加拉国的"南线"。

其次,缅方希望中方在具体政策和行动上体现平等互利原则。缅方要求中方约束在缅企业和人员遵守缅甸的法律法规。在吴登盛政府时期，缅方还曾提出，要优先完成缅甸与印度的两个互联互通项目。中方向缅方提出建设"人"字型"中缅经济走廊"之后，昂山素季等缅甸政治家认识到"一带一路"倡议不是另起炉灶、推倒重来，而是为了真正实现战略对接、优势互补。她表示，中方提出的"人"字型"中缅经济走廊"倡议与缅甸国家发展有很多契合之处。缅方与中方的合作至关重要、不可或缺。缅方希望尽早就此倡议与中方对接。①

（三）印度对包括"孟中印缅经济走廊"在内的"一带一路"倡议持怀疑态度

在曼莫汉·辛格政府时期，印度政府不仅对"孟中印缅经济走廊"，甚至对整个"一带一路"的反应都是比较积极的。2014 年 2 月 11 日，印度总理曼莫汉·辛格在会见中国国务委员杨洁篪时曾表示，印方将积极参与"孟中印缅经济走廊"和"丝绸之路经济带"建设。但自从莫迪上任之后，印度对"一带一路"的态度发生了很大变化，甚至在 2017 年 5 月完全否定"一带一路"倡议。②笔者曾将莫迪政府对"一带一路"不同组成部分的政策总结为"有条件参与""反对与制衡""拖延与替代"三种。③对于"孟中印缅经济走廊"，印度采取的就是"拖延与替代"政策。由于印度一再拖延，联合研究工作组第二次会议从 2014 年上半年拖到年底，第三次会议从 2015 年拖到 2017 年。

通过分析印度媒体的报道以及笔者与印度政府官员及学者的交流④，可以

---

① 张任重、鹿铖：《"一带一路"辉映金色孟加拉湾》，2018 年 1 月 5 日，光明日报，http://sky.cssn.cn/gj/gj_gjzl/gj_ggzl/201801/t20180105_3804934_3.shtml，访问日期：2020 年 8 月 25 日。

② Ministry of External Affairs, Government of India, "Official Spokesperson's response to a query on participation of India in OBOR/BRI Forum", 2017.5.13, https://mea.gov.in/media-briefings.htm?dtl/28463/Official+Spokespersons+response+to+a+query+on+participation+of+India+in+O BORBRI+Forum，访问日期：2020 年 8 月 25 日。

③ 刘宗义：《印度对"一带一路"的三种态度》，载《中印对话》，2016 年 12 月 02 日，http://www.chinaindiadialogue.com，访问日期：2020 年 8 月 25 日。

④ 笔者曾就此问题与印度前外交秘书 Shyam Saran、印度观察者研究基金会（孟买）主席 Sudheendra Kulkarni、印度观察者研究基金会特聘研究员 Manoj Joshi 等人进行了交流。

看出印度对"孟中印缅经济走廊"持怀疑态度。

首先，印方认为，"孟中印缅经济走廊"是推动区域经济一体化的重要机会，但不希望该倡议由中国主导。印方认为，"孟中印缅经济走廊"是一个1999年就开始的多边倡议，而"一带一路"是中国为解决自身问题而提出的单边倡议，"孟中印缅经济走廊"不应纳入"一带一路"框架之内。印度有"东向行动"政策，孟、中、印、缅四国交界区域是印度通往东南亚的必经之路，印度已经在推动与缅、孟两国的互联互通。在亚洲经济一体化过程中，印度不希望由中国一家主导。印方认为，在亚洲，中国和印度是两个主导性大国，印度不愿意屈居第二，希望与中国共享主导权。特别是在南亚地区，印方认为，应由印度来主导经济一体化进程。

其次，印度强调安全问题和"孟中印缅经济走廊"的战略内涵。印方认为，"孟中印缅经济走廊"可使中国直通印度洋，是海上丝绸之路的组成部分，将增强中国在印度洋的战略地位。即使作为地区经济合作倡议，印度也不能忽视其战略价值和安全意义。在孟、中、印、缅四国中，印度受地缘政治与安全因素影响尤为突出。印度东北部比较落后，与印度本土只有狭窄的西里古里走廊相连。印度东北部存在许多叛乱武装，印度担心东北部的开放和发展反而会激化民族分离主义运动。中印边界问题尚未解决，如果实现互联互通，一旦发生军事冲突，印度将处于不利地位。印度还担心，中国的商品会大规模涌入印度。因此，基于国家安全和经济主权考虑，印度不希望与中国实现互联互通。当然，印度并不能阻止缅甸与中国互联互通。因此，印度提出，如果中国确实希望与印度一起建设"孟中印缅经济走廊"，必须解决边界问题，同时合作时要做到透明、包容、互利。

中、印之间的安全困境，以及印度对中国在战略上的不信任，是印度政府不支持"一带一路"倡议的根本原因。事实上，印度东北部各邦和西孟加拉邦对"孟中印缅经济走廊"的态度非常积极。但是，印度战略界人士完全从传统的现实主义立场出发，从争夺势力范围的角度看待"一带一路"倡议，认为"一带一路"倡议将大大增强中国对印度周边国家政治、经济和安全影响，使印度在本地区的优势"边缘化"。因此，他们提出的应对之策就是：印度应与美国、日本等国合作，努力加强自身及与周边国家的互联互通建设。

印度于1997年倡导成立了"环孟加拉湾多领域经济技术合作倡议"（BIMSTEC），其中三个核心国家是缅甸、印度和孟加拉国。2000年11月，印度与缅甸、柬埔寨、老挝、泰国和越南成立了"湄公河—恒河合作计划"（MGCI），印度发起该计划的主要目的是加强印度与湄公河流域国家的关系，并制约中国。但这两个计划多年来的实质性进展并不多。印度还发起了印度次大陆国家经济合作协议（BBIN，包括不丹、孟加拉国、印度、尼泊尔）。现在，印度积极推动BBIN和BIMSTEC合作，并希望与美、日等国合作，共同推动所谓"印太经济走廊"的建设。印度与孟加拉国、缅甸之间的互联互通建设已经进行了很多年，印度还希望加快"湄公河—恒河合作计划"的进度，修建从印度东北部直达越南河内的公路。2017年4月，印度主办了延期两年多的"孟中印缅经济走廊"联合工作组第三次会议，主要目的在于推进"东向行动"政策。印度特别希望美国能够重新恢复"新丝绸之路"计划和"印太经济走廊"计划。[1]

由于印度过分夸大"一带一路"在地缘政治竞争方面的作用，印度不仅拒绝参加2017年5月在北京举办的"一带一路"高峰论坛，而且指责"中巴经济走廊"侵犯其领土主权。随后2017年6月发生的洞朗对峙事件，是印方对中国不满情绪的一次集中爆发，暴露了印度的战略野心及其对中国的真实态度，其目的不仅仅是印方声称的"保障西里古里走廊的安全"，其真正目的在于，希望扭转中印在南亚和印度洋的战略态势，加强其对南亚和印度洋地区小国的控制。如果印度的目标达到，那么"一带一路"建设将面临严峻挑战，南亚国家与中国合作时将不得不看印度的眼色。[2]

---

[1] PTI, "To Counter China's OBOR, US Revives Two Infrastructure Projects in Asia", The Wire, 2017.5.24, https://thewire.in/139714/obor-china-us-india/, 访问日期：2020年8月25日。

[2] 刘宗义：《洞朗对峙与中印关系》，载《中国评论》总第238期，2017年10月。

第三节
中、印两国领导人武汉非正式会晤后"孟中印缅经济走廊"建设的前景

中、印两国从战略大局考虑，和平解决了洞朗危机，但洞朗对峙使中印关系跌入"冷战"结束以来的最低点。印度国大党等反对派对莫迪政府提出强烈批评。从2018年2月开始，莫迪政府调整对华政策，两国关系逐渐回暖。

2018年4月底，中、印两国领导人在武汉进行了非正式会晤，达成了诸多共识：不断增进互信；推进全方位合作，以平等、互利和可持续发展构建更加紧密的发展伙伴关系；妥善处理和管控分歧，通过和平方式协商处理分歧问题；两军加强互信和边防交往合作，保持边境地区的和平与安宁；积极推动国际和区域合作；支持多边贸易体制，反对保护主义，推进开放、包容、普惠、平衡、共赢的经济全球化等。其中，双方同意在"孟中印缅经济走廊"框架下加快经济合作，并探索"中印+1"或"中印+X"合作，实现中、印两国与其他国家的互利多赢，共同为地区和世界的和平稳定与发展繁荣作出贡献。在2018年6月举行的上合组织青岛峰会发布的《上海合作组织成员国元首理事会青岛宣言》中，虽然印度没有明确表态要支持"一带一路"，但印度支持"五通"，实际上是默认了"一带一路"倡议。

那么，在这种新的形势下，"孟中印缅经济走廊"建设是不是能够获得迅速进展呢？要回答这个问题，除认真分析印度的真实立场外，还应充分考虑地区局势的新变化。当前，"一带一路"倡议所面临的国际环境更加严酷。"一带一路"倡议提出后，美国战略界对其进行了认真研究。该倡议真正让美国政策精英担心的地方在于欧亚超级大陆的形成和中国开启的"新型全球化运动"。这两个前景将在地缘政治和全球经济方面动摇美国的霸权地位。因此，美国政策精英建议美国政府"多管齐下"，其中特朗普政府提出的"印太战略"是遏

制中国崛起、应对"一带一路"的主要战略设计。[①] 日本、澳大利亚、印度等国的出发点与美国有类似之处，不希望中国成为地区秩序的主导国家。

迄今为止，美国及其盟友在推行"印太战略"方面采取了不少措施。在军事方面，美国国防战略的重心开始东移，积极加强与盟国的双边或多边军事国防合作，如组建"四国联盟"等。在经济和金融方面，美国与日、印、澳等国讨论开展替代性贸易、航运以及金融框架等，日、印等国也在开展类似的合作。2018年9月26日，美国国会参众议院通过了《2018年善用投资促进发展法》的法案，这是一个与中国的"一带一路"倡议直接抗衡的国际发展投资法案。[②] 在价值观和国际规则、国际标准等方面，美、日、印、澳等国不断污蔑"一带一路"建设给沿线国家造成的债务负担，制造"债务陷阱"。美国政策精英希望美国发挥领导和统合作用，推动形成统一的"印太战略"。美、日、澳、印等国在地区安全、经济金融、国际规则和价值观等方面的分歧越来越小。美国特朗普政府政策不确定性会对"印太战略"的实施产生影响，这也是日、印两国在"印太"地区大力加强战略合作的动因之一。

在东南亚地区，中国面临日本的激烈竞争。日本派代表团参加了2017年5月的"一带一路"高峰论坛，并反复申明，愿意在"一带一路"框架下与中国开展第三方市场合作。自2018年2月以来，中日关系得到改善。2018年10月，日本首相安倍访华，中、日两国领导人多次强调，要"互为合作伙伴，互不构成威胁"。日本经济产业大臣世耕宏成称，日中经济关系"从竞争走向协调"。[③]

"协调"意味着中、日两国将共同开发第三方市场，中国可能要在"一带一路"项目方面与日方合作，同时在国际规则和国际标准方面重视日方意见。

[①] Jonathan E. Hillman, "China's Belt and Road Initiative: Five Years Later", 2018.7.25, https://www.csis.org/ analysis/chinas-belt-and-road-initiative-five-years-later-0, 访问日期：2020年8月25日。

[②] 《美通过国际发展法案与中国"一带一路"抗衡》，2018年10月5日，http://www.zaobao.com/special/report/politic/sino-us/story20181005-896524, 访问日期：2020年8月25日。

[③] 《中日经济交流现罕见一幕，背后深意值得琢磨》，2018年10月28日，中国新闻网，http://www.chinanews.com/gn/2018/10-28/8662172.shtml, 访问日期：2020年8月25日。

然而，安倍结束访华后，马上热情接待了印度总理莫迪，将"2+2"外交和安全磋商从副部长级升为部长级；在安保领域加强合作，强化陆、海、空军事力量交流；加强基础设施领域各方面的合作。[1]日本并没有放弃在战略上继续制衡中国的想法。

另外，我们必须全面看待中印关系。洞朗对峙之后，印度对华政策的调整是战术性的，而非战略性的。通过武汉非正式会晤和索契非正式会晤，印度与中国、俄罗斯的关系得到改善。印度虽然口头上表示希望与中国加强孟中印缅框架下的经济合作，与中国开展"中印+"合作。但印度抗衡"一带一路"的决心和行动没有变化。印度仍将"印太战略"由一个安全网络扩展为由安全、经济金融、价值观和国际规则等为支撑的国际战略，并大力加强与日、澳、英、法等国的合作，借助"日印亚非增长走廊"等机制扩展其势力范围，通过所谓的国际法和国际规则来限制中国的行动。印度学者切拉尼（Brahma Chellaney）是"债务帝国主义"这个词的发明者，对西方政、学两界和媒体利用所谓的债务问题来攻击中国有重大启发意义，并且对"一带一路"沿线国家（包括斯里兰卡、孟加拉国、缅甸等）产生了重要影响。[2]

2018年8月15日，印度人民党总书记罗摩·马达夫（Ram Madhav）在中国访问时表示，印度政府计划将该国东北各邦与孟加拉国吉大港之间的交通进行连接，中国西南地区可以利用印度东北部作为枢纽，由此前往吉大港，然后进入印度洋。他声称，中国可以投资当地的消费性产品，但没有提到中国可以参与该地区的基础设施建设。[3]实际上，马达夫的讲话是有前提的，如果中国要参与该地区的基础设施建设，就必须承认所谓的"阿鲁纳恰尔是印度

---

[1] 《印度总理访问日本扩展安全经济合作》，2018年10月30日，新民晚报，http://xmwb.xinmin.cn/html/2018-10/30/content_13_4.htm，访问日期：2020年8月25日。

[2] Brahma Chellaney, "China's Creditor Imperialism", 2017.12.20, https://www.project-syndicate.org/commentary/china-sri-lanka-hambantota-port-debt-by-brahma-chellaney-2017-12?barrier=accesspaylog，访问日期：2020年9月20日。

[3] "India seeks China role in northeast connectivity plan", 2018.8.16, https://www.domain-b.com/economy/trade/20180816_connectivity_plan.html，访问日期：2020年9月16日。

的一部分"。[1] 印度仍将借助日本等国的力量来推动其东北部的基础设施建设，推动 BBIN 和 BIMSTEC 等周边基础设施互联互通的建设，并在缅甸和孟加拉国加强投资力度和影响力，与中国展开竞争。印度确实希望利用中国的技术、资金和高效的施工，但不希望中国企业对其战略性工程项目发挥决定性作用。因此，印度希望中国企业只扮演分包商的角色，而由欧美企业来发挥主导作用。

在中美贸易战的背景下，美国遏制中国的姿态越来越明显，"一带一路"面临国际战略和安全的压力越来越大。这种局面给"一带一路"沿线国家向中国"要价"提供了更多的筹码。因此，中国对"孟中印缅经济走廊"的迅速扩展不能抱太大希望。美、日、印等国也不想看到"中缅经济走廊"顺利建成。这些国家在缅北、罗兴亚等问题上可能还会制造事端，还会利用缅甸国内的公民社会制造纠纷。

第四节　积极推进"中缅经济走廊"建设

现阶段，"孟中印缅经济走廊"整体作为"一带一路"重点推进项目的条件尚不具备，但中国政府应积极筹划。在印度仍存犹疑成反对态度的情况下，中国应优先加强与缅甸、孟加拉国的双边合作。如果像一些印度战略界人士认为的那样，中国只是希望通过"孟中印缅经济走廊"实现贯通印度洋的目标，那么印度和孟加拉国都不是中国必须与之进行合作的对象，只要中国与缅甸搞好关系，中国就可以实现这一目标。然而，从目前"孟中印缅经济走

---

[1] "India seeks China's participation in northeast connectivity plan: Report", 2018.8.16, https://www.moneycontrol.com/news/india/india-seeks-chinas-participation-in-northeast-connectivity-plan-report-2851381.html, 访问日期：2020 年 9 月 16 日。

廊"建设的进展情况来看，推进"中缅经济走廊"的建设确实是必要的。自从昂山素季上任之后，缅甸对外开放和国际经济合作的条件逐渐成熟。虽然缅甸民意受西方挑拨仍存在背离中国的现象，但美、印、日等大国无法阻断缅甸与中国实现互联互通的内在需求。中国提出共建"中缅经济走廊"之后，缅甸政府态度非常积极。考虑到缅甸目前的整体局势，"中缅经济走廊"建设应稳步推进。

目前，缅正处于和平恢复初期，民族和解与经济社会重建任务较重，政权稳定性有待巩固。全国民主联盟对发展经济的热情很高，但昂山素季领导的民选政府执政经验不足，他们在发展理念上坚持"先民主，后发展"，也不愿接受以适当的负债方式来发展经济。缅甸民选政府决策时常受民意左右，难以在重大发展问题上进行高效决策，导致国家重建进程缓慢。此外，缅甸军方和民选政府权力分散的问题仍然非常突出。军方拥有全国 75% 以上的经济实权和发展利益，民选政府要推进民族和解与经济重建无法离开军方的支持，但军方出于既得利益的考虑，与民选政府的合作并不顺畅。

但经过长期动荡，缅甸国内各界普遍期盼和平稳定与经济发展，因此昂山素季政府顺应民意，推出了许多改革举措，并取得了一定的成效。比如，缅甸政府对包括《投资法》和《公司注册法》在内的相关法律法规进行了修订，并设立专门吸引和管理外资的新部门。2018 年 8 月，缅政府颁布了《缅甸可持续发展规划》，旨在实现政治、经济、社会、环境等领域的平衡和协调发展。围绕《缅甸可持续发展规划》，缅甸政府设立了"经济发展项目库"（project bank），优先实施综合效益较大的项目。

从总体看，缅方对与中国开展经济合作有较高的期待，主要表现在以下几个方面。

第一，缅甸希望加强双边高层往来。2001 年，江泽民主席对缅甸进行了国事访问。此后，由于缅甸政治局势动荡不安，中国最高领导人就没有再次访问缅甸，直到 2020 年 1 月习近平主席才访问缅甸。缅甸希望与中国经常进行高层往来，加深"胞波"情谊，同时加强治国理政交流，深化两国"全面战略合作伙伴关系",打造"中缅命运共同体",推动中缅关系进入新时代。

第二,缅甸希望中国在推动其国内民族和解进程中发挥更大的作用,不仅能为民族地方武装与缅甸政府的对话搭建平台,而且希望中国向民族地方武装施加更多的压力。同时,缅甸希望中国加强边界管控,在反毒、禁毒方面继续给予支持。

第三,缅甸对深入参与"一带一路"建设的热情较高,迫切希望缅甸在经济领域与中国加强合作。昂山素季亲自担任缅甸"一带一路"国家指导委员会主席,并两次来华出席"一带一路"国际合作高峰论坛。缅甸经济以农业为主,发展制造业的意愿较强,但缺乏资金和技术,因此缅甸政府希望中国政府能支持中国企业赴缅投资兴业,促进缅甸民众就业。缅甸政府也认识到,由于国内土地征用政策尚待完善,全国上下在环境保护、劳工维权等方面已形成强烈共识,因此缅方希望中方充分考虑相关基础设施建设项目的社会和环境影响。

考虑到缅甸的现实需求,中国应积极稳妥地推进与缅甸的合作:首先,在发展理念方面,中、缅两国应积极开展治国理政方面的经验交流。当前,国际社会(尤其是西方社会)对昂山素季推进民主化进程的期待过高,结果失望很大,于是调整对缅政策,使缅甸面临的国际环境迅速恶化。同时,缅甸民选政府是真心想改革、想开放,但缺乏治国理政经验,缺乏民众的理解和支持,也缺乏民族资本的支持。中、缅两国分属不同的发展阶段,两国有深厚的"胞波"情谊,中国愿意帮助缅甸加快经济发展。在"中缅经济走廊"的建设中,中国应尊重缅甸政府合理的发展战略和目标,使缅甸充分体会到"一带一路"所蕴含的和平、发展、合作和共赢的理念。针对缅甸等沿线国家"弱政府,乱社会"的状况,中国可以利用两国文化中相近的部分来强化治国理政经验的传授和引导,并在培训缅甸高级公务员等领域加强合作。同时,中国应主动借鉴一些国家成功的外交经验,充分发挥国际发展合作署等组织机构的作用,创新外交手段,着眼于精细化管理,培养草根外交力量,同时让中国民间组织"走出去",多做一些深入沿线国家基层、深入民心的民生工程和减贫项目，让中国的发展理念真正落地。

其次，考虑到缅甸希望加强经济合作，但同时坚持多元平衡的外交政策，中国应考虑在双边合作中引进多边合作机制，积极探索与日、韩等国在缅甸开展第三方市场合作的模式。中资企业与日、韩等国企业共同投资，有利于分担投资风险和政治风险，也能显示中国"一带一路"合作的包容性。这种合作可以减少外国企业独立投资缅甸时可能出现的对抗局面，避免无序竞争，增加合作空间。中国可以充分借鉴日、韩等国的外援模式，通过援助、低息贷款、商业贷款等方式来带动企业、装备和标准落地。此外，中国应尽快落实已启动的城市与城市、产业与产业、工业园区与工业园区的合作，力争早日取得成果。中缅能源通道、仰光港是双边合作重要的支撑，能源通道沿线城镇也是重要的合作对象，推进相关项目的合作有助于造福当地居民，保障能源通道安全。

在中缅经济合作中，城市间的合作可以发挥重要作用。上海与仰光签订了合作协议，建立了城市合作机制。仰光与上海在城市历史、文化发展等方面有很多相似之处，上海可以主动向仰光介绍上海的经济发展经验，推动仰光"再造上海"，并尝试以上海为龙头，结合长三角一体化发展的国家战略，调动江、浙、皖三省资源，向缅甸转移优质产能。

最后，要积极推动缅甸的民族和解，开展人文交流，在新时代创新发展"胞波"关系。当前，由于受到西方宣传的影响，缅甸社会各界对中国缺乏了解和正确的认识。同时，美、日、印等国并不想看到"一带一路"的成功，可能还会利用缅北、罗兴亚、缅甸公民社会等问题制造事端。中国对此必须有所准备，在"不干涉内政"的原则下，中国政府要有创造性预案。同时，中国应继续加强对外宣传，宣传方式应该更加灵活多样，贴近民众，努力达到"润物细无声"的效果。由于中、缅两国文化相近，在传统和现代影视作品、民情舆情交流等方面，中方可以与缅方加强合作。另外，缅甸民众对部分中资企业在缅甸的行为颇有微词，中资企业应遵守缅甸法律，尊重当地习俗，认真学习一些国家的精细化管理经验，中资企业商会和行会可发挥监督作用。

第六章

"中尼（印）经济走廊"建设的进展、问题及对策

尼泊尔是中国西南部的邻国，也是世界上最不发达的国家之一，而中国和印度是世界上经济发展最快的两个新兴经济体。相对而言，中国经济比印度更为发达。尼泊尔非常希望本国能够从中、印两国的经济发展中获得实际利益和发展动力。中、尼两国是友好邻邦，中国也希望通过自身发展来带动包括尼泊尔在内的周边国家的发展。习近平主席曾多次表示，中国愿意为周边国家提供共同发展的机遇和空间，欢迎各国搭乘中国发展的列车。中国愿意为亚洲邻国提供更多的公共产品。①

自中、尼两国建交之后，中国就一直向尼泊尔提供力所能及的援助。改革开放后，随着自身经济实力的增强，中国对尼泊尔等邻国的援助也逐渐增加。自1956年起，中国就向尼泊尔提供经济技术援助，建设了一大批项目，主要包括公路、砖瓦厂、造纸厂、水电站、纺织厂、制革厂、水利灌溉工程、糖厂和国际会议大厦等。截至2005年12月底，中方向尼泊尔政府提供了15.3

---

① 邹雅婷：《欢迎搭乘中国发展"顺风车"》，2016年11月26日，人民网—人民日报海外版，http://politics.people.com.cn/n1/2016/1126/c1001-28897449.html，访问日期：2020年8月25日。

亿的经济援助，数量仅次于印度和美国。进入21世纪，中国的援尼方式从基础设施援建和补助逐步发展为"软贷款"、参与项目竞标、双边贸易、工业和经济交易等形式，同时鼓励私营企业参与援助。"一带一路"倡议提出之后，尼泊尔政府多次表示，希望加入"孟中印缅经济走廊"在内的"一带一路"倡议中，[①]希望以此带动尼泊尔对外经贸，推动尼泊尔国内经济的发展。2015年，中国提出了建设"中尼（印）经济走廊"的设想，受到尼泊尔的热烈欢迎。但是，由于印度不积极参与，"中尼（印）经济走廊"迄今未取得实质性的进展。

第一节
"中尼（印）经济走廊"建设的进展

2015年5月，印度总理莫迪访华，中国领导人提出中、印两国共同帮助尼泊尔灾后重建，并探讨建立"中尼（印）经济走廊"。莫迪总理对此作出积极回应，并提议建立联合研究小组，探讨"中尼（印）经济走廊"计划。印度外长斯瓦拉杰此后也示，印方对"中尼（印）经济走廊"倡议持积极态度，愿意成立联合工作组，探讨和推动这一进程。[②] 以前，印度一些战略界人士表示，如果"一带一路"是从中国西藏经尼泊尔直接通到印度本土人口稠密的地区，不涉及领土争议问题，印度就会非常欢迎。而尼泊尔早在2013年中国提出"孟中印缅经济走廊"时就表示，希望加入"一带一路"，对"中尼（印）经济走廊"更加欢迎。但在2015年9月，印度强势介入尼泊尔的"宪法危机"，对尼泊尔实行"边境经济封锁"，使两国关系迅速恶化。印度政府彻底改变了

[①]《尼泊尔驻华大使：将从孟中印缅和中巴经济走廊建设中受益》，2014年3月5日，国际在线，http://gb.cri.cn/4 2071/2014/03/05/7211s4450295.htm，访问日期：2020年8月25日。

[②]《王毅：中印就共同参与尼泊尔重建以及探讨中、尼、印三国经济走廊达成共识》，2015年6月25日，新华网，http://news.xinhuanet.com/world/2015-06/25/c_1115727074.htm，访问日期：2020年8月25日。

对"中尼（印）经济走廊"的看法，反对中尼合作，特别担心中尼铁路修通之后会减少尼泊尔对印度的经济依赖。对于中尼建设铁路的计划和"中尼（印）经济走廊"，印度战略界仍以地缘政治竞争的"零和"思维而不是以地缘经济合作的"共赢"思维来看待，这使得"中尼（印）经济走廊"被搁浅。中、尼两国只能先进行双边合作。

  面对印度实施的贸易封锁，尼泊尔政府深感修建中尼铁路的紧迫性。2016年3月，尼泊尔奥利总理访华时强调，此行负有"特殊使命"，旨在寻求支持，与中国加强友好合作，学习中国经验，搭上"一带一路"快车。奥利总理访华后，中、尼两国的跨喜马拉雅铁路规划开始加速推进。尼泊尔政府在新财年宣布，要启动"拉苏瓦加蒂—加德满都—蓝毗尼"的铁路项目。当时，至少有中工国际工程股份有限公司和中国铁建股份有限公司表示，愿意修建连接中、尼两国的铁路网。① 但由于印度在暗中干预，奥利总理于2016年7月被迫辞职。继任者普什帕·卡迈勒·达哈尔（即普拉昌达）在第二次担任总理后，将印度定为首访目的地。直到2017年3月27日，普拉昌达正式访华，向中国领导人承诺，尼方支持"一带一路"倡议，愿意积极拓展与中方在贸易投资、交通运输、基础设施、旅游、航空等领域的合作，密切人文交流，以便更好地造福两国人民。

  2017年9月，尼泊尔副总理兼外长马哈拉访华，王毅外长在记者招待会上宣布，中方欢迎尼方继续搭乘中国经济发展的快车，愿在"一带一路"框架下加强与尼方的务实合作，也将继续在力所能及范围内为尼方经济的社会发展提供帮助。"一带一路"倡议是两国加强互利合作的重大机遇，双方应在"一带一路"框架下不断深化各领域的合作，尤其要重点办好以下四件大事：第一，规划、建设中尼跨境铁路。双方同意积极推进项目勘察、设计、可行性研究、人才培训等方面的合作，尽快让这一设想变成现实。第二，修复阿尼哥公路和沙拉公路。这两条公路是中尼传统陆路通道，但在2015年的特大地

---

① 《两家中国企业有意建设尼泊尔铁路网》，2016年7月5日，商务部网站，https://finance.huanqiu.com/article/9CaKrnJWjMF，访问日期：2020年8月25日。

震中遭到严重破坏。第三，建设樟木、吉隆、普兰这三个通商口岸。中方加快对樟木口岸的地质评估和科学设计，争取早日开放。双方已将吉隆口岸升级为国际口岸，不断完善口岸设施，以此为依托建设中尼跨境经济合作区。双方同意完善普兰口岸的基础设施，使其更好地发挥联通作用。第四，深化贸易投资、灾后重建、能源和旅游四大重点领域的合作。双方同意争取在2017年内完成中尼自贸协定联合可行性研究，同意按期完成已启动的17个灾后重建项目，并帮助尼方加强防灾、减灾能力的建设。双方同意尽早正式签署能源合作谅解备忘录，加强在油气、水电及清洁能源等方面合作，帮助尼方实现能源渠道多元化。双方同意在华办好"尼泊尔旅游年"活动。中方愿为尼泊尔航空公司开通更多的中尼直航航线提供便利。尼方会采取更多的措施来保障中国游客的安全与合法权益。①

根据中、尼双方的协商，拉苏瓦嘉迪—吉隆边境口岸升级改造为现代化的国际口岸；拉苏瓦嘉迪至加德满都的铁路延伸至博卡拉和蓝毗尼；拉苏瓦嘉迪至中国吉隆的公路需要升级，嘉其至拉苏瓦嘉迪的公路需要升级为双向四车道，贝德勒沃蒂至中国吉隆的公路也于2018年4月开始建设。

2017年，尼泊尔完成了联邦体制下三级选举，并成立三级政府。2018年2月15日，卡·普·夏尔马·奥利再次就任总理。2018年3月，比迪亚·德维·班达里连任总统。2018年5月，尼泊尔共产党（联合马列）和尼泊尔共产党（毛主义中心）合并，组建尼泊尔共产党（简称"尼共"），由原尼共（联）主席奥利和原尼共（毛中心）主席普拉昌达任联合主席。尼泊尔在形式上完成了历史性的政治转型。

2018年6月19日至24日，应中国国务院总理李克强的邀请，尼泊尔总理奥利对中国进行了正式访问。在两国发表的联合声明中，双方同意加快落实两国政府关于在"一带一路"倡议下开展合作的谅解备忘录，加强口岸、公路、铁路、航空、通信等方面互联互通，打造跨喜马拉雅的立体互联互通网

---

① 《王毅与尼泊尔副总理兼外长共见记者》，2017年9月7日，中国新闻网，http://www.chinanews.com/gn/2017/09-07/8325338.shtml，访问日期：2020年10月7日。

络。双方同意采取切实措施促进各领域的项目合作。尼方愿意为中方在尼泊尔基础设施和产能领域的投资提供便利。尼方欢迎中国企业进一步对尼泊尔进行投资，愿意根据相关法律法规，简化并加快在土地、税收和签证等方面的审批程序，为中国企业创造良好投资和经营环境。[1]

双方同意尽快恢复开通樟木口岸，提升吉隆口岸的运营水平，确保阿尼哥公路修复通车，推进沙拉公路升级，尽快修建普兰口岸的斜尔瓦界河桥。尼方尽快完成塔托帕尼口岸周边和阿尼哥公路沿线灾害治理，确保加德满都—沙夫卢比希道路畅通。双方对签署铁路合作备忘录表示满意，并强调该备忘录是中尼合作历史中最重要的倡议之一，能为两国跨境互联互通开启新时代。双方要充分发挥两国铁路部门间沟通机制的作用，进一步加强铁路领域的合作。中方愿意向尼方在技术、人才培养等方面提供支持。双方鼓励空运企业根据两国民用航空运输协定开辟或运营更多的直航航线。双方将密切配合，推动博克拉国际机场早日建成并投入使用。双方积极评价中尼跨境光缆成功运营，愿意在此基础上进一步加强信息通信领域的互利合作。

双方还达成其他众多协议，比如：重建友谊桥和热索桥的协定，借道运输议定书，投资与产能合作谅解备忘录，建立两国合作项目协调机制的谅解备忘录，两国外交部加强合作的谅解备忘录，能源合作谅解备忘录，经济技术合作协定，人力资源开发合作谅解备忘录等。双方同意进一步深化经贸、投资、产能、灾后重建等领域的互利合作。

双方同意通过多种途径探讨在尼方修建储油设施的可行性。中方支持尼方对油气资源的可行性研究。双方要在文化遗产修复、学校重建等方面继续开展合作。

尼方希望中方帮助建设跨境输变电项目，中方企业就项目可行性开展研究。尼方希加快三条南北经济走廊建设，即戈西经济走廊、甘达基经济走廊

---

[1] 中华人民共和国外交部：《中华人民共和国和尼泊尔联合声明》，2018年6月21日，https:// www.fmprc.gov.cn/web/gjhdq_676201/gj_676203/yz_676205/1206_676812/1207_676824/t1570976.shtml，访问日期：2020年8月21日。

和卡纳利经济走廊，为当地创造就业机会，改善人民生活，促进经济增长。双方同意就上述走廊项目进一步研究开展合作的可行性。

中方愿意采取有效措施为尼泊尔商品输华提供便利。中方愿意为尼方农产品提供生产和贮藏方面的技术支持和资金支持。中方愿意为尼方建设检验、检疫实验室提供必要的技术支持，为尼农产品对华出口提供便利。双方同意开辟更多的商贸路线，鼓励两国银行开展金融交易。双方根据此前达成的关于建设跨境经济合作区的协议，加强中央和地方层面的政府合作，共同推进跨境经济合作区建设。

第二节
"中尼（印）经济走廊"建设面临的问题

当前，尼泊尔政治转型的初步完成为"中尼（印）经济走廊"建设奠定了较好的国内政治基础，但从内外环境来看，挑战也相当严峻。

一、尼方对中方的期待很高，但自身存在诸多问题

尼共希望实现长期执政，但尼泊尔政治和社会仍处于转型期，发展道路尚不明确，国家治理能力较弱，易受外部影响。

尼泊尔仍处于从王国到共和国、从中央集权到联邦分权、从印度教社会到世俗社会的转型期，国内矛盾错综复杂。尼泊尔的国体是联邦民主共和国，政体是总统制，总理拥有最高行政权。尼共分成以奥利为首的联合马列和以普拉昌达为首的毛中心主义两派。两派合并后，只是形式上实现了统一，组织上和思想理论上并未实现统一；最高层出于长期执政的目标需要达成妥协意见，但权力之争仍将长期存在；而高层以下，特别是两派基层党员之间的

仇怨和分歧仍然存在，不利于政权的稳固发展。当前执政的尼泊尔共产党高层已经认识到当前政治体制和发展模式的问题以及西方模式的不足，对中国的发展道路非常认可，认为中国模式可以作为另一种选择，但中层以下官员、社会精英和普通百姓无此认知，并且很少有人认真思考这个问题。尼方普遍认为，"一带一路"倡议是尼泊尔实现发展的良机。尼共高层对"一带一路"倡议的认识逐渐趋于理性，但民众缺乏认知。尼方希望借"一带一路"来实现尼泊尔内外互联互通，希望得到中方的资金和技术支持，不仅要建设公路，而且要建设跨境铁路，以制衡印度。

当前，尼泊尔面临严峻的治理困境。尼泊尔共有70多个党派，境内非政府组织有4万多个，国际非政府组织有270多个。尼泊尔中央目前由尼共执政，地方上除了以马德西人为主体的第二省由尼泊尔人民社会主义党主政外，其他各省均由尼共主政。但在市一级，情况则比较复杂。有些大城市不在尼共手中，特别是第二省和蓝毗尼省，由其他政党控制。

从中央到地方，尼共人才匮乏，尼泊尔政府仍保持新总理、旧官僚并存的格局。公务人员腐败、懒政现象普遍存在，上下严重脱节，国家治理能力较弱，投资环境非常恶劣。尼泊尔经济结构严重失衡，政府财源匮乏，入不敷出，因此政府推出加税措施，从而引发民众和外来投资者的不满，民众对政府的支持持续率下降。大会党、马德西联合民主阵线等反对派势力对政府的政策进行抨击。尼泊尔境内的非政府组织和媒体不受政府控制，易受外部因素影响，舆论多元化，甚至要求国王复辟的声音大行其道。尼泊尔政局持续动荡，则不利于中尼关系的稳定发展。

当前，印、美、日、欧等外部势力积极干预尼泊尔内政。它们企图利用尼泊尔政治和社会转型期的混乱局面来控制尼泊尔政府。美国驻尼泊尔使馆规模十分庞大，美国政府积极资助尼泊尔的发展项目。[1] 英国在尼泊尔也有

---

[1] "Nepal, US to sign $500m grant pact on Sept 14", Post Report, Kathmandu, 2017.9.4, http://kathmandupost..ekantipur.com/news/2017-09-04/nepal-us-to-sign-500m-grant-pact-on-sept-14.html, 访问日期：2020年9月30日。

非常庞大的援助机构。这些国家在尼泊尔苦心经营，其目的之一就是利用尼泊尔独特的地缘战略位置向中国西藏进行渗透，以此牵制中国的发展。印度甚至存在吞并尼泊尔的野心。

二、印度对尼泊尔的影响远大于中国，尼泊尔不可能在短期内摆脱对印度的依赖

由于地理、政治、经济、历史、宗教、文化等方面的因素，印度长期以南亚霸主的姿态出现，并且以地缘政治的眼光来看待周边邻国，将尼泊尔、不丹等小国当成自己的势力范围。这种情况在莫迪总理上任之后得到加强。印方绝不愿意让中尼铁路修到尼、印两国边境，也不想让尼泊尔成为中国商品销往印度的中转站。同时，印度的影响力渗透到了尼泊尔政界的方方面面，这是任何其他国家无法相比的。虽然尼泊尔民众对印度的经济封锁深恶痛绝，但他们无法改变现状。2016年7月，奥利总理被迫辞职只是这一现状的反映。继任者普拉昌达与中国关系保持良好。他第一次担任总理时，曾将中国作为首次出访的目的地。但在第二次担任总理后，他将印度定为首访目的地，说明印度对尼泊尔内政的影响很大。

尼泊尔政府公开表示，希望在中印之间保持平衡。2015年地震之后，印度对尼泊尔实行禁运政策，尼泊尔社会各界对印度失望透顶，希望发展对华关系，摆脱对印度的依赖。面对来自印度的压力，尼共在坚持民族主义方面得到了民众的支持，大会党等反对派仍会掀起风浪，给尼共政府制造麻烦，破坏中尼关系。在2017年尼泊尔大选之前的一个月，亲印的大会党政府突然宣布，终止由中国葛洲坝集团投资的布达甘达基水电站建设工程。如果顺利完成这个项目，尼泊尔将会摆脱对印度电力的依赖。在亲印势力的操纵下，尼泊尔中止了这个项目。这种出尔反尔、轻易撕毁合同的失信行为也阻止了不少投资者的脚步。2018年5月，莫迪访问尼泊尔，奥利内阁宣布，要对布达甘达基水电站工程进行"全球招标"，并没有将工程直接"归还"给中国企

业。在莫迪结束访问尼泊尔之后不久，尼泊尔宣布收回由中国三峡集团开发建设的另一个水电工程项目。

2018年4月，尼泊尔总理奥利对印度访问，印度对尼泊尔大搞"铁路外交"。莫迪在两国总理会晤后举行的联合记者招待会上表示，双方就尼泊尔铁路接入印度铁路系统达成共识。为了积极应对中国基础设施建设的"攻势"，印度要在尼泊尔首都加德满都和印度比哈尔邦之间修建一条铁路，向尼泊尔开放内陆水运，提供内河航道，让尼泊尔货物获得更多的水上通道。[①] 在莫迪访问尼泊尔期间，莫迪朝拜了贾纳克布尔市著名的贾纳基神庙，参加了一个名为"罗摩衍那跨境公交线"工程项目的启动仪式，还参加了由印度主导建设的尼泊尔阿伦三期水电工程项目奠基仪式。阿伦三期水电工程项目的设计容量为900万千瓦，耗资15亿美元，是当时尼泊尔国内最大的单笔外商投资。

由于西藏自治区经济比较落后，交通不发达，中国还不可能为尼泊尔提供人民生活所需的全部物资。即使只从政权稳定的角度出发，尼泊尔各届政府也会努力经营尼泊尔与印度的关系。尼泊尔政治精英担心尼泊尔会沦为中、印两国"竞技场"，一些人对中国推动"中尼（印）经济走廊"的意图还存在疑虑。

2018年4月底，印度总理莫迪访问中国武汉，与习近平主席进行了非正式会晤。这是两国领导人在2017年洞朗对峙之后为修复两国关系而进行的会晤。在武汉非正式会晤期间，两国领导人就一系列双边和多边问题达成重要共识，其中包括加强孟中印缅框架下的经济合作和在第三国的"中印+"合作。通过两国外交部后续发表的声明可以看到，所谓"在第三国的'中印+'合作"，首先是指阿富汗。在尼泊尔总理奥利访华期间，中方提出，希望能够与尼泊尔、印度开展"2+1"合作，但印方对此并不感兴趣。虽然印度国内有

---

① 苑基荣：《印度借'铁路外交'捆绑尼泊尔日媒跳出来说话：牵制中国》，2018年4月9日，环球时报，http://world.huanqiu.com/exclusive/2018-04/11806408.html?ch=zbs_vivo_news，访问日期：2020年9月15日。

过探讨"2+1"合作的声音，但实施前景并不乐观。中国对尼泊尔的处境十分理解，希望同时加强与印度、尼泊尔的合作，以便更好地实现"一带一路"在南亚的发展，打造命运共同体，造福三国人民，促进中国西南边疆的稳定与安宁。但在此过程中，印度需要展现出一个大国应有的胸怀。

三、西藏是建设"中尼（印）经济走廊"的桥头堡，无法绕开

在历史上，西藏属于南方丝绸之路、茶马古道、唐蕃古道和"尼婆罗道"的重要节点，是中国通往南亚地区的重要门户。"一带一路"倡议使西藏成为面向南亚地区的桥头堡、基础设施互联互通的重点地区和国家构建全方位开放格局的前沿地带。[①] 在2015年8月召开的中央第六次西藏工作座谈会明确指出，"要把西藏打造成为我国面向南亚开放的重要通道"。这是党中央作出的科学判断，明确了西藏在"一带一路"建设中的地位和作用。

"一带一路"建设与西藏、新疆等边疆地区的稳定是相辅相成的关系。"一带一路"建设的目标之一是促进西藏、新疆等边疆地区的发展和开放，促进这些地区的稳定发展；同时，西藏和新疆等边疆地区的稳定与繁荣对"一带一路"倡议的顺利实施至关重要。党中央对西藏的长治久安特别重视。发展是解决西藏所有问题的基础。切实贯彻"治边稳藏"的战略思想，就是要努力推进西藏经济社会的发展。2015年8月召开的中央第六次西藏工作座谈会明确指出，"要把西藏打造成为我国面向南亚开放的重要通道"。西藏的发展与开放是大势所趋，不可逆转。但同时，西藏也是重要的国家安全屏障、重要的生态安全屏障、重要的战略资源储备基地和重要的中华民族特色文化保护地，是我国与境内外敌对势力、分裂势力斗争的前沿，所以，西藏在发展与开放过程中不得不面对一些国际战略与安全问题。

以十四世达赖为首的分裂势力不会停止分裂活动，西方敌对势力不会放

---

① 毛阳海：《论"丝绸之路经济带"与西藏经济外向发展》，载《西藏大学学报（社会科学版）》2014年第2期，第3页。

弃"把西藏作为分化中国的突破口",因此,西藏始终处于维护祖国统一的前沿阵地。由于十四世达赖年事已高,时日无多,分裂和反分裂斗争可能会更加激烈。一些分裂势力甚至可能对我国采取军事斗争手段,进行恐怖主义威胁。南亚大通道的建设将为境内外人员往来提供便利,必然会带来一些负面影响。

四、"中尼(印)经济走廊"建设存在较大的工程技术挑战

从吉隆口岸到加德满都中尼跨境铁路需要经过1700多米的落差,这是世界铁路建设中遇到的最大落差。中尼传统陆路通道阿尼哥公路和沙拉公路以及樟木、吉隆、普兰三个口岸的建设,也要面临当地恶劣的地质条件和治理成本过高的挑战。中国可以帮助尼泊尔进行规划设计,开展可行性研究,也可以帮助尼泊尔培养工程技术人员,但尼方要有合作意愿和配套的合作机制。跨境铁路投资巨大,如果中尼铁路不能和南亚其他国家的铁路连接,中国就无法获得更多的经济效益和社会效益。尼泊尔缺乏资金,中尼铁路的建设需要找到合适的融资方式。此外,中尼合作还会遇到当地一些人对工程项目不支持、不配合等诸多问题。

第三节
推进"中尼(印)经济走廊"建设的策略

首先,要加强西藏的建设。西藏必须努力做好互联互通基础设施的建设,尤其是日喀则至吉隆铁路的建设,樟木、吉隆、普兰三个口岸的建设,以及联通口岸的公路建设。要建设"中尼(印)经济走廊",应推动西藏建设铁路、公路、航空等一体化的立体交通网络,实现交通、贸易、金融、能源和现代

物流业等领域的跨越式发展，加强与周边省市以及南亚相邻国家在能源、电信、商贸以及物流等领域的交流合作。铁路建设是战略的重点。从吉隆到加德满都的铁路只有100公里左右，但从日喀则到吉隆就有将近500公里的路程。从日喀则到吉隆的铁路目前还在建设当中。

其次，中尼合作要稳步推进。中国对尼泊尔政策的着力点是帮助尼共实现长期执政，所以两国要加强治国理政、发展道路及发展模式的交流。尼共高层已经认识到应该向中国学习，但地方官员尚未有此认知。中方应通过党际交流等方式，推动尼共加强组织和思想理论建设。中方可以邀请尼共高层和尼泊尔政府官员到邻近省市走访，帮助尼方培训党政干部。另外，中方应进一步加强两国大学校际交流与合作，为尼方培养社会经济管理类人才。中尼经济合作项目应以旅游业、农业、农产品加工业、轻工业等为重点。中方应支持尼泊尔的工业发展，增加电力供应，提高就业水平，改善人民生活。在贸易方面，中方应给予尼方更多的优惠，减少其对华贸易逆差。

再次，要以公路建设为重点，加强交通基础设施建设。我们要以公路建设为重点，推动中、尼两国间及尼泊尔境内的互联互通建设，帮助尼泊尔降低物流成本，成为尼泊尔靠得上、靠得住的朋友。尼泊尔经济发展最大的障碍之一是交通设施落后。中方应以樟木和吉隆两口岸为重点，建设中尼战略通道。虽然尼泊尔政局可能还会出现动荡，但尼泊尔仍是西藏对外开放和进行互联互通建设条件最为成熟的国家。在尼泊尔遭受强震之后，印度利用尼泊尔"宪法危机"，对其实行"边境经济封锁"，使尼泊尔民众彻底失去了对印度的幻想。中国在尼泊尔地震后给予尼方援助，使尼方彻底改变了对中、印两国的看法。中国要与尼泊尔实现互联互通，建设面向南亚的大通道，在对尼泊尔的政策上就要让尼泊尔民众都感觉到，中国是尼泊尔靠得住的伙伴。为此，中国应继续加强与尼泊尔的经济合作。

最后，要加强非政府组织之间的合作。尼泊尔政府的治理能力较弱，但尼泊尔非政府组织往往能发挥独特的作用。中国扶贫基金会在当地的项目上产生了不错的影响。今后，中国可以派出像中国扶贫基金会这样的非政府组织，与尼泊尔进行对接和合作。另外，中方应组织媒体和学界通过学术研讨、交流培养和信息资源共享等方式，加强对尼方媒体和意见领袖的舆论引导，使尼方对华期待趋于理性，少受或不受西方及印度媒体的误导，在维护社会稳定方面发挥积极作用。

第七章

印度对"一带一路"倡议的认知以及中国对南亚政策的思考

印度是"一带一路"沿线的重要国家,国内学者把印度与俄罗斯、哈萨克斯坦、印度尼西亚并列称为"一带一路"沿线的四大关键国家。主要原因在于:第一,印度位于南亚和印度洋地区的中心位置;第二,印度是南亚地区人口最多的国家,劳动力最多,市场最大,但基础设施比较落后,与中国存在较强的经济互补性;第三,印度对南亚和印度洋国家有很强的政治影响力,印度对"一带一路"的态度将直接影响南亚地区其他国家参与的积极性。第四,印度介入阿富汗事务较多,也是恐怖主义的受害者,在合作打击恐怖主义、维护地区稳定、保障"一带一路"安全方面,中国需要与印度合作。虽然在"一带一路"倡议提出之后,印度政府的态度不太积极,但中方一直努力争取与印度在"一带一路"的项目上开展密切合作。2017年夏天,洞朗对峙彻底暴露了印度的战略野心以及对中国的真实态度,中国不得不重新认真思考对印度的政策,以保障"一带一路"倡议在南亚和印度洋的顺利推进。

第一节
印度对"一带一路"的认知和反应

2014年2月,国务委员杨洁篪在参加中印边界问题特别代表第17轮会谈时,邀请印度共建"21世纪海上丝绸之路",印度安全顾问梅农口头上接受了中方的邀请,并对海上丝绸之路做出积极评价。印度总理曼莫汉·辛格在会见杨洁篪时也表示,印方将积极参与"孟中印缅经济走廊"和"丝绸之路经济带"建设。然而,2014年5月莫迪上任后,印度对"一带一路"倡议的态度发生巨大变化。在2014年和2015年的两个"中印联合声明"中,均未提及"一带一路"。而且,印度总理莫迪在2015年5月访问中国期间向中国领导层表示"不能接受'中巴经济走廊'",印度政府还特地召见中国大使提出反对意见。[1] 仔细观察印度在"一带一路"倡议提出后的外交政策和行动,特别是莫迪政府的外交政策和行为,我们不难发现,印度政府对"一带一路"倡议的各个组成部分的态度已经非常明确,大致可以分为以下三类。

一、有条件参与

印度是亚投行的第二大股东。对于新亚欧大陆桥、"中国—中亚—西亚"经济走廊这样与印度存在一定地缘、历史和文化联系的路线,印方不仅希望从中获益,而且希望借机扩大印度在当地的影响。印度成为上海合作组织的正式成员后,可能会参与新亚欧大陆桥、"中国—中亚—西亚"经济走廊的一些项目。[2] 但是,印度的参与是有条件的。印度战略界人士表示,如果中国

---

[1] 《印度召见中国大使反对中巴经济走廊》,2015年6月3日,凤凰国际,http://ifinance.ifeng.com/13751733/news.shtml?&back,访问日期:2020年8月25日。

[2] Sana Hashmi, "India's entry into the SCO may bring it closer to China", 2015.7.6, http://www.rediff.com/news/column/indias-entry-into-the-sco-may-bring-it-closer-to-china/20150706.htm,访问日期:2020年8月6日。

确实希望与印度一起建设包括"孟中印缅经济走廊"在内的"一带一路"项目，应做到透明、包容、互利，中国应放弃单边做法，变"单边倡议"为"多边倡议"，将"一带一路"倡议变成"亚洲倡议"。在亚洲经济一体化过程中，印度不希望由中国一家主导。印方认为，亚洲有两个主导性大国——中国和印度，印度不愿意屈居第二，希望与中国共享主导权。在南亚地区，印方认为应该由印度主导经济一体化进程。

二、反对和制衡

对于"中巴经济走廊"，印方是坚决反对的，莫迪总理曾当面向中国领导人表示反对，理由是"中巴经济走廊"经过巴控克什米尔。印度认为，整个克什米尔都是印度不可分割的一部分，中国在巴控克什米尔搞建设，侵犯了印度的领土主权。在这个理由的背后，印度还有更深的担忧，即害怕"中巴经济走廊"和瓜达尔港建成之后，会增强巴基斯坦的国力，而且中国能从西北内陆直通印度洋，对印度在印度洋上的战略优势造成影响。对于"海上丝绸之路"，印度也持反对态度。印度怀疑"海上丝绸之路"是中国化解印度海上战略的一种手段。印度还担心，中国在"一带一路"沿线建设好港口之后，由于运费低廉，会对印度港口造成冲击。印度军方人士对中国海军舰艇（特别是核潜艇）在印度洋的存在表示"关切"。印度对"中巴经济走廊"和"海上丝绸之路"提出了相应的对抗策略。印度不仅提出"季节计划""香料之路"和"棉花路线"等地区合作计划，而且采取种种手段向斯里兰卡、孟加拉国等南亚和印度洋国家施压，逼迫它们放弃与中国的合作。印度甚至采取一切手段干预这些国家的内政和选举。针对"中巴经济走廊"，印度的反对措施不断升级，印度媒体发表的关于"中巴经济走廊"的报道几乎全是负面的。印度对巴基斯坦的干预力度不断加大，印度总理莫迪公开宣称，要干预吉尔吉特、俾路支等地的事务。印度情报部门调查分析局成立了针对"中巴经济走廊"的强力行动组。

更加重要的是，印度将"东向"政策升级为"东向行动"政策，并与日本等国家的地区战略对接。印度深化与亚太地区的政治、经济与安全联系，可以直接影响中国的对外政策，以服务于印度的核心利益。比如，与中国竞争，扩大印度对东南亚地区的影响力；影响中国在印度洋地区的行为等。[1] 印度强力介入南海问题，高调宣称，与越南合作在南海开采石油是对中国在巴控克什米尔进行建设的行动报复。为了对抗瓜达尔港，印度在伊朗建设恰巴哈尔港。2017年10月底，印度向阿富汗提供的110万吨小麦运到了伊朗恰巴哈尔港，并通过公路运输，把小麦运送到阿富汗首都喀布尔。[2]

2015年3月，印度总理莫迪提出"地区同安共荣"（SAGAR）理念，包括五个方面的内容：第一，印度会尽其所能保护本土的安全，捍卫国家利益。同样，印度也会努力确保印度洋的安全与稳定，为整个印度洋谋利。第二，印度会深化与海上邻国和印度洋岛国的经济与安全合作。印度会帮助这些国家构建和提升海洋安全能力。第三，构建印度洋地区集体行动机制。集体行动机制能深化印度洋各国对海洋挑战的理解和共同应对的能力。这些机制还有助于共同打击海盗、恐怖主义和其他犯罪。在自然灾难面前，印度同样会提供帮助，采取快速行动。第四，促进印度洋的可持续发展，焦点是"蓝色经济"（Blue Economy）。由于气候会影响每个沿海国家的生存和发展，因此应对气候变化也在这一领域。第五，印度洋各国在维护地区和平、稳定和繁荣方面负有主要责任。印度承认世界上其他国家在印度洋也存在利益。印度准备通过对话、访问、演习、能力构建等方式与这些国家进行接触。[3]

自"一带一路"倡议提出以来，印度与日本企图加大联合力度，共同应对"一带一路"。2017年5月，在印度古吉拉特甘地讷格尔举办的非洲发展银行第52届年会上，印、日两国正式提出"亚非增长走廊"（AAGC）概念，标志着日本"自由开放的印太战略""扩大高质量基础设施出口倡议"与印度的"东

---

[1] 吴兆礼：《印度：以'东向行动政策'应对'一带一路'》，2016年2月20日，国际先驱导报，http://www.rmlt.com.cn/2016/0217/417573_4.shtml 访问日期：2020年8月25日。

[2] 《恰巴哈尔港或将取代卡拉奇港成阿富汗主要出海港》，2017年11月13日，商务部网站，http:// www.mofcom.gov.cn/article/i/jyjl/j/201711/20171102664020.shtml，访问日期：2020年8月25日。

[3] 时宏远：《莫迪政府的印度洋政策》，载《国际问题研究》2018年第1期，第105—123页。

向行动"、开发非洲等战略已经实现战略对接,以抗衡中国提出的"一带一路"倡议。而且,日本特别希望美国和澳大利亚也加入其中。

三、拖延与替代

"孟中印缅经济走廊"建设实际上从 1999 年就开始讨论。李克强总理正式提出后,四国成立了工作组,并且举行了三次工作组会议。第三次工作组会议于 2017 年 4 月在加尔各答举行,但实际成果不大,在今后几年里很可能仍然只是一个构想。[①] 印度于 1997 年倡导成立了"环孟加拉湾多领域经济技术合作倡议"(BIMSTEC),其中三个核心国家是缅甸、印度和孟加拉国。2000 年 11 月,印度与缅甸、柬埔寨、老挝、泰国和越南等国成立了"湄公河—恒河合作计划"(MGCI),印度制定该计划的主要目的在于加强与大湄公河流域国家的关系,以便制衡中国。但这两个计划多年来开展的实质性合作并不多。2013 年,印度还提出"孟不印尼次区域合作倡议"(BBIN)。印度积极推动 BBIN 和 BIMSTEC 的合作,并且希望与美、日等国合作,推动所谓的"印太经济走廊"建设。印度还希望加快与孟加拉国、缅甸之间已经进行了很多年的互联互通建设。2017 年,印度主办了延期三年的 BCIM 第三次工作组会议,可能出于这样一种需要:推进"东向行动"政策,通过与孟加拉国的合作来加强与东南亚地区的互联互通。

第二节
印度对"一带一路"倡议的反应特点

第一,在对"一带一路"倡议的认知方面,印度对地缘政治的考虑优先于

[①] 刘宗义:《关于"孟中印缅经济走廊",印度在犹豫什么?》,载《中印对话》2017 年 7 月 12 日。

对地缘经济的考虑。

印度一直怀疑中国在"一带一路"倡议背后隐藏着地缘政治图谋，但印度政府确实希望利用中国的资金来推动本国基础设施建设和经济发展。印度战略界比较一致的看法是：中国提出的"一带一路"倡议，一半是出于经济原因，另一半是出于国家安全考量。"丝绸之路经济带"和"海上丝绸之路"存在不同的战略目的：前者着眼于基础设施建设，与欧亚、中亚以及西亚实现互联互通；而后者是因为中国想在国际上扮演更重要的角色。[①] 印度战略界担心，中国会借助"一带一路"建设来侵蚀印度的"后院"，担心中国会成为亚洲的主导力量。

实际上，在"一带一路"问题上，印度战略界与经济界之间存在分歧，印度经济界希望与中国合作。但无论是印度的战略界人士，还是经济界人士，有一点他们是一致的，那就是不希望"一带一路"由中国主导。因此印度鼓吹，"一带一路"应由一个中国的"单边倡议"变成"多边倡议"，应与印度平等协商。在此过程中，印度不会屈尊于"第二提琴手"的位置。印度不愿看到中国在亚洲发挥单一的领导作用，希望自身能够分享领导权。在2017年5月北京"一带一路"高峰论坛举办之前，印度一些人又提出，中国不应该把所有的互联互通项目都与"一带一路"挂钩。特别是孟中印缅经济走廊建设，于1999年由四国共同倡议的，不能放到"一带一路"框架里面。[②]

第二，印度的制衡军事战略意味突出。

"一带一路"是一个经济合作计划，中国将在沿线地区投入大量资金，印度在此方面无法与中国相比，因此印度希望利用"非对称手段"来制衡中国。在2014年习近平主席访问印度之前，印度提出了"季节计划"，后来又提出"棉花路线"和"香料之路"。2015年3月，莫迪总理访问印度洋几个岛国之后，"季节计划""棉花路线"和"香料之路"的重心从开始由经济文化合作转向军

[①] Rahul Mishra, "China's One Belt, One Road Initiative: An Indian Perspective", 2017.5.15, http://www.eastwestcenter.org/node/35444, 访问日期：2020年8月28日。

[②] 作者与印度前驻华大使康特（Ashok K. Kantha）等印方人士的会谈。

事国防合作。莫迪提出"地区同安共荣"的概念，似乎已经下定决心，要通过加强与印度洋国家的军事和安全合作来巩固印度在印度洋的主导地位。

印度"东向行动"政策的军事和战略意图更加明显，印度加强了安达曼群岛的军事部署，该群岛已成为"东向行动"政策的前进平台。"东向行动"政策在一定意义上是印度版的"重返亚太"。从战略需求上看，美、日、澳等国支持印度实施"东向行动"政策，以便使印度发挥更大的作用；一些东盟国家也接受了印度的"东向行动"政策，希望印度为地区经济与安全范式带来新的力量。[1] 印度也加强了与美国、日本、澳大利亚、越南等国的国防军事合作。马拉巴尔演习正式成为美、日、印三边海军演习。2017年5月，印、日两国提出了"亚非增长走廊"，其最终目标是着眼于战略层面的印度洋的安全和地区秩序，这一秩序是以军事和安全战略为基础的。[2]

第三，印度加强了与美、日等国的协调和战略对接能力。

在过去，印度一直对域外大国和多边组织支持本国经济发展抱有疑虑。但在目前，印度缺乏资金支持，需要外部资金的援助。日本安倍政府提出"重振日本"的口号，处处对抗中国，在中国周边地区加强战略渗透，奉行"中国去哪里，日本就去哪里""中国海外'搭桥'，日本前去'拆台'"的政策。[3] 日本承诺，要加强印度东北部地区的基础设施建设和开发，支持印度与东南亚国家的互联互通项目。2016年，安倍政府提出"自由开放的印太"战略和"扩大高质量基础设施出口倡议"，并与印度的"东向行动"政策实现战略对接。2017年，"亚非增长走廊"的提出则意味着日、印两国正在朝着从非洲到东南亚的"印太战略"方向发展，以抗衡中国提出的"一带一路"倡议。

---

[1] 吴兆礼：《从"向东看"到"向东干"：印度亚太战略与中国"一带一路"倡议》，载《中国周边安全形势评估（2016）》，社会科学文献出版社2016年版，第86—104页。

[2] Jagannath Panda, "The Asia-Africa Growth Corridor: An India-Japan Arch in the Making?", Focus Asia: Perspective.Analysis, Institute for Security.Development Policy, 2017.11.5, https://isdp.eu/content/uploads/2017/08/2017-focus-asia-jagannath-panda.pdf，访问日期：2020年8月15日。

[3] 《安倍为自然资源访中亚，却盘算打造对抗中国联盟？》，2017年5月15日，人民网—环球时报，http://world..people.com.cn/n/2015/0415/c157278-26846872.html，访问日期：2020年8月15日。

印度政府主动配合美国奥巴马政府提出的"重返亚太"政策。在莫迪第一次访美时，印、美双方发表的联合声明中就声称，双方要加快基础设施建设和加快南亚经济走廊建设，以促进南亚、东南亚以及中亚经济一体化的发展。美方强调，通过"新丝绸之路"计划和"印太经济走廊"计划，美国将推进印度与其邻国以及更广阔地区的互联互通，以实现商品和能源自由流动。[1] 特朗普上任后，印度希望美国重启"新丝绸之路"及"印太经济走廊"计划。[2] 在对待斯里兰卡和马尔代夫等国的问题上，印度和美国也在协调行动。印度媒体宣称，印、美两国试图将斯里兰卡从"中国制造的债务陷阱"中拉出来，其中日本发挥了巨大作用。[3]

第四，印度对抗"一带一路"的手段综合发展，特别强调规则、国际法、价值观和国际秩序。

"亚非增长走廊"计划是要在经济、贸易和基础设施建设等方面与"一带一路"抗衡。印度和日本宣称，该计划是一个以人为中心的可持续增长战略。人与人之间的关系是这一计划的独特之处。[4] 如果印度与日本的设想得以实现，将来中国建设的基础设施很可能由日、印等国培养出来的人来管理。

2017年北京"一带一路"高峰论坛之后，印度媒体大肆攻击中国提出的"一带一路"倡议，称其侵犯他国领土主权、缺乏透明度、使沿线国家陷入债务危机等。[5] 因此，印度要以所谓的规则、国际法以及可持续发展来约束中

---

[1] The White House, "U.S.–India Joint Statement", 2014.9.30, https://obamawhitehouse.archives.gov/the-press-office/2014/09/30/us-india-joint-statement，访问日期：2020年8月15日。

[2] PTI, "To Counter China's OBOR, US Revives Two Infrastructure Projects in Asia", The Wire, 2017.5.25, https://thewire.in/139714/obor-china-us-india/，访问日期：2020年8月29日。

[3] Indrani Bagchi, "China, ISIS threats get India, US together in Sri Lanka and Maldives", 2017.11.7, https://timesofindia.indiatimes.com/india/china-role-in-indian-ocean-region-india-discusses-maldives-turmoil-with-us/articleshow/61514665.cms，访问日期：2020年8月29日。

[4] "Vision Document for the Asia Africa Growth Corridor: Partnership for Sustainable and Innovative Development", 2017.6.25, https://www.tralac.org/news/article/11750-vision-document-for-the-asia-africa-growth-corridor-partnership-for-sustainable-and-innovative-development.html，访问日期：2020年8月29日。

[5] Rezaul H. Laskar, "CPEC route through Kashmir could create tension with India: UN report", Hindustan Times,2017.5.25, http://www.hindustantimes.com/world-news/cpec-route-through-kashmir-could-create-tension-with-india-un-report/story-05fDgjtdFmATT6K13ZJffN.html，访问日期：2020年8月29日。

国，其最终目标是为了维护其南亚霸权。

第三节
边界问题对中印关系及"一带一路"的影响

2017年5月，印度拒绝参加"一带一路"高峰论坛，其外交部发言人发表了一则强硬的声明，指责中国损害其领土主权。[1]2017年6月，印度军队悍然越过中印边界锡金段，进入中国西藏自治区亚东县洞朗地区，与中国军队进行了长达两个多月的对峙。这表明印度对中国的态度发生了质的变化。印度莫迪政府似乎已经下定决心，要走一条与中国强力对抗的道路。

洞朗对峙事件是印度对中国地区政策不满情绪的一次集中性爆发，暴露了印度的战略野心以及印度对中国的真实态度。从长达两个多月的对峙以及对峙期间印方政府、军队、战略界的行动和言论来看，其目的不仅仅是印方声称的"要保障西里古里走廊的安全"，真正目的在于：企图一举打乱中国"一带一路"倡议在南亚和印度洋的布局，扭转中印战略态势，从而加强印度对南亚和印度洋地区小国的控制。[2]

首先，印度之所以敢于采取越界与中国进行军事对峙的方式来达到自己的战略目的，是因为其根深蒂固的全球大国野心、南亚霸主心态、势力范围观念与"零和"对抗思维。印度主流社会认为，莫迪将是继尼赫鲁和英迪

---

[1] PTI, "India skips China's Belt and Road Forum ceremony", 2017.5.15, https://timesofindia.indiatimes.com/india/india-skips-chinas-belt-and-road-forum-ceremony/articleshow/58665490.cms，访问日期：2020年8月29日。

[2] 刘宗义：《洞朗对峙与厦门金砖峰会，如何取舍？》，2017年8月25日，中评网，http://bj.crntt.com/crn-webapp/doc/docDetailCreate.jsp?coluid=137&kindid=7730&docid=104780116&mda te=0825002353，访问日期：2020年8月29日。

拉·甘地之后最成功的总理，① 印度将进入独立以来的"第三个强盛期"，对自身的发展前景非常乐观。印度希望成为多极世界和多极亚洲中的一极。印度不愿看到中国成为亚洲的主导力量，以地缘政治竞争思维来对抗中国的经济合作倡议。印度对中巴关系耿耿于怀，不断声称"中巴经济走廊"经过巴控克什米尔，侵犯了印度的领土主权，同时企图给巴方贴上支持恐怖主义的标签，其最终目的是要将"中巴经济走廊"搅黄。

其次，印方对中国政府和中国领导人捍卫领土主权的意志和决心存在误判。印度战略界认为，中国与其他国家发生武装冲突，将损害中国的和平发展战略以及中国的国际形象；武装冲突将影响中国在印度的投资和中印经济合作。印方还认为，中国正在进行军事改革，军队尚未形成战斗力，所以不敢对印度动武。

再次，印度与中国进行军事对峙，将会得到美、日等国的支持。印度企图利用地缘政治压力对中国进行战略要挟，逼迫中国接受印度的无理要求。

最后，莫迪政府习惯使用投机策略。莫迪政府的高层智囊人士认为，强硬姿态将迫使中国让步，企图通过制造舆论压力、赢得美国支持、触碰中国敏感领域等手段来制造麻烦。②

虽然洞朗对峙最终以和平方式解决，但此次对峙严重损害了中印关系的基础。由于印度政府几乎没有得到任何好处，因此将来两国之间的竞争可能会更加激烈，中印关系很难恢复到对峙之前的状态。中国有必要深入反思此次对峙的得失，重新定位印度在中国外交布局中的地位，认真研究中国应如何在南亚和印度洋稳妥推进"一带一路"建设。

在洞朗对峙之前，有三个方面的因素决定了印度在我国外交全局中的地位：第一，印度具有周边国家、大国、发展中国家和多边舞台合作伙伴这四

---

① Liu Zongyi, " New Delhi may disrupt BRICS Summit to blackmail Beijing", Global Times, 2017.8.15, http://www.globaltimes.cn/content/1061460.shtml, 访问日期：2020 年 8 月 29 日。

② ET Online, "Know about India's real-life James Bond who stared China down at Doklam", 2017.8.30, https://economictimes.indiatimes.com/news/defence/know-about-indias-real-life-james-bond-who-stared-china-down-at-doklam/articleshow/60290358.cms, 访问日期：2017 年 8 月 30 日。

重身份；第二，南亚和印度洋是"一带一路"建设的必经之地，印度被视为"一带一路"沿线四大关键国家之一；第三，中国没有将印度作为主要战略对手。

洞朗对峙后，中方确实需要重新定义印度在我国外交全局中的地位。南亚和印度洋在我国外交布局中的地位应该得到提升，印度战略界对中国的看法必须成为中国制定对印政策的重要依据。

首先，从印度方面看来，中印矛盾属于地区层面的结构性矛盾。印度认为，亚洲至少应该是中、印、日三国鼎立。印度要在全球和亚洲与中国平起平坐，不甘心充当"第二提琴手"。印度认为，"一带一路"倡议是中国追求单极亚洲和全球大国地位的重要布局。对于中国在南亚和印度洋的投资和建设，以及中国边境地区的建设，印度认为这是包围印度、挤压印度战略空间的进攻行为，所以要坚决反击，不让中国赢得战略优势。洞朗对峙就是这种心态的表现。

印度优先考虑的是"印太"计划，而在北部边疆的方针则是对抗，甚至采取"进攻型防御"。在印度洋，尼科巴—安得曼群岛军事化，印度与美、日、澳等国的战略协调与联动性增强。印度和美、日、澳等国制衡中国，对抗"一带一路"倡议采取的是"非对称性手段"，主要是以军事安全合作来对抗中国的经济合作，采用所谓的国际规则、国际标准来限制中国与"一带一路"沿线国家的合作。

其次，在经济上，印度不想把中国作为主要的经济合作伙伴，不想成为中国主导的价值链和生产链条上的一环。印度希望加强与日本和欧美国家的经济合作，希望吸引资金和技术，以便取代中国。印度只是希望利用中国充裕的资金，但对中国在印度的投资设置了诸多障碍。因此，与印度开展经济合作，中方必须做到"朋友要交，但心中要有数"。

最后，印度一贯的外交风格是注重现实利益，并且得寸进尺。即使中国领导人有全新的对印外交策略，给予印度更多的好处，对印度做出再多的让步，印度也不一定会投桃报李。另外，中印关系的恶化与印度统治集团有关。

莫迪及其领导的印度人民党很可能在下次大选后还会继续执政，如果他们不能改变对中国的态度，中印关系很难好转。

第四节
中国对印度和南亚政策的思考

第一，中国应认真思考自身对印度以及整个南亚地区的战略。虽然印度坚决反对"中巴经济走廊"的建设，对整个"一带一路"倡议基本持否定态度，但中方还应继续努力，与印方保持沟通，争取让印度参与到"一带一路"建设中来。但中国必须认识到，印度与"一带一路"倡议进行战略对接，参与"中巴经济走廊"建设并不现实，但中、巴两国应采取开放协商的态度，与印度进行双边和多边对话，比较稳妥做法是先开展务实对话与合作。

第二，中国的政策必须基于印度对中国的认知和印度的发展前景。中国不能因洞朗对峙就在"一带一路"问题上有任何退缩的表现，而应该积极进取。在印度莫迪政府不积极参与"一带一路"的情况下，中国应加大对巴基斯坦、孟加拉国、斯里兰卡和尼泊尔等其他南亚国家的投资和产业转移，支持这些国家的基础设施建设和经济发展。

同时，中国应积极引导西方企业加入"一带一路"建设，使其成为利益共同体的一部分。美国企业界人士认为，美国应积极、务实地参与"一带一路"倡议。[1] 日本经济界也对参与"一带一路"项目充满期待。[2] 欧洲一些国家对"一带一路"项目也有浓厚的兴趣。中国要努力扩大与西方企业合作的基础，

---

[1] Gal Luft, "Silk Road 2.0: US Strategy toward China's Belt and Road Initiative", Atlantic Council Strategy Paper No. 11, 2017.8.25, http://www.atlanticcouncil.org/images/AC_StrategyPapers_No11_FINAL_web3.pdf, 访问日期：2020 年 8 月 29 日。

[2] 《日经济访华团期待扩大商机》，载《参考消息》2017 年 11 月 22 日，第 16 版。

针对西方企业加强宣讲，同时探讨在保障我国利益的前提下与西方企业的合作方式。

第三，要加强对印度的民间外交和公共外交，创新外交的方式和方法。近年来，民间外交在工作对象、工作方式和内容上都出现了一些新的趋势。印度社会在印度人民党执政之后加速"右倾"和保守，许多印度的对口友好组织都在不同程度上出现了人员老化、资金不足、组织萎缩等问题，难以开展实质性的交流。然而，由于全球化的深入发展，一些非政府组织和专业化机构越来越活跃，成为民间外交的新生力量。许多行业协会、专业研究机构和文化基金会等在中印交流中发挥着越来越重要的作用。同时，以双边和多边大型活动为平台的中印民间交往也成为一个新的发展方向。比如，随着金砖国家合作的发展，金砖国家间的民间交流成为金砖国家合作的重要内容。在这些方面，"友协"等从事民间外交事务的机构必须紧跟形势发展，提前谋划，主动配合。

第四，要学习西方发达国家的长处，使私有企业与非政府组织能够有机融入。在对外经济合作中，印度私有企业发挥着重要作用。中国企业没有做好"走出去"的准备，国内外政治、金融、法律环境的差异，使很多"走出去"的企业最终失败。中国对外投资的民营企业数量很多，但力量较小而且分散。提高企业素质不仅需要政府的帮助，也需要国内民间商会、行会等社会组织的支持，需要与当地的非政府组织建立联系。另一方面，中国对外合作"政出多门"，有商务部、外交部、财政部、农业部等，还有进出口银行、中非基金、丝路基金等，致使力量分散，对外援助资金不能集中使用。因此，中国有必要借鉴西方发达国家的经验，成立一个统一协调对外合作关系的部门，以整合资源，优化中国国际发展合作格局。

第五，要加强对"一带一路"沿线国家在教育、培训等方面的投入，输出中国的发展模式与价值观。印度在对外援助中比较强调价值观念、历史文化传统、人文联系等方面的作用。教育、培训等能力建设项目所传授的不仅仅是技能和知识，还有发展理念、模式与价值观。通过经济纽带开展的国际合作，可以与合作对象结成利益共同体，但通过价值观念、人文传统等纽带可以结成价值观共同体。利益共同体会随着共同利益的消失而解体，而价值观共同体则会长久存在。中国需要加强与"一带一路"沿线国家在治国理政方面的经验交流，以培育平等互信、包容互鉴、合作共赢的"人类命运共同体"意识。

第八章

"印太战略"对"一带一路"建设的影响

从"一带一路"所覆盖的地理范围来看,"丝绸之路经济带"的重点方向是:从中国经中亚、俄罗斯至欧洲(波罗的海);从中国经中亚、西亚至波斯湾、地中海;从中国至东南亚、南亚和印度洋。"21世纪海上丝绸之路"的重点方向是:从中国沿海港口经南海到印度洋,延伸至欧洲;从中国沿海港口经南海到南太平洋。"一带一路"主要集中在欧亚大陆以及太平洋和印度洋。"21世纪海上丝绸之路"主要集中在太平洋和印度洋沿线,也就是美、日、印、澳等国的"印太"地区。2017年,特朗普上任后,经过一年多时间的酝酿,于2018年6月正式提出"印太战略"。美、日、澳、印等国认为,"一带一路"倡议和"自由开放的印太"是竞争关系。特朗普政府的"印太战略"是遏制中国崛起、应对"一带一路"的主要策略。

第一节
"印太"概念及其主要提倡者的意图

20 世纪 30 年代，德国学者卡尔·豪斯霍夫（Karl Ernest Haushofer）首次提出了"印太地区/空间"（Indo-Pacific regional/ space) 的概念。自 2007 年起，澳大利亚、日本、印度、美国等国官员在讲话中，甚至在某些国家的官方文件中，也开始使用"印太"一词。"印太"的提法最早引起中国学者的关注应该是美国前国务卿希拉里·克林顿于 2010 年 10 月在火奴鲁鲁发表的关于美国亚洲政策的讲话。但到 2018 年 6 月底，只有日、美两国官方明确使用"印太战略"。[①]

2007 年 8 月，日本首相安倍访问印度，发表了题为《两洋交汇》的演讲，声称"太平洋和印度洋是自由和繁荣之海，一个打破地理疆界的'扩大的亚洲'开始形成"。安倍还提出了旨在针对中国的美、日、印、澳四国倡议。2012 年，第二次当选为日本首相的安倍在中、日两国围绕钓鱼岛问题又一次发生争执的时候，抛出了建立由日本、澳大利亚、印度、美国组成的"亚太民主菱形"来保卫从印度洋到西太平洋的海上公域的想法。2013 年 2 月 22 日，安倍在美国战略与国际问题研究中心发表题为《日本回来了》的演讲中宣称，日本面临的三大任务之一就是，当亚太或"印太"地区越来越繁荣的时候，日本必须继续充当一个领先规则（贸易、投资、知识产权、劳动力、环境等规则）推动者。2016 年 8 月，安倍在肯尼亚出席第 6 次非洲开发会议时首次提出了"印太"战略构想。同年 11 月，印度总理莫迪在访日期间，也曾试图让印度参与其中。2017 年下半年，安倍访问了印度和英国，均提及日本应与印度、英国共同建立"自由开放的印度洋和太平洋"。安倍提出的"印太"战略构想是，在从太平洋到波斯湾的广大地区推进基于民主主义、法治和市场经济

[①] 陈方明：《特朗普政府"印太战略"初析》，载《亚太安全与海洋研究》2018 年 04 期，第 32—45 页。

的经济开发和安全合作。①

澳大利亚在"印太"这个概念的形成中发挥了独特的作用,是"印太"概念积极的阐释者和倡导者。澳大利亚在2012年10月发表了《亚洲世纪中的澳大利亚(外交政策)白皮书》,在2013年1月发表了《澳大利亚国家安全战略》,在2013年5月发表了《2013年国防白皮书》,在2017年11月发表了《2017年外交政策白皮书》等文件,多次提到"印太"这一概念。②从澳大利亚的立场来说,"印太"应该广义地理解为"一个以东南亚为中心的海洋超级区域"。它是一个战略系统,其中汇集了那些关键强国的利益。澳大利亚想借"印太"概念发挥"中等强国"的作用,希望与美国、印度等国发展安全关系,以应对所谓的"中国崛起的不确定性",希望自己在与中国、印度的经济联系中获益。另外,澳大利亚希望充分利用自身的特殊地位,充当大国之间对话的桥梁。③

对于"印太"这个概念,印度有些人表示非常欢迎,因为这个词不仅凸显了印度的重要地位,也符合印度国内一些想借美国之手来遏制中国的政客的胃口。但同时,印度国内也有相当多的人认为,印度素有"不结盟外交"的传统,应该在诸如东亚峰会、东盟这样开放的多边框架下跟多个国家开展合作,依照国际法确立自由航行和海洋争端的解决规则,最终实现自己的战略目标。印度并不希望自己绑在美国的战车上。2012年12月,印度总理辛格在印度—东盟峰会讲话中呼吁,要建立"一个稳定、安全、繁荣的印太地区"。④印度政府文件中尽管出现了"印太"这个词,但主要主张是在"印太"地区建立"多元、开放、包容"的安全架构,而不是建立在多边机制或联盟基础上的组织严密的架构。在莫迪上任之前,印度主张"印太"新架构应在保证其"战略自主"

---

① 陈方明:《特朗普政府"印太战略"初析》,载《亚太安全与海洋研究》2018年04期,第32—45页。

② 陈方明:《特朗普政府"印太战略"初析》,载《亚太安全与海洋研究》2018年04期,第32—45页。

③ 刘宗义:《冲突还是合作?——"印太"地区的地缘政治和地缘经济选择》,载《印度洋经济体研究》2014年第4期,第4—20页。

④ 赵青海:《"印太"概念及其对中国的含义》,2014年1月28日,中国社会科学网,http://www.cssn.cn/zzx/gjzzx_zzx/201401/t20140128_955955_4.shtml,访问日期:2020年8月28日。

的前提下关注实现地区稳定,建立议题导向的地区治理机制与主要贸易和投资渠道,以便促进国内经济结构的调整。[①]

美国最早使用"印太"概念的人是美国前国务卿希拉里·克林顿。她认为,"鉴于'印太'盆地对全球贸易和商业的重要性",美国将按照"政治上可持续、操作灵活以及地域分散"这三项原则重新调整"印太"地区的军事部署,加强与澳大利亚、新加坡、菲律宾、泰国及印度的海上军事合作。2011年10月,希拉里在《美国的太平洋世纪》一文中再一次提到"印太"地区对美国的战略重要性。她指出,从印度次大陆到美国西海岸的横跨太平洋和印度洋的广阔地区,正在被航运和战略紧密地联系在一起。这一区域是全球经济的关键引擎,也是美国的关键盟国和重要新兴大国的聚集地。为维护该地区的和平与稳定,确保美国在该区域的战略利益,美国将调整在印度洋和太平洋的军事部署,将这两洋区域整合成一个"统一的可操作系统",进一步发展与澳大利亚的军事同盟关系,将其由"太平洋伙伴关系"提升为"印太伙伴关系"。从希拉里的观点可以看出,"印太"成为美国推行"亚太再平衡"战略的舞台,美国更加强调"印太"作为一个统一的军事战略区域的重要性,更加注重该区域内的美国军事联盟建设和军事部署。

2012年8月,美国奥巴马政府借澳大利亚国防部长史密斯之口,提出了"印太亚洲"的概念。认为"印太"地区的安全与稳定取决于华盛顿与北京、华盛顿与新德里以及新德里与北京的关系。[②] 美国之所以提出"印太"这一概念,从主观因素方面来讲,主要是为实现其"重返亚洲"战略,拉拢印度,建立一个包括日本、澳大利亚和印度在内的大联盟来更有效制衡中国。2015年1月,美、印两国共同发表了《美印亚太和印度洋地区联合战略愿景》,表明印度接受了美国对其在"亚太再平衡"政策中的角色定位。2016年6月,莫迪访美,

---

[①] 刘宗义:《冲突还是合作?——"印太"地区的地缘政治和地缘经济选择》,载《印度洋经济体研究》2014年第4期,第4—20页。

[②]《澳防长谈美中澳三国关系,首提"印太"概念》,2012年8月10日,环球网,http://world.huanqiu.com/exclusive/2012-08/3011681.html,访问日期:2020年8月29日。

与奥巴马明确了美印关系的新定位,印度成为美国的"主要防务伙伴",两国将彼此视为"亚太和印度洋地区的首要伙伴"。

2013年5月,印度尼西亚外长马蒂·纳塔莱瓦加在美国演讲时建议,地区国家要努力达成"印太"友好与合作条约。此后,印度尼西亚官方对"印太"概念很少表态。[1]

"印太"作为地缘概念的出现,是美国、日本、印度等大国对中国迅速崛起的回应。这也反映了"印太"地区已成为世界经济发展和地缘战略竞争的焦点。"印太"作为一个地缘战略概念,具有强烈的地缘政治意义。19世纪末至20世纪初,英、法、德、俄等国分别借助铁路技术和航海技术完成大陆和海洋的整合,人类历史迎来了陆地与海洋争夺全球领导权、建立"世界帝国"的对决时代。[2]1904年,英国地理学家麦金德(Halford John Mackinder)在皇家地理学会宣读了题为《历史的地理枢纽》的论文,首次提出了"枢纽国家"(pivot state)和"枢纽地带"(Pivot Area)的概念。他认为,欧亚大陆中心的那片由内陆和冰洋水系覆盖的地区是世界政治的"枢纽地带",指出"所有国家都围绕着枢纽国家转"。[3]后来,"枢纽地带"的范围不再局限于"欧亚大陆中心那片由内陆和冰洋水系覆盖的地区",而是随着时代变迁、大国争夺的内容及大国竞争格局的变化而变化。[4]进入21世纪,随着中国、印度等新兴经济体的崛起,美国学者罗伯特·卡普兰(Robert D. Kaplan)认为,印度洋地区是"21世纪的地理枢纽"。[5]俄罗斯一些学者则认为,21世纪欧亚的"心脏地带"

---

[1] 陈方明:《特朗普政府"印太战略"初析》,载《亚太安全与海洋研究》2018年04期,第32—45页。

[2] 强世功:《陆地与海洋——"空间革命"与世界历史的"麦金德时代"》,载《开放时代》2018年第6期,第103—126页。

[3] H. J. Mackinder, "The Geographical Pivot of History", The Geographical Journal 23, no. 4 (1904): 436-437.

[4] 有学者认为,麦金德本人就从未找到这样的"枢纽区"。参见林利民:《世界地缘政治新变局与中国的战略选择》,载《现代国际关系》2010年第4期,第6页。

[5] Robert D. Kaplan, Monsoon: The Indian Ocean and the Future of American Power, New York: Random House, 2010.

位于迈金德所说的"内新月地带",首指中国和印度。中印崛起是国际关系体系结束"西方阶段"的最重要表现。目前,两国正处于经济和文化上升期,是欧亚乃至全世界经济增长的强大驱动器。[1] 近几年,还有一些外国学者和政府官员认为,"历史的地理枢纽"已经转移到亚太地区,[2] 这是美国政府相继提出"转向亚洲""亚太再平衡"和"印太战略"的理论依据之一。

第二节
美、日、澳及东盟对"一带一路"的看法及对策

在所谓的"印太"地区,主要有中国、美国、日本、印度、东盟十国等。印度是所谓的"印太"地区的主要国家之一。美国和印度战略界认为,"印太"中的"印"就是指印度,"印太"突显了印度的全球战略地位。

一、美国

在"一带一路"倡议提出的最初几年里,美国并没有特别重视。奥巴马政府时期,美国推行"亚太再平衡"战略和"印太"地缘战略设想,奥巴马政府加强了对东南亚事务的介入,并发起湄公河下游计划,在政治上拉拢菲、越、缅、印等国,制造南海紧张形势和中印竞争态势,挑拨东南亚国家、印度与中国的关系,表明其捍卫该地区领导权的决心;在经济上,美国提出"印太经济走廊",推动印度和东南亚地区的连接,促进贸易发展和能源交易;在社会和文化方面,美国非政府组织以环保、人权等为借口阻挠中国与沿线国家的

---

[1]《中印是21世纪欧亚的"心脏地带"》,载《参考消息》2019年2月20日,第14版。
[2] Monika Chansoria and Paul Benjamin Richardson, "Placing China in America's Strategic 'Pivot' to the AsiaPacific: The Centrality of Halford Mackinder's Theory", CLAWS Journal.Summer 2012.

合作，实际上是对"一带一路"形成对冲。

从2018年初开始，美国政策精英对"一带一路"进行了评估。他们认为，"一带一路"具有地缘经济和地缘政治的双重意义，"一带一路"的政治和经济影响很难分离，甚至可能产生冲突。第一，"一带一路"倡议为中国经济利益服务，会加强中国与"一带一路"沿线国家的联系，使中国获得政治红利。第二，从全球的角度来看，"一带一路"使中国成为新型全球化运动的领导者。"一带一路"可能会导致"欧亚超级大陆"的形成，而其中可能不会有美国的位置。

美国政策精英认为，"一带一路"倡议还没有达到令人担忧的程度。第一，尽管中国是许多"一带一路"项目资金的最大来源国，但它并不是唯一的重要参与者。纵观欧亚大陆，在东欧和中欧的"一带一路"项目中仍以欧洲投资为主。亚洲开发银行和其他多边金融机构在中亚也有大量投资项目。日本在许多东南亚国家的投资超过了中国，日本和中国在这一地区不存在"零和"竞争。第二，"一带一路"倡议面临诸多困难，失败的可能性很大。美国认识到，"一带一路"倡议的推进受到地缘政治因素的强烈制约。日本、印度和欧洲国家对"一带一路"倡议有不同程度的疑虑和抵制措施。而"一带一路"沿线国家的政治因素将制约"一带一路"项目的实施。许多大型基础设施项目很少能够按时、按预算交付，很难取得承诺的结果。当"一带一路"项目令人失望时，中国的声誉将因此受损。此外，美国政策精英认为，中国的国内政策（如加强边境地区安全控制的政策、中国的资本管制政策和舆论审查制度等）也将制约"一带一路"的实施。然而，美国人并不希望"一带一路"倡议完全失败，因为中国为发展中国家提供了巨大的资金援助，这对全球经济有重要影响，美国企业可以从中获利。因此，美国一些政治精英主张，要让"一带一路"成为中国的负担，从而拖垮中国。

"一带一路"真正让美国政策精英担心的是欧亚超级大陆的形成和中国开启的"新型全球化运动"。这两种前景将动摇美国在地缘政治和全球经济中的霸主地位。如果"一带一路"倡议按照中国的思路取得成功，全球贸易和金融体系将会体现中国的利益：大宗商品供应链将会发生改变，人民币将会得到广泛使用，中国的技术标准将会被广泛接受。所有这些变化都将使美国失去在全球经济中心的地位，而中国将会成为全球经济的中心。

为了防止这种情况的出现，美国政策精英建议，美国政府应采取多管齐下的做法：首先，美国不需要一个反对"一带一路"倡议的战略，而要一个全面的"制衡战略"来应对"一带一路"带来的挑战。特朗普政府的"印太战略"是遏制中国崛起、应对"一带一路"的主要设计。其次，美国应与日本、印度、澳大利亚等国共同制定"一带一路"基础设施建设的投资标准和原则，利用美国在国际金融机构和其他多边机构中的影响力来捍卫西方世界的游戏规则。

二、日本

"一带一路"倡议刚提出来的时候，日本各界的关注度并不高，而更关注亚投行，因为亚投行对日本主导下的亚洲开发银行会造成直接冲击。起初，日本各界充斥着对亚投行的冷嘲热讽，认为亚投行根本不可能搞起来。但英国等一批西方国家宣布加入后，日本感到十分震惊。这一事件对日本各界冲击十分巨大。2015年，日本在与中国竞标印度尼西亚雅加达至万隆的高铁项目（简称"雅万高铁"）中遭遇失败。日本的自信心受到极大打击，这一事件促使日本不得不正视中国，认真思考如何在亚洲处理好与中国的"竞合关系"。出于长期的对华对抗性思维惯性，日本担忧中国通过"一带一路"倡议来构建中国主导的地缘政治经济圈，冲击日本在亚洲的既得利益。日本对华政策有明显的"两面性"：一方面，在战略和安全上对华制衡；另一方面，在经济和社会等领域加强对华合作。这种两面性将长期存在。事实上，日本为参与"一带一路"合作设置了前提，即"必须使太平洋到印度洋成为自由开放的地区"。安倍甚至已经决定将"自由开放的印度太平洋战略"与"一带一路"对接，谋求以平等姿态与中国合作，而不是"加入"中国的倡议。

三、澳大利亚

澳大利亚既是美国在亚太地区最重要的盟友之一，也是"21世纪海上丝绸之路"南线地区的重要区域大国。澳大利亚政府在对待"一带一路"倡议方面一直犹疑不决。澳大利亚国内对"一带一路"倡议存在较大分歧：一方面，这能为澳大利亚带来新的经济利益，不能错失商机；另一方面，他们认为这是中国在亚太地区的重大战略布局，是对美国在"亚太"区域主导权的挑战，如果澳大利亚积极响应，将进一步挤压美国的战略空间。作为长期依靠美国提供安全保障的澳大利亚，应该审视加入"一带一路"倡议的战略后果。确保美国与澳大利亚安全同盟的稳定性，始终是澳大利亚考虑国家安全利益的第一要素。因此，美国的态度一直是澳大利亚外交政策制定过程中的重要考量因素。[1]

四、东盟

对于"一带一路"，东盟各国一开始的态度有所不同。柬埔寨、老挝态度坚定，积极响应。马来西亚、印度尼西亚、文莱、新加坡等国充满期待，但谨慎配合：印度尼西亚担心"一带一路"可能成为中国向其他国家强行输出产能的工具。马来西亚担心"一带一路"会使得东盟国家成为新版的"香蕉共和国"。新加坡担心"一带一路"会破坏东南亚地区的均衡态势，导致东盟丧失"中心地位"。泰国、缅甸对"一带一路"积极回应，但在实际行动中有较大的不确定性。昂山素季与其领导的全国民主联盟对"一带一路"倡议采取了务实态度，在中国提出建设"中缅经济走廊"之后，缅甸政府的态度更加积极。菲律宾政府在杜特尔特上任后对"一带一路"倡议的态度也有根本性的转变，支持中方提出的"一带一路"倡议和互联互通设想。在越南，在"一带一路"倡

---

[1] 沈予加：《澳大利亚对"一带一路"倡议的态度及原因探析》，载《太平洋学报》2018年第8期，第87—98页。

议刚刚提出时,越南政要的意见存在分歧,并且态度非常谨慎。2017年5月"一带一路"国际合作高峰论坛上,越南政界对"一带一路"倡议的态度逐渐明朗,但越南政要在表达支持态度的同时,特别强调"一带一路"一定要符合其"两廊一圈"的发展战略,字里行间也体现出谨慎的态度。不管东盟各国对"一带一路"倡议的态度如何变化,"一带一路"倡议客观上是东盟国家实现发展的重要途径,是东盟国家维护其"地区中心"地位的必然选择。①

第三节 美国特朗普政府的"印太战略"

面对中国的崛起,美国试图重新整合地区秩序,联合地区盟友和伙伴国家实施统一战略。奥巴马政府就已经使用了"印太"这一概念。奥巴马政府的"亚太再平衡"政策实质上是一个"印太战略",它包括三大支柱:军事与安全、经济与贸易以及价值观外交。日本、澳大利亚和印度等一些地区国家希望美国能够在制衡中国方面发挥主导作用。

特朗普上任后发表的白宫声明中首次出现了"印太"字眼,2017年8月,在特朗普和莫迪的通话中,双方提到"强化'印太'地区的和平与稳定"。2017年10月18日,美国国务卿蒂勒森在演讲中舍弃传统的"亚太",改用"印太",指代美国从西太平洋到印度洋的广阔的地缘政治区域。2017年12月18日,特朗普政府发布的《美国国家安全战略报告》中明确提到了"印太",这反映了当前"印太"地区已成为世界经济发展和地缘战略竞争的重心,但报告并未阐释"印太战略"。

2018年6月初,美国国防部长马蒂斯在参加香格里拉对话时,首次全面

---

① 贺先青:《对于"一带一路",东盟做出了一个正确选择》,2019年4月24日,中国网,http://www.china.com.cn/opinion/think/2019-04/24/content_74716969.htm,访问日期:2020年8月29日。

公开阐述了美国的"印太战略"。美国的"印太战略"包括四个方面：加大海上力量建设；强化与盟友和伙伴国（包括域外的英国、法国和加拿大等）的军事协作；加强与盟友和伙伴国在规则、秩序、法治与透明度方面的合作；提倡市场引领的经济发展。"印太战略"包括的地区有东北亚、东南亚、大洋洲、南太岛国、南亚等。马蒂斯将这一战略概括为：深化美国与盟友和伙伴国的关系，支持东盟的中心地位，欢迎在任何情况下与中国的合作。马蒂斯非常强调共享价值观的重要性。他指出，美国支持的国际秩序原则包括：国家主权与独立，航行自由，和平解决争端，自由、公平与互惠的贸易与投资，有助于地区和平与繁荣的规则和规范。马蒂斯在讲话中强调，这一地区有许多"带"和"路"，因此他的讲话针对"一带一路"的意图显而易见。美国前国务卿蒂勒森曾明确表示，美国的"印太战略"就是针对"一带一路"的。2019年1月，美国国防部发表的《印太战略报告》对"印太战略"进行了详细阐释。[①] 日本、澳大利亚、印度等国对"印太战略"构想的出发点与美国类似，即不希望看到中国成为地区秩序的主导力量。

到目前为止，美国及其盟友和伙伴国为实现其"印太战略"采取了很多政策措施，主要集中在军事领域：第一，美国国防战略重心东移。2018年5月，美军"太平洋司令部"改名为"印度洋—太平洋司令部"。美军加强了在东亚和太平洋地区的军事力量，美国潜艇、战略轰炸机、航空母舰在西太平洋地区出现的频次显著增加，南海巡航频次增加。关岛作为战略枢纽的地位将进一步加强。美国在增加本地区的核力量与导弹防御能力的同时，积极加强与盟国和伙伴国的军事国防合作。第二，美国积极加强与盟友和伙伴国的双边或多边军事防务合作。比如，美国加强了与日本、澳大利亚和印度的安全对话组建"四国联盟"。这是一个排他性的军事联盟机制，是美国"印太战略"的核心。

特朗普政府的"印太战略"强化了印度在军事战略方面的重要性。蒂勒森

---

① The Department of Defense, "Indo-Pacific Strategy Report: Preparedness, Partnerships, and Promoting Networked Region", June 1, 2019.

强调了美印"下一个世纪"的战略伙伴关系，这样就把美印军事关系提升了到战略高度。这表明，美国相对衰落，印度的地位有所提高，美国对印度寄予厚望。因此，美国更加关注印度，并且试图将其拉入由日本和澳大利亚参与的多边联盟。①

在美国的支持和鼓动下，美、日、澳、印四国之间互动频繁，双边或多边军事合作逐步深化。2018年9月，美、印两国建立外长、防长"2+2"部长级会晤机制，并签署了《通信兼容与安全协议》。同年10月，日、印两国之间的"2+2"部长级会晤机制也随之建立起来。美国此前与日本和澳大利亚建立了"2+2"部长级对话机制，日本和澳大利亚也已经建立了"2+2"部长级对话机制。印、澳两国最高领导人也发表声明，要建立"2+2"对话机制。如果印度和澳大利亚也建立了这样一个战略和安全合作机制，那么完成"四国联盟"就不远了。②

在"印太战略"这个问题上，日本更加积极。日本近两年一直积极推动日、印、澳三边军事合作。日本强化了日印、日澳双边合作，撮合"日印＋澳""日澳＋印"三边合作。日、印、澳三国与美国不断深化军事合作，尤其是海上军事合作，海军联合演习规模扩大，协同程度不断提高。这将对美国的"印太战略"提供有力的军事和外交支持。2019年11月8日，日本媒体报道，日本和印度在安保和外交领域加强合作，签署《军需相互支援协定》，日本把印度升格为"准同盟国"。③

在经济方面，美国与日本、印度和澳大利亚讨论了在"印太"地区建立"替代性"贸易、航运计划和金融框架。日本和印度也在进行类似的合作。2018年，美国国会通过了《更好地利用投资引导发展法案》（BUILD Act），创建了美国国际发展金融公司，与日本、澳大利亚等国合作。这被认为是一项

---

① 《俄媒文章：中印是21世纪欧亚"心脏地带"》，载《参考消息》2019年2月20日，第14版。
② Liu Zongyi, "India playing wily game with US, Russia and China", Global Times, 2018.9.11, http://www.globaltimes.cn/content/1119140.shtml，访问日期：2020年8月25日。
③ 《日本拟将印度升格为"准同盟国"》，载《参考消息》2019年11月9日，第4版。

直接针对"一带一路"的国际发展投资法案。

2019年11月4日,在东盟峰会期间,美国海外私人投资公司宣布启动"蓝点网络"(Blue Dot Network)计划。"蓝点网络"根据"普遍接受的原则和标准,对提名的基础设施项目进行评估和认证,以促进印度太平洋地区和世界各地的基础设施发展"。美国政府声称,该计划是与澳大利亚、日本等国政府、企业和民间社会"根据共同标准"组成的联盟,将提供"全球公认的印章"。"蓝点网络"会对抗各国"陷入债务陷阱"的合作项目。[①]

日本和印度积极对冲中国在"印太"地区的经济活动。日本的"自由开放的印太战略""扩大高质量基础设施伙伴关系"与印度的"东向行动"政策和"南北国际运输走廊"已经实现对接。日、印两国在东南亚的互联互通和基础设施建设、恰巴哈尔港建设、非洲发展等领域开展合作,制定了从非洲到东南亚的"印太战略",对冲包括"中巴经济走廊"在内的"一带一路"倡议。

在价值观和国际规则方面,美国、日本、印度和澳大利亚利用全球传播领域的话语优势,不断诽谤中国在"一带一路"沿线国家的投资项目造成了所谓的债务陷阱、缺乏透明度、环境危机等问题。美国副总统彭斯在巴布亚新几内亚召开的亚太经合组织峰会上表示,中国的"一带一路"倡议使发展中国家背上它们负担不起的贷款。[②]

但在执行过程中,特朗普政府的"印太"政策与华盛顿政策精英阶层的"印太"政策可能会有很大不同。首先,特朗普政府特别重视地缘经济和贸易。特朗普政府希望"建立一种新的伙伴关系,在所有'印太'地区国家中寻求基于公正和互惠基础上的公平贸易关系",印度、日本与中国一样,都是特朗普政府寻求所谓"公平贸易"关系的对象。但美国政策精英的"印太"政策将侧重于军事战略和价值观外交,其核心是美、日、印、澳四国组成的"四

[①]《为抗衡"一带一路"倡议,美国启动"蓝点网络"计划》,2019年11月6日,观察者网,https:// www.guancha.cn/internation/2019_11_06_524140.shtml,访问日期:2020年9月25日。

[②] Dipanjan Roy Chaudhury, "India, Other Nations' Stand in OBOR Summit Prevents China from Full-proof Plan Rollout", The Economic Times, May 19, 2017。

国联盟",中国是一个"他者"。另外,为实现这一目标,美国不断加强与中国台湾的军事合作,甚至违背中美三个联合公报精神,将其作为一个独立国家对待。[①]其次,特朗普政府希望它的地区盟友有能力自己负担防务及防务开支,并且要求日、韩、印等国家购买更多的美国武器装备,做更多的军火生意,赚钱是其目标之一。美国不光希望能够遏制中国,而且希望通过遏制中国来赚钱,不做赔本生意。但是,美国政策精英可能会要求美国政府加大投入,不光要做"离岸平衡手",而且要投入真金白银,尤其是在军事和外交方面。

美国政策精英希望美国政府发挥领导和统合作用,推动形成统一的"印太战略"。美、日、澳、印在地区安全、经济金融、国际规则和价值观等方面的分歧越来越小。特朗普政府政策的不确定性会对美国"印太战略"的实施产生影响,这也是日、印两国在"印太"地区大力加强战略协调与合作的一个重要动因。

第四节
"印太战略"对"一带一路"的影响

第一,美国"印太战略"加剧了地缘政治对抗,对全球和地区安全稳定(特别是"一带一路"沿线国家的安全稳定)构成挑战。

与奥巴马政府的"亚太再平衡"政策相比,特朗普政府的"印太战略"更加注重军事和安全。美国支持的双边和多边军事合作为特朗普政府的"印太战略"提供了强有力的军事和外交支持,并通过不对称的方式来制衡"一带一路"的经济合作,不利于地区稳定。美、日、澳、印之间的安全对话是所谓的"主要民主国家之间的沟通机制",目前已升为外交部长级对话。除四国之外,

---

[①] The Department of Defense, "Indo-Pacific Strategy Report: Preparedness, Partnerships, and Promoting Networked Region", June 1, 2019.

还有美日澳、美日印、日印澳等三边军事合作,以及美日、日印、美澳、美印、日澳等双边军事合作。双边、三方或多边军事合作鼓励了一些国家的军事冒险行为。2017年,印度跨境挑起洞朗对峙就与此有关。对"一带一路"沿线的中小国家而言,它们不愿在中美之间选边站队,多数会采取平衡外交政策。在涉及"一带一路"建设问题上,很多国家也采取这种方法,严重影响了"一带一路"建设项目的顺利推进。

第二,美国的"印太战略"加剧了亚太地区和全球政治安全以及经济的二元化,阻碍了全球和区域经济合作。

与人们熟悉的"亚太"不同,"印太"主要是一个地缘战略设计。亚太地区日益成为全球经济和政治重心。但该地区国家在经济上依赖中国、政治和安全上依赖美国的二元格局特别明显。中国提出"一带一路"倡议后,在美国的鼓动下,日、印、澳等国担心中国会主导地区合作,要通过双边或多边合作方式来塑造"印太"地区国际秩序格局,协商地区政治经济及安保问题,试图"加强印太地区内外的基于规则的国际秩序",推动海洋安全和地区互联互通向它们期望的方向发展,企图在国际规则、标准方面继续对中国进行限制。这些国家的行为严重干扰了亚太地区和印度洋地区基础设施互联互通建设和经济发展。

第三,美、日、印、澳四国间的双边或三边合作从侧重战略安全向政治经济综合合作进行扩展,向地区国家提供"替代性"选择。

根据美国的"蓝点网络"计划,日印合作在日本主导下,朝着从非洲到东南亚的"印太战略"方向发展,其目标是"以人为中心,着重做人的工作"。如果中国建成了"一带一路"互联互通硬件基础设施,其管理者很可能都是由日本、印度以及美国等西方国家培养出来的。

在中美贸易战的背景下,美国遏制中国的姿态越来越明显。面对中美地缘政治竞争,巴基斯坦有些机构也在重新评估其战略地位及其可能在中美地缘竞争中获得的利益。美国表示,不反对中国进行基础设施投资,但质疑此类项目是否符合国际标准。美国认为,这种投资应该是透明的、可持续的,应该为项目所在国带来好处。巴基斯坦试图解除美国的担忧,甚至想邀请美国加入"中巴经济走廊"。

美国企图通过国际货币基金组织等渠道迫使巴基斯坦政府放慢"中巴经济走廊"的建设步伐,以此作为巴基斯坦获得财政支持的条件。巴基斯坦在2018—2019财年减少对"中巴经济走廊"项目的预算资金,与国际货币基金组织贷款计划密切相关。巴基斯坦至少要到2022年才能履行对"中巴经济走廊"的财政承诺,届时国际货币基金组织贷款计划将会结束。只要巴方遵守国际货币基金组织贷款计划的限制,巴基斯坦将无法向"中巴经济走廊"项目提供大规模的财政预算。

随着地缘政治形势的改变和"中巴经济走廊"建设的进展,外部势力(如印度等国的介入)已成为"中巴经济走廊"建设的现实挑战。在美、日、澳等国的"印太战略"中,印度是在南亚和印度洋对抗"一带一路"的"马前卒"。印度对"中巴经济走廊"一直持反对态度,认为包括"中巴经济走廊"在内的"一带一路"倡议均是中国出于地缘政治目的推进的战略项目。

在过去几年中,美、日、澳、印等国阻止"一带一路"建设的案例不胜枚举:美国、印度等国不断阻挠中国提议将"一带一路"写入联合国、金砖国家、上海合作组织等多边国际合作机制的法律文件中;在对斯里兰卡、马尔代夫等国参与"一带一路"项目的问题上,印度和美国也在协调行动。印度媒体宣称,印美试图将斯里兰卡从"中国制造的债务陷阱"中拉出来,其中日本发挥了巨大作用;美、日、印、澳等国利用在全球传播方面的优势,不断污蔑中国"一带一路"给沿线国家造成的债务负担。

对地区小国而言,"印太战略"实际上加剧了国内政治动荡,严重影响了经济和社会的发展。在2018年9月份举行的马尔代夫总统选举中,反对派领导人萨利赫战胜亚明,赢得大选。2018年11月17日,萨利赫在首都马累宣誓就职。印度总理莫迪作为唯一一位外国领导人出席了就职仪式,引起媒体关注。对印度来说,萨利赫当政是恢复严重受损的印马关系的一个契机,但印度媒体又禁不住宣扬印度"重新夺回对马尔代夫的影响力"。虽然西方和印度媒体普遍认为萨利赫是"亲印"领导人，奉行"印度优先"政策，但他在会见中国国家主席特使、文化和旅游部部长雒树刚时表示，赞赏中方长期以来对马尔代夫提供的支持和帮助，并表示新政府重视并致力于发展对华关系，坚定奉行"一个中国"政策，愿加强两国高层交往，进一步深化双方在"一带一路"框架下的务实合作。

然而，萨利赫总统话音未落，马尔代夫总统顾问纳希德就表示，马尔代夫新政府将退出与中国签定的自由贸易协定（FTA），并重新审查中国对马尔代夫的投资。纳希德曾是马尔代夫首任民选总统，曾因作秀召开"水下内阁会议"而为世人所知。纳希德执政期间采取的经济政策严重脱离了马尔代夫国情，导致民怨沸腾。2012年，纳希德在民众抗议和军警哗变的压力下辞职。从此之后，纳希德成为马尔代夫的反对派领袖，躲到斯里兰卡、印度等国，诋毁和攻击继任马尔代夫政府的经济发展政策。

作为马尔代夫的总统，萨利赫即使对某些国家怀有特别的情感，但他肯定需要考虑国家和政权的安全，以及民生与经济发展。在民生和经济发展方面，中国已经在马尔代夫进行了大量投资，对马尔代夫经济和社会的促进作用显而易见。因此，他并不想中断与中国的经济合作，甚至希望马尔代夫能得到更多的好处。同时，他可能还想利用印度对中马合作的戒备和嫉妒心理从印方获取更多的利益。因此，萨利赫在与莫迪见面时介绍了马尔代夫经济面临的危机，希望印度提供援助。莫迪表示，愿"以一切可能的方式"提供帮助。至于印度能否满足马尔代夫的需求，那要看印度的国力了。实际上，中国只是近几年才增加了对南亚的投资，而南亚国家的债务问题是历史长期累积的结果，西方国家及其控制的国际组织是南亚国家债务的主要来源。从萨利赫一贯的政治立场来看，马尔代夫新政府希望在中印之间（甚至希望在中、印、美、日等国之间）获取更大的利益。

自"一带一路"倡议提出以来，由于合作伙伴内部政权更迭而导致合作项目受阻甚至搁置，此前已有先例。随着美、日、澳、印等国"印太战略"的实施和中美贸易摩擦的加剧，在"一带一路"经过的地区，地缘政治竞争有加剧之势。在地缘竞争加剧的背景下,任何小国都不希望自己成为地缘政治斗争的牺牲品。它们保持中立或倒向强权,甚至趁机讹诈。"一带一路"是一项经济合作倡议,不是地缘政治工具,中国也不希望引发地缘政治竞争。在武汉非正式会晤中,中、印两国领导人达成协议,在南亚和印度洋推进"中印+"合作,实际上体现了中国对印度大国地位的尊重。中、印两国已经开始联合培训阿富汗的外交官,中国希望"中印+"合作能够推广到包括马尔代夫之内的所有南亚和印度洋国家。虽然美、印等国反对"一带一路",但"一带一路"倡议在发展中国家受到广泛欢迎却是一个不争的事实。美、日、澳、印等国提出所谓的"替代性"计划,要向"印太"地区投入巨额资金,以便帮助地区国家实现互联互通,中国对此持欢迎态度。中国不怕经济竞争,因为经济竞争胜过地缘政治竞争。如果该地区互联互通水平得到提升,地区国家实现经济繁荣,包括中国在内的所有国家都会是受益者。

第五节
印度的"印太愿景"与东盟的"印太展望"

当前,在所谓的"印太"地区,关于地区发展趋向大体有以下两种不同的主张:一种强调"印太"地区的地缘政治和地缘战略意义,主张建立从太平洋到印度洋的政治、军事和价值观联盟;另一种则主张区域内各国开展经济合作,将东北亚的产业链、价值链和金融网络向印度洋延伸,实现地区经济繁荣。第一种趋向,从地缘政治角度构建"印太亚洲",可能会导致军事和战略上的竞争或冲突,而第二种趋向强调地缘经济合作,则会产生更多的合作。由于中美地缘竞争的加剧,印度、印度尼西亚等东盟国家正式提出了自己的"印太愿景"或"印太展望",企图按照自己的理念引领地区乃至全球的政治经济走向,并在此过程中实现大国崛起。

一、印度的"印太愿景"

美国将印度看作全球领导力量和更重要的战略和防务伙伴,支持印度在印度洋安全问题上和更广阔的地区发挥领导作用,并加强日、澳、印三国合作,但印度对美国的"印太战略"存在不满之处:

首先,对美国关于"印太"的地理定义感到不满。《美国国家安全战略报告》中将"印太"定义为"从美国西海岸到印度西海岸"。印度认为"印太"应该是"从美国西海岸到非洲东海岸",美国关于"印太"地理范围的定义表明,美国只是希望印度在东南亚和西太平洋充当制衡力量,忽视了印度在波斯湾、阿拉伯海以及其他印度洋沿岸地区的利益。

其次,印度希望"印太战略"有经济合作机制作为支撑,以抗衡中国提出的"一带一路"倡议,但在经济合作方面,美国并没有多边合作计划。印度希望美、日等国为"印太战略"提供金融支撑,通过日本政府开发援助机制(ODA)、美国海外私人投资公司及进出口银行来撬动美、日等国的私人资本,以便抗衡中国提出的"一带一路"倡议。美国显然没有这个能力,美国自己还想吸引资本回流,以实现其"再工业化"。虽然美、日、澳、印四国也在积极酝酿为"印太战略"提供金融支持,但口头上承诺多,实际行动少。而且,美国政府强调双边公平、互利的经贸关系和扩大出口的做法对印度不利。

与曼莫汉·辛格政府相比,莫迪政府更喜欢"印太"这一表述,并且认为印、中两国是竞争对手。印方认为,当前世界秩序(尤其是亚洲国际秩序)正处于急剧变化之中,中国的对外政策导致亚洲地缘政治失衡,因此莫迪政府在其对外政策和周边布局中突出了"制衡中国"的一面。莫迪政府将"东向"政策升级为"东向行动"政策,积极介入南海事务,加强与日本、越南、菲律宾、新加坡等国的双边军事合作,加强与美国、日本、澳大利亚等国的三边或多边战略军事合作。特朗普上任之后,美国退出了"跨太平洋伙伴关系协议"(TPP),印度担心美国亚太政策的变化会削弱亚太联盟体系的作用,对印度的地区角色产生影响。然而,印度凭一己之力又难以保持亚洲力量的平衡,因此莫迪政府宣称，印度要成为维护"印太"地区权力平衡的领导力量，组建有利于势力均衡的联盟。拉贾·莫汉等一些印度知名战略家呼吁，要将日、澳、印三边外长对话机制升级为实质性合作机制，建立日、澳、印同盟，以便拉拢美国，制衡中国。

印方认为，强硬姿态将迫使中国让步，企图通过制造舆论压力、赢得美国支持、触碰中国敏感领域等方式来解决印方认为的关键问题，在边界、中国台湾、达赖等问题上不断挑衅中国，其顶点就是洞朗对峙。洞朗对峙使中、印两国濒临军事冲突的边缘，而美、日等国连支持印度的声明都没有。通过这一事件，印度高层对中、印两国实力对比的认识发生了根本变化。莫迪政府认识到，印度在过去几年的对华政策偏离了正常轨道。当然，莫迪政府之所以在这个时机改变其对华政策，也与国内政治选举、经济状况及特朗普的对外政策密切相关。2018年4月底，莫迪访华，与习近平主席举行非正式会晤，双边关系才得到改善。

2018年6月1日至3日，在新加坡举行的第17届香格里拉峰会（简称"香会"）上，莫迪发表了主旨演讲，系统阐述了印度对亚太地区局势、"印太战略"及中印关系的看法。与过去的对华强硬姿态相比，莫迪的身段已经放得相当低。莫迪更多地强调与中国的合作，将中国定位为"关键伙伴"，称赞两国在管控分歧和确保边境和平方面做出了巨大努力，认为只要中国和印度互信合作，互相体谅，亚洲和世界的未来将会更加光明。

同时，莫迪也对美国的贸易保护提出了批评，并且对"印太战略"提出了与印度以往政策不同的说法。在此次讲话中，莫迪似乎尽量避免提及美、日、澳、印的"四国联盟"。他将"印太"定义为一个地理概念，而非战略概念，并且认为所谓的"印太地区"没有排他性，"不是一个谋求主导地位的集团，也决不会针对任何国家"。莫迪的主旨演讲与美国国防部长马蒂斯在会场上对中国充满"火药味"的攻击形成了鲜明对比。

在香会之后，印度四处推销其"印太愿景"，希望东盟国家能够接受。莫迪在参加香会之前访问了印度尼西亚，与佐科总统签署了15项协议，试图提升两国战略关系。两国同意加强国防与海上合作,包括计划在印度尼西亚濒临马六甲海峡的地方建设战略军港 —— 沙璜港。也是在香会之前,印度海军访问越南,与越南海军举行了联合军演。虽然莫迪在香会上没有提及美、日、澳、印的"四国联盟",但这一机制仍将存在,并且举行了会议,商讨四国如何合作。"四国联盟"是"印太战略"的核心所在。印度也继续努力将"印太战略"由一个安全网络扩展为由安全和经济合作两根支柱支撑的战略,并大力加强与日、澳、英、法等国的合作。印度希望美、日等国为"印太战略"提供金融支撑,为本国吸引投资,以便对抗中国提出的"一带一路"倡议。在印度战略精英眼里,"区域全面经济伙伴关系"(RCEP)也应该是印度"印太愿景"的重要支柱。印度对美国能否贯彻执行这一战略没有信心,因此印度将大力加强与日、澳、英、法等国家的合作,在拉住美国的同时,借助"日印亚非增长走廊"等机制扩展其势力范围,通过所谓的国际法和国际规则来限制中国。

2019年4月,印度外交部专门设立了"印太司"(Indo-Pacific division),管理东盟、"四国联盟",以及环印度洋联盟(IORA)事务。这说明印度对实现其"印太愿景"格外重视。

2019年5月,印度大选之后,莫迪成功连任,印度外交政策发生了变化。印度单方面改变巴控克什米尔的法律地位的举动,不仅涉及巴基斯坦,而且威胁到中国的领土主权完整。随后发生的班公湖边境对峙事件凸显了中印矛盾。2019年9月,印度在关于"印太"问题上接连采取了两项行动:一是在联合国大会期间,美国、日本、印度和澳大利亚四国外长在纽约举行了会议。这是美、日、印、澳"四国联盟"首次进行的部长级别的会议。此次"四国联盟"对话级别得以提升的关键因素在于印度方面的政策进行了调整。2019年6月,在与蓬佩奥举行的联合记者会上,印度外长苏杰生表示,"'印太'是为了做成某些事情,不是为了反对某个国家。某些事情是指和平、安全、繁荣和规则"。这说明,在平衡中国方面,印美形成了"战略一致"。具体来讲,双方要在印度洋上联合起来,形成对中国的"战略优势"。尤其是印度,在陆上并没有对中国形成"战略优势",所以希望在海上有所作为。尽管美国政府做了不少令印度受辱或利益受损的事情，但印度不再把美国当成竞争对手。最重要的原因是，印度在与美国长期互动后，已经适应了美国在这一地区的战略存在。美国"尊重"印度在南亚和印度洋的"势力范围"，还在战略上抬高印度的地位，鼓励印度在亚太地区发挥积极作用。[1] 美、日、印、澳"四国联盟"升为部长级别的对话表明，印度希望在国际上与美、日、澳等国加强双边与多边战略合作，希望将"四国联盟"塑造成"印太"秩序的保障者。

2019年9月初，莫迪到俄罗斯远东地区参加东方经济论坛，向俄罗斯总统普京提出从符拉迪沃斯托克到金奈的航运计划，希望实现"印太"与"欧亚"的连接。印度观察家研究基金会主席萨米尔·萨兰认为，"一带一路"倡议和"自由开放的'印太'"是竞争关系。俄罗斯在经济上屈从于中国，也屈从于中国的政治愿景。他认为，莫斯科应该承认，只有当"印太"和欧亚大陆的权力结构真正实现"多极"时，俄罗斯才会受益。俄印关系可以发挥非常重要的作用。这两个国家可以促进"印太"地区和欧亚大陆之间实现进一步对接。[2]

印度的这些举动表明，印度版的"印太愿景"是其实现全球大国梦想的战略蓝图，与美国的"印太战略"稍有差别，内容包括其邻国和大周边政策、印度洋政策和"东向行动"政策，以及最近提出的对接欧亚、联俄制华的计划。但其核心目标与美国一致，就是对冲"一带一路"，制衡中国，防止出现"中国独大"的局面。2019年11月，印度退出"区域全面经济伙伴关系协定"，意味着在印度的"印太愿景"中，经济合作的分量大大降低，或者说，印度不想与中国开展更加深入的经济合作。种种迹象表明，"印太"地区很可能会出现军事集团对抗。

---

[1] 林民旺：《印度的"印太战略"正在升级？》，2019年10月19日，盘古智库，https://cj.sina.com.cn/articles/view/3860416827/e619493b01900mije，访问日期：2020年8月25日。

[2] Samir Saran, "Is Indo-Pacific. aViable Geostrategic Project?", 2019.7.24, http://valdaiclub.com/a/highlights/is-indo-pacific-a-viable-geostrategic-project/，访问日期：2020年8月25日。

二、东盟的"印太展望"

2019年6月22日,印度尼西亚提出的"印太展望"在曼谷举行的东盟峰会上获得通过。[①]

面对日趋激烈的大国博弈,东盟必须保持自身的团结和在地区事务中的"中心地位"。基于这一判断,印度尼西亚开始着手制订东盟版的"印太愿景"。在美国提出"印太"概念之后,虽然印度尼西亚、新加坡等国很快接受了"印太"概念,并将其纳入外交话语体系,但东盟对这一概念的具体内涵却有着与美、日、澳等国不同的认知。东盟认为,"印太"概念将亚太和印度洋视为紧密融合、彼此连接的地区,搭建了一个单独的地缘战略舞台,东南亚正处于这一地理概念的中心位置,因此,"印太"概念的广泛使用凸显了东盟的战略价值。但东盟也很清楚,中国对"印太"概念并不感兴趣,因为美国推动"印太战略"是为了平衡、限制中国。因此,东盟强调接受"印太"概念却没有遏制中国的意图,而是将环印度洋合作与已经成熟的亚太合作放在一起考虑。[②]

"东盟中心主义"是"印太展望"提出的重要动机,也是东盟最终要实现的目标。东盟主张建立一个基于东盟中心地位和开放、透明、包容与尊重的国际法原则的地区架构,但不希望建立新机制,主张沿用东亚峰会等已有的机制作为平台来推进合作,这是东盟在区域合作中继续发挥主导作用的制度保障。同时,"印太展望"强调"包容",有意通过"在利益竞争的战略环境中充当中间人",与协调中、美等国的地区方案形成对接,保持地区和平与开放,构建一个包容的地区经济秩序。"印太展望"强调了东盟开展广泛务实合作,为国际社会做出贡献的追求。"印太展望"详细列举了东盟为实现"印太"前景而开展合作的重点领域:首先,强调以和平、预防性方式来管理和解决海洋

[①] "ASEAN Outlook on the Indo-Pacific",2019.6.23,https://asean.org/asean-outlook-indo-pacific,访问日期:2020年8月25日。

[②] 《东盟的"印太展望"都说了啥?》,2019年6月25日,中国报道杂志社—中国东盟报道,https://baijiahao.baidu.com/s?id=1637317919570201248&wfr=spider&for=pc,访问日期:2020年8月25日。

争端,促进海上安全和航行自由,加强海上非传统安全领域的合作,同时重视海洋经济的可持续性发展和海洋环境治理。其次,加强联通建设,通过投资基础设施项目,加强物质、制度、民间文化之间的联系,建设"无缝的、全面连接的、一体化的区域"。最后,根据联合国2030年可持续发展目标,加强在数字经济、贸易、中小型企业等领域的广泛合作。

东盟的"印太展望",其重点合作领域与美、日、澳、印等国的"印太战略"不同,不强调政治和安全,而强调经济和社会发展。在这方面,"印太展望"与中国提出的"一带一路"倡议有很多相似之处。

第六节
中国应对"印太战略"的基本策略思路

"一带一路"倡议提出以来的实践表明,美、日、印、澳等国在经济上已经无法对"一带一路"构成严重威胁,但在地区安全形势和"一带一路"沿线国家的政治稳定方面,以及在所谓的国际规则、国际标准和国际舆论方面,"印太战略"已经对"一带一路"产生了比较严重的负面影响。对中国和"一带一路"沿线广大发展中国家而言,这是一个严峻的挑战。

第一,中国不能陷入"印太战略"的地缘政治对抗的窠臼,必须走和平发展道路。麦金德和斯皮克曼的地缘政治理论实际上向我们表明,任何地区强国的崛起,必须以和平的方式来进行。[①] 美国特朗普政府为遏制中国,不仅要拉拢日、印等国,甚至希望改善美俄关系,联合俄罗斯来对付中国。美国的行为促使中国必须认真处理好与周边国家的关系,尤其是与俄罗斯、印度的关系。历史教训表明,中、俄两国保持和平的合作,对两国人民都有好处。

---

① 吴征宇:《重新认识"心脏地带理论"及其战略涵义》,载《现代国际关系》2015年第3期,第61页。

中、印两国关系也是如此。但同时，面对地区军事集团对抗的发展趋势，中国必须做最坏的打算。2019年6月5日，中国国家主席习近平与俄罗斯总统普京共同签署了《中华人民共和国和俄罗斯联邦关于发展新时代全面战略协作伙伴关系的联合声明》，将两国关系提升到一个全新的水平。中、俄两国成为全球和平、稳定、发展的"压舱石"，意义十分重大。

第二，中国应努力推动"一带一路"倡议与东盟"印太展望"的对接。虽然"印太"概念具有强烈的地缘政治意义，但它毕竟只是一个词汇，关键在于我们怎样定义它，赋予它什么样的内容。

"印太展望"强调的合作重点是在经济社会领域，与"一带一路"有很多相似之处。中国应在这方面与东盟进行磋商，努力推进。

同时，中国在发挥经济优势的同时，应将重点放在安全合作这一难点上。建立平等、民主、开放、包容的地区安全架构，是顺利推进"一带一路"建设的必要保障。中国应与俄罗斯、印度、东盟合作，建立包括美国在内的地区安全合作架构。在安全合作上，可以遵循先易后难的原则，从非传统安全领域扩展到传统安全领域，先开展在网络安全、恐怖主义、灾难救援、打击海盗、难民处置等方面的合作。特别是在南海和印度洋方面，我国必须进一步加强与沿海国家在海上通道安全、反恐、救灾和打击海盗等领域的对话与合作。中国要让澳大利亚和其他国家认识到，中国崛起会给亚太地区带来"安全红利"，从而建立战略互信机制。在传统安全领域，我国可以在军备控制、防止核扩散等问题上发挥积极作用。另外，中国应主动加强与美、日、澳、印等国海军的交流，积极争取加入马拉巴尔演习、印度洋海军论坛等多边机制。在东亚峰会等现有的多边机制内，中国可以增强设置议题的主动性，减少美、日等国炒作"中国威胁论"的影响。

第三，印度、日本是美国"印太战略"的支柱，如果中国能够处理好与这两个国家的关系，那么美国的"印太战略"必将失败。目前，中日关系已经开始改善。中印关系在两国最高领导人的引导下也在逐渐得到改善。但我们必须认识到，印度战略界对中国的犹疑态度难得到根除。中、印两国领导人关于在"孟中印缅经济走廊"等问题上提出的"中印+"方案仍然难以实施。在与印度加强经济合作的同时，中国应防范其战略投机行为，做好应对突发事件的预案。在涉及"中巴经济走廊"等海外利益的问题上，中国应划定红线。

第四，中国与美、日、印等国的竞争主要集中在国际规则和国际标准的制定权、话语权等方面。另外，中国在推进"一带一路"项目上应"宜稳不宜急"，充分尊重沿线国家的发展战略，先从沿线国家民生问题入手，创新外交手段，着眼于精细化管理，多做一些深入民心的民生工程和减贫项目，让中国的发展理念真正落地。

第九章

共建"一带一路",构建"亚洲命运共同体"

当今世界正处于大发展、大变革、大调整时期,和平与发展仍是时代的主题。虽然全球化遭遇逆流,但各国相互联系、相互依存的程度空前加强,成为"你中有我、我中有你"的命运共同体。自2013年以来,习近平主席总揽世界全局,思考人类前途和命运以及中国和世界的发展大势,为破解人类发展难题、促进全球共同繁荣,推动构建"人类命运共同体",先后提出了共建"丝绸之路经济带"和"21世纪海上丝绸之路"。现在,"一带一路"已成为中国实行全方位对外开放的重大举措、实践开放包容发展理念的伟大事业、当今世界最大规模的国际合作平台以及中国向国际社会提供的广受欢迎的公共产品,成为中国推动构建"人类命运共同体"的重要实践平台。

"一带一路"与"人类命运共同体"是一种相辅相成的关系。"一带一路"内在地融入了利益共生、情感共鸣、价值共识、责任共担、发展共赢等基本特征,充分体现了"人类命运共同体"的本质要求。本章从当前时代和地区发展的要求出发,分析"亚洲命运共同体"命题提出的必然性和构建的可能性,阐述新时期"亚洲命运共同体"的主要内容,并就构建"亚洲命运共同体"的目标任务、路径等提出相应的建议。

第一节
"人类命运共同体"理念已被国际社会广泛接受

自"人类命运共同体"理念提出以来,习近平主席在多个重要国际场合阐发了这一理念的重要内涵,向世界传递了对人类文明走向的思考和解决人类面临的共同挑战的"中国方案"。"人类命运共同体"理念提出后,引起了国际社会的广泛关注。2017年2月10日,联合国社会发展委员会第55届会议协商一致通过"非洲发展新伙伴关系的社会层面"决议,呼吁国际社会本着合作共赢和构建"人类命运共同体"的精神,加强对非洲经济社会发展的支持。这是联合国首次将"人类命运共同体"理念写入决议。

党的十九大把推动构建"人类命运共同体"作为新时代坚持和发展中国特色社会主义的基本方略之一,并把它写入党章,成为习近平新时代中国特色社会主义思想的重要组成部分。2018年3月11日,第十三届全国人大一次会议表决,通过了中华人民共和国宪法修正案,将构建"人类命运共同体"写入宪法。这表明了党和政府贡献更大力量的信心和决心。

"人类命运共同体"理念以整个人类为基本单位,超越了狭隘的意识形态、不同国家之间或不同文明、文化、宗教之间的分歧和冲突,对"建设一个什么样的世界,如何建设这个世界"等重大课题进行了深入思考,形成了科学完整、内涵丰富、意义深远的思想体系。第一,要建设持久和平的世界。各国要相互尊重、平等协商,坚决摒弃"冷战"思维和强权政治,走"对话而不对抗,结伴而不结盟"的交往新路。第二,要建设普遍安全的世界。各国应该树立共同、综合、合作、可持续的安全观。第三,要建设共同繁荣的世界。促进贸易和投资自由化、便利化,推动经济全球化朝着更加开放、包容、普惠、平衡、共赢的方向发展。第四,要建设开放、包容的世界。要尊重世界文明多样性,"以文明交流超越文明隔阂,以文明互鉴超越文明冲突,以文明共存超越文明优越"。第五,要建设清洁、美丽的世界。倡导绿色、低碳、循环、可持续的生产生活方式，合作应对气候变化，寻求永续发展之路。

国家仍然是当今国际体系的基本单元，也是构建"人类命运共同体"的基本单元。"人类命运共同体"是一个基于共同利益的相互合作、和平共处的共同体，它的建设是国家之间共商、共建、共享的过程。它分为三个层次：第一个层次，中国与其他国家之间共同构建的命运共同体。习近平主席提出要与老挝、巴基斯坦等国构建命运共同体，为打造"亚洲命运共同体"发挥示范作用。中国与其他国家共同构建的命运共同体是"人类命运共同体"的基石。第二个层次，中国与亚洲及其他地区和国际组织或者其他大国、地区之间共同构建的命运共同体。习近平主席曾提出建设"中国—东盟命运共同体"，强调要增强"亚洲命运共同体"意识，中国也要与拉美、非洲、中东地区构建命运共同体，还多次呼吁二十国集团成员要树立利益共同体和命运共同体意识。这种命运共同体是对国家与国家之间命运共同体的拓展与提升。第三个层次是"人类命运共同体"。它处在命运共同体思想的最高层次，代表了习近平主席和中国政府对人类总体利益和未来发展的深切关注和思考。

中国与南亚和东南亚共同构建的命运共同体属于第二个层次，是"亚洲命运共同体"的重要组成部分。

第二节
构建"亚洲命运共同体"是中国自身发展乃至亚太地区发展的要求

当今世界正面临着前所未有的大变局，这种大变局既体现在经济发展上，也体现在地缘政治重心的转移上，还体现在科学技术的飞速发展和政治制度的张力上。概括起来，当今世界大变局主要体现为"东升西降"，也就是说，亚洲整体崛起，西方相对衰落。21世纪的亚洲与过去近200年来的亚洲有明显不同，亚洲已经拥有世界三分之一的经济总量，是当今世界最具活力和发展潜力的地区之一，呈现整体崛起之势。[①]进入21世纪，世界政治经济重心向亚洲转移的态势更加明显。亚洲政治经济局势的变化不仅决定着亚洲的未来，还将影响整个世界的发展。

中国、南亚和东南亚都属亚洲。中国、南亚和东南亚国家所在的地区，过去一直称为"亚太"，现在又出现一种新的说法——"印太"。无论叫"亚太"还是叫"印太"，都改变不了亚洲崛起的事实。"印太"作为一个地理名词，不是问题的关键，关键在于要建设一个什么样的"印太"。虽然当前全球化遭遇逆流，但和平和发展、仍是时代的主题。同时，世界及亚洲范围内政治、经济、社会、安全等领域也出现了一些新变化，这些变化使亚洲国家必须认真思考亚洲的未来。如何进一步促进亚洲形成各国利益交融的格局？如何进一步汇聚亚洲各国关于发展、安全、合作的共识？如何构建并完善更加包容、有效的地区合作机制，为实现"亚洲梦"提供制度保障？这些议题已经成为亚洲区域合作议程的中心内容，"亚洲命运共同体"作为解决这些问题的一种理念和实践应运而生。

目前，中国和南亚、东南亚国家既面临引领全球经济发展、实现东方古老文明复兴的伟大机遇，又面临艰巨的挑战。

第一，在经济全球化和区域经济一体化的背景下，产业链、价值链和供应链的延伸及金融网络的扩大，是亚太地区经济繁荣的关键。

随着经济全球化的深入发展，中国与周边国家的经贸联系更加紧密，互动更加频繁。但现在，亚太地区面临世界经济环境的影响和区域经济合作"碎片化"的严重困扰。由于全球经济治理改革举步维艰，西方发达国家仍然掌

---

① 高祖贵：《亚洲整体性崛起及其效应》，载《国际问题研究》2014年第4期，第9—21页。根据OECD首席经济学家安格斯·麦迪逊（Angus Maddison）的说法，在工业革命之初，亚洲约占世界经济总量的三分之二。1820年，中国和印度的国内生产总值（GDP）约占世界一半，其中，中国的GDP超过全球的30%。但此后随着欧美国家工业革命的发展，欧洲和美国相继崛起。直到20世纪50年代，亚洲在世界经济中的比重开始回升。进入21世纪，中、印等亚洲新兴国家迅速发展。到2013年底，世界国内生产总值排前十位国家有四个在亚洲，整个地区的经济规模占世界的三分之一。根据亚洲开发银行预测，到2035年，亚洲经济占世界经济的比重将升至44%，到2050年这个比重将达到52%。

握着更多的话语权，国际金融市场仍不稳定。西方发达国家提倡的贸易保护主义盛行，"逆全球化"思潮涌动，世界贸易组织陷入失能状态，美国政府推行"美国优先"政策，对全球贸易伙伴增加关税，发动贸易战，甚至企图重构亚洲已经形成的产业链和价值链体系，进而改变全球政治经济格局。在此情况下，很多国家都在探索建立双边或多边关系。在亚洲，已经存在东盟"10+3"、"区域全面经济伙伴关系"和亚太经合组织等区域经济合作机制，但由于一些国家的干扰，地区经济一体化进程一波三折。美国在奥巴马政府时期企图推动"跨太平洋经济伙伴关系"（TTP）和"跨大西洋贸易与投资伙伴关系"（TTIP），试图建立以美国为中心的、高标准的、排他性的投资和贸易机制。特朗普上任后，美国退出了奥巴马政府大力推动的TTP。日本等国建立"全面且先进的跨太平洋经济伙伴关系"（CPTTP）。然而，面对西方国家的压力，"区域全面经济伙伴关系"的谈判仍取得积极进展。中、日、韩三国领导人均表示，将支持自由贸易和开放市场，促进区域发展，并积极推动谈判进程。然而，影响谈判的因素较为复杂，各方达成共识仍需做出很大努力。亚太地区仍面临陷入"碎片化"的困境。在地区互联互通方面，亚太地区基础设施比较落后，不利于经济活动的开展。中国积极推动"一带一路"倡议与亚太地区各国发展战略及区域经济一体化战略实现对接，但一些国家存在的恶性竞争，中国倡议的互联互通和经济合作项目被一些别有用心的人歪曲为"出于地缘政治目的"。

第二，地缘政治竞争使地区安全形势恶化，并对区域经济合作形成制约。

美国希望继续在亚太地区维持军事同盟安全体系，在此基础上建立新的军事同盟体系。美国在奥巴马政府时期推出"亚太再平衡"战略，在特朗普政府时期大力推行所谓的"印太战略"，将其太平洋司令部改为"印太司令部"，巩固旧有的双边军事同盟，组建新的多边军事同盟。美国在南海开展航行自由行动，并号召它的盟友参与。美国甚至帮助中国台湾地区发展防御手段，制造地区紧张局势。日本、印度等地区大国以及一些地区小国出于各自的目的，紧密配合，加强双边、三边或多边安全与军事合作。英国、法国等一些传统的西方国家也不甘衰落，希望介入该地区的安全事务，使东海、南海局势起伏不定。美国特朗普政府企图挑起地区事端，以便吸引资本回流，实现其所谓的"再工业化"。排他性安全架构的维持和新的排他性安全架构的建立，与多数国家要求建立开放、包容、民主、平等的地区安全架构的呼声相悖。地缘政治竞争是亚太地区经济合作"碎片化"的主要因素之一。

第三，亚洲许多国家正在经历重大的政治、经济和社会转型。随着全球化的进一步发展，越来越多的亚洲国家找到了适合本国国情的发展道路，步入经济发展快车道。与此同时，发展不平衡等问题也日渐突出。不少国家贫富悬殊、社会分化、就业困难、环境恶化等现象严重，社会矛盾凸显，民众对政府的怨气较大。很多人希望把宗教、经济、社会等方面的问题通过政治途径来解决，而这往往导致社会矛盾激化。在一些国家和地区甚至出现了民粹主义和极端主义政治势力。由于受到现代传播技术的冲击和美国"全球民主促进"战略的刺激，在一些亚洲国家和地区爆发了"颜色革命"。历史证明，不能照抄照搬西方模式，亚洲国家已经有很多失败的案例。亚洲国家有自己的发展逻辑，需要在学习西方先进经验的基础上寻求符合自身国情的发展道路。

另外，传统和非传统安全威胁继续发酵。亚洲安全不仅涉及如何防止大规模杀伤性武器的扩散以及国家之间领土、边界军事冲突等传统问题，也与恐怖主义、网络安全、能源安全、粮食安全、气候变化、环境保护、重大传染性疾病等问题密切相关。在亚洲，大规模杀伤性武器的扩散问题仍未得到解决，西方国家仍与朝鲜、伊朗在核问题上僵持不下。在中东地区，"伊斯兰国"等极端势力受到沉重打击，恐怖分子纷纷回流，极端主义扩散势头加剧，极端组织趁乱而起，对地区稳定造成严重威胁。此外，由于一些亚洲国家经济落后，政府治理能力较弱，毒品走私、跨国犯罪等非法活动猖獗。而信息技术的发展加剧了信息传播的速度和治理的难度，对国家主权、安全、发展等提出了新的挑战。此外，还存在气候变化以及环境保护等问题。随着气候变化和更加频繁的经济活动，生态环境问题日益突出。由于冰川融化、河流污染、水资源分配不均等问题存在，跨境水资源问题日益成为影响地区和平安宁的严重问题。这些问题的存在迫切需要亚洲国家及国际社会认真应对，谋求共治，实现共赢。

第四，亚洲其他国家对中国的期待和担忧同时上升。

随着中国改革进程的全面推进，中国与亚洲其他国家的利益联系密不可分。中国已成为大多数其他亚洲国家最大的贸易伙伴、出口市场和重要投资来源地。中国是亚洲区域安全机制的重要参与者和推动者，是维护亚洲地区和平稳定的坚定力量。随着中国经济的不断发展，一些地区国家的心态发生了变化：一方面，它们对中国的期待上升，希望分享中国发展的红利，由中国来承担更多的责任；另一方面，它们的担忧也在加剧，害怕中国在亚洲"一家独大"，挤占它们的发展空间，走"国强必霸"的老路。[①] 中国改革开放40多年的经验表明，要取得经济社会的发展，必须有一个和谐、稳定的国内环境与和平、安定的国际环境。中国的和平发展道路，保证了中国发展的可能性，但要实现进一步发展，中国必须把中国人民的梦想与亚洲其他国家人民的梦想放在一起考虑，得到他们的认同和支持，使中国的发展与亚洲地区的整体崛起相互支持，相互促进，走出一条共赢之路。

第三节
构建"亚洲命运共同体"的可行性分析

国家共同体是指由为追求某一方面的共同利益而组成的国际集体组织。世界上最著名的国家共同体是欧洲共同体（简称"欧共体"），也就是欧盟的前身。建立国家共同体的目的在于联合自强，协同发展，追求集体安全，确保经济、军事独立，促进地区稳定和人民幸福。在国家共同体内部，各成员地

---

① 刘振民:《坚持合作共赢 携手打造亚洲命运共同体》，载《国际问题研究》2014年第2期，第5页。

位平等，共同遵循民主原则。每个国家共同体都需要具备有一定政治、经济和社会能力的"中枢国家"，如欧共体中的法国和德国。① 但如果成员国感到"中枢国家"有建立帝国的野心，国家共同体的发展就会出现一些问题。共同体的发展一般划分为从低到高的不同阶段，每一阶段都是互信和认同不断加深的过程。欧盟的成功在于制度建设，但欧盟是一个不可复制的案例，因为欧盟最大的特点就是各成员国具有相似的历史文化传统和共同的民主价值观，并且由美国领导的北约提供了安全保障。

在亚洲地区，虽然各国在历史文化、政治制度以及价值观念等方面存在较大差异，但它们也有过建立国家共同体的设想及实践，比如东南亚国家联盟、中亚国家联盟、东盟和东亚共同体等。东盟被认为是发展中国家中最成功的区域主义实践，并且是"发展中国家最近似的安全共同体"。"冷战"结束后，东盟建立了一些多边经济合作机制和安全机制，如"10+3"、"10+6"、东盟地区论坛、东盟防长扩大会议等，具有较强的包容性。东盟的建立及其在"冷战"后地区一体化进程中的迅速发展，体现了亚洲国家逐步超越意识形态和社会制度，从相互封闭到开放包容，从猜忌隔阂到日益增多的互信认同。②

在东盟与中、日、韩等国家的合作基础上，"东亚共同体"的构想也曾盛行一时。2004年12月，马来西亚总理巴拉维指出，"未来的东亚共同体应该是东盟在整体上的拓展"。然而，令人遗憾的是，日本、马来西亚等国提出的"东亚共同体"的构想，意识形态和大国制衡意味非常强烈。它们认为"东亚共同体"应是"开放的""民主的""经济驱动的""由东盟主导的"和"权力平衡的"区域共同体。但这里的"民主"并不是指内部决策民主，而是特指西方的民主价值观；"开放"及"权力平衡"也是为了给域外势力介入东亚事务提供方便，这使"东亚共同体"具有很强的排他性。③ "东亚共同体"构想的失败说

---

① 郑先武:《"东亚共同体"愿景的虚幻性析论》，载《现代国际关系》2007年第4期，第58页。
② 习近平:《迈向命运共同体 开创亚洲新未来——在博鳌亚洲论坛2015年年会上的主旨演讲》，载《人民日报海外版》2015年3月30日，第2版。
③ 郑先武:《"东亚共同体"愿景的虚幻性析论》，载《现代国际关系》2007年第4期，第53—60页。

明,"冷战"期间所建立的安全架构及其体现的"冷战"思维在东亚地区不受欢迎,亚洲区域合作必须真正体现平等、民主、包容原则。

亚洲地区在"冷战"后还建立了一些有效的区域经济合作机制和安全合作机制,这些机制基本都是建立在"相互尊重,协商一致"的原则基础上。① 比如,上海合作组织成员国不断深化防务安全合作,联合打击恐怖主义、极端主义和分裂主义这"三股势力",在维护地区安全稳定方面发挥着越来越重要的作用,在经济合作方面也取得了显著进展;朝核六方会谈机制虽然未能解决核问题,但为六国进行安全对话提供了有效平台。② 在1997年的亚洲金融危机和2008年的国际金融危机中,中国率先垂范,与各国守望相助,展现出同舟共济、共克困难的强大力量,推动了亚洲金融安全网的发展。

另外,原先一些不被看好的地区合作机制也焕发出生机。2014年5月,亚洲相互协作与信任措施会议(简称"亚信")在上海举行,与会各国决定进一步推动亚信进程,继续落实信任措施,通过全面深入开展安全对话与合作,与其他地区、国际组织和论坛建立合作关系,实现共同安全、综合安全、可持续安全,把亚洲建成持久和平、共同繁荣的地区,彻底摒弃强权政治的影响,推进国际关系民主化。亚信上海峰会的成功召开表明,亚洲国家正在寻求整合亚洲各个地区的安全合作机制,以便建立一个崭新的、包容的亚洲安全架构。

亚洲地区合作机制的建设与发展说明,亚洲国家已经认识到,在经济全球化的背景下,不同制度、不同发展阶段的亚洲国家相互依存、利益交融,形成了"你中有我,我中有你"的共生共利关系:共同发展成为亚洲各国面临的最主要的挑战,安全稳定的国际环境是开展互利合作、实现共同发展繁荣的必要条件。这要求亚洲国家超越"零和"思维,以合作共赢的理念寻求共同

---

① 习近平:《迈向命运共同体 开创亚洲新未来——在博鳌亚洲论坛2015年年会上的主旨演讲》,载《人民日报海外版》2015年3月30日,第2版。

② 刘振民:《为构建亚洲命运共同体营造和平稳定的地区环境》,载《国际问题研究》2015年第1期,第16页。

利益和共同价值的新内涵，探索多元文明交流互鉴的新道路，最终建立"亚洲命运共同体"。在推进亚洲区域合作的过程中，亚洲国家既有成功的经验，也有失败的教训。在总结经验教训的基础上，亚洲国家逐步形成了相互尊重、协商一致、照顾各方舒适度的合作方式，它将为正确处理国家关系、推动建立新型国际关系作出历史性贡献。[①]

第四节
新形势下"亚洲命运共同体"的主要内涵

"亚洲命运共同体"是在总结共同体发展历史经验的基础上，针对亚洲政治、经济、社会、安全形势发展的新变化所提出的制度和理念创新。命运共同体意味着各国在维护和追求本国安全和利益的同时，要兼顾他国的正当权益，要在谋求本国发展中推动各国共同发展。它要求各国求同存异、利益共享、权责共担，同时以开放包容、合作共赢的心态谋求共同发展，以和平对话与合作来促进战略互信，从而建立更加平等、均衡的新型发展伙伴关系和新型安全伙伴关系，进而建立新的国际关系和国际秩序。建立"亚洲命运共同体"是中国的和平发展愿望，体现了中国对建立更加平等、均衡的亚洲新型发展伙伴关系和新型安全伙伴关系应有的的历史担当。

一、深化经济合作，实现共同发展

构建利益共同体是构建"亚洲命运共同体"的物质基础和基本目标。亚洲国家促进经济发展、改善民生的任务非常艰巨，因此必须有积极作为，在

[①] 习近平:《迈向命运共同体 开创亚洲新未来——在博鳌亚洲论坛2015年年会上的主旨演讲》，载《人民日报海外版》2015年3月30日，第2版。

亚洲资源、亚洲制造、亚洲储蓄、亚洲工厂的基础上，致力于亚洲价值、亚洲创造、亚洲投资和亚洲市场；要统一经济空间，便利商品、服务和人员自由流动，不断深化共同利益，实现共同发展，联手培育新的经济增长点，推动建设面向世界的开放型经济新体制和区域合作构架。亚洲国家要实现这些目标，必须提升区域经济贸易合作的水平，提高区域内基础设施建设的水平。"一带一路"倡议所主张的互联互通就是其中一个关键环节。互联互通，不只是修路架桥，不光是平面化和单线条的联通，而是基础设施、制度规章、人员交流三位一体，是政策、设施、贸易、资金、民心齐头并进。这是全方位、立体化、网络状的大联通，是一个生机勃勃、群策群力的开放发展体系。

想要建立这样一种开放型经济格局，亚洲各国既要深化内部合作机制，让劳动、知识、技术、管理、资本的活力竞相迸发，又要扩大对外开放，建立更完善、更具活力的开放型经济体系；要发展全方位、多层次的国际合作，把成员多样性和差异性转化为发展潜力和动力；既要把区域经济一体化提升到新高度，又要坚持开放的区域主义理念，将现有区域合作架构相互对接，防止陷入"碎片化"困境。

二、增进战略互信，承担共同责任

建设安全共同体是构建"亚洲命运共同体"的安全保障和长期目标。由于国家利益、地缘政治及宗教文化等方面的差异，不同国家具有不同的安全观。实现共同的、可持续的安全是所有亚洲国家的共同责任，亚洲各国应增强共同的安全意识和共同的责任意识。今天的安全不再局限于军事领域，还体现在经济、金融、能源、生态、信息和文化等方面。以大国争霸为核心的传统安全观已经过时，安全问题不一定是"零和"博弈。在打击恐怖主义、反对大规模杀伤性武器扩散等全球性安全问题上，世界各国面临着共赢或共输的局面，因此世界各国需要加强合作，共同承担责任和义务。亚洲各国应在互信、互利、平等、协作的基础上，倡导和实践共同、综合、合作、可持续的亚洲新安全观,既要保证自身安全,又要重视共同安全;①要摒弃"冷战"思维,既不能搞大国平衡,也不能划分势力范围,更不能凭借"硬实力",施展"软实力"和"巧实力",拼凑排他性军事政治联盟。亚洲国家应该共同探讨制定地区安全行为准则和亚洲安全计划,通过多边合作来维护共同安全,防止冲突和战争,使亚洲国家成为相互信任、平等合作的好伙伴,最终建立公平、有效的区域安全机制。这要求亚洲各国加强防务与安全对话,增进战略互信,尤其需要保持东亚大国之间的相互理解和信任。通过平等对话、互利合作,共同培育和加强地区"信任与安全机制",营造和平稳定、平等互信、合作共赢的地区环境。任何国家都不允许向他国施压以获取利益,不搞集团对抗。要充分发挥联合国在维护世界和平与安全方面的作用,不断完善发展现有的亚信、上海合作组织、东盟地区论坛等多边安全合作机制,并使之相互对接。亚洲安全架构的建立,将为"一带一路"倡议的顺利推进提供安全保障。

三、加强人文交流,强化共同意识

建设"人文共同体"是构建"亚洲命运共同体"的关系保障和必要动力。②亚洲文明多元,宗教教派繁多,政治制度各异,发展模式多样,这也是亚洲矛盾和冲突存在的原因之一。所以亚洲各国需要相互交流,相互借鉴。亚洲文明曾长期走在世界前列,亚洲各国在漫长的历史交往中形成了独特的历史文化和经济社会联系。亚洲各国应恢复历史上友好往来的传统,在借鉴西方优秀文化成果的同时,促进不同文明、不同发展模式的交流和对话,在竞争、比较中取长补短,在交流、互鉴中共同发展。"人文共同体"的建设将大大提高亚洲国家在国际政治、经济、文化等方面的综合竞争力。

---

① 2014年5月21日,习近平主席在"亚洲相互协作和信任措施会议"第四次峰会的主旨讲话中,明确提出了"共同、综合、合作、可持续"的亚洲新安全观。

② 秦亚青:《国际政治的关系理论》,载《世界经济与政治》2015年第2期,第7页。

"和而不同""求同存异"等是亚洲人民在长期友好交流中得出的宝贵历史经验。这要求亚洲各国营造尊重多样性和差异性的和谐文化氛围，在政治、经济、文化、宗教等各方面相互尊重、平等相待，寻找历史、文化、哲学等方面的共同之处，相互分享治国理政经验，减少矛盾与分歧，倡导和平对话，通过深入沟通，达成共识，把亚洲建设成为和谐共生的大家庭。

民心相通是亚洲共同意识和共同观念形成的基础，这要求亚洲各国采取行动，在增强政治互信、增加经贸往来、健全安全保障机制的基础上，扩大人员往来和人文沟通渠道。地方交往、民间交流、媒体对话、教育往来和流行文化的传播等都将成为增进各国人民友谊的桥梁，推动人类社会进步的动力，维护世界和平的纽带。共同意识的形成将为"一带一路"的政策沟通提供思想基础。

第五节 "亚洲命运共同体"的构建思路

构建"亚洲命运共同体"是一个循序渐进的过程，其基本目标是在亚洲建立和谐共生的新型国际政治秩序和合作共赢的新型经济秩序。具体而言，经济上应建立统一、开放的亚洲经济空间，安全上应建立合作、包容的区域安全新架构，在人文方面形成共同的亚洲观念和意识。从时间上看，建设亚洲新型国际政治秩序和新型经济秩序至少需要一代人的努力，而构建"亚洲命运共同体"则需要在此基础上继续奋斗。

在"亚洲命运共同体"的建设过程中，中国应作为主要"中枢国家"，与亚洲地区其他国家和域外大国一起承担国际责任，发挥引领和协调作用。同时，针对亚洲面临的问题，中国应从基础做起，为构建"亚洲命运共同体"提供更多的物质类、安全类和思想文化类的公共产品。

一、探索建立开放型经济格局和区域合作新架构，避免地区合作"碎片化"

中国将继续深化国内的各项改革，实现经济结构顺利转型，同时加强社会和政治改革，完善社会管理和服务体系。在对外政策上，中国继续推动地区经济合作，从贸易、投资、金融和科技等方面提升亚洲在全球治理中的规制权和话语权，为亚洲共同发展创造有利的国际环境。

中国要坚持共商、共建、共享的原则，推进"一带一路"建设，以进取、包容的姿态提升和整合亚洲地区合作，探索各种机制之间整合发展的可能性。中国还要推进各层次的地区合作，如上海合作组织、大湄公河流域、中国—东盟自贸区（升级版）、中日韩自由贸易区、"中俄蒙经济走廊"、"孟中印缅经济走廊"、"中巴经济走廊"等，与"一带一路"沿线国家实现对接，推动亚洲地区互联互通建设。中国—东盟自贸区（升级版）和"中巴经济走廊"可作为"一带一路"的示范性项目，为亚洲地区树立标准和规范，使其发挥引领和示范效应。

中国还要加强亚洲地区金融合作和金融风险的防范。中国要推进亚投行、金砖国家发展银行、丝路基金、海上合作基金等金融机制的建设，以及这些金融机制与亚洲开发银行、世界银行的合作，打造亚洲信用体系，为亚洲互联互通项目建设和经济贸易发展提供金融支持。为应对西方发达国家的货币宽松政策，中国与亚洲其他国家需要加强金融风险防范机制的建设，巩固亚洲金融安全网络。此外，中国和亚洲其他国家应建立和健全亚洲能源、粮食和大宗商品的价格稳定机制，保障能源和粮食安全，增强区域经济的抗风险能力，为亚洲的可持续发展奠定坚实的物质基础。

二、积极探索法律和制度，保障地区安全和稳定

中国与亚洲其他国家应贯彻和推广亚洲新安全观，把亚洲巨大的经济实

力转化为地区安全制度建设的动力,主动维护周边安全环境。中国要与周边友好国家签署《睦邻友好合作条约》,将发展睦邻友好关系的愿望以法律形式固定下来;要与美、俄、日、印等国构建各有侧重的新型大国关系,妥善处理美国同盟体系与本地区安全机制的关系;要增强军事互信,通过战略保证措施,消解美、日、印等国的疑虑,加强在非传统安全等领域的合作;要探索亚洲地区各种安全合作机制的互动性,加强亚信、上海合作组织、东盟地区论坛等机制的合作和衔接,构建地区安全新框架;要在条件成熟时推动亚洲国家签订永久友好条约,并以此作为"亚洲命运共同体"的法律基础。

海洋安全是保证亚洲地区安全的重要努力方向,中国应扩大机遇,化解危机,迎接挑战。在维护国家主权和领土完整的基础上,中国妥善应对美国"印太战略"带来的挑战;中国要稳步加强亚洲沿海国家在互联互通、科研环保、执法安全、海洋经济等方面的合作,共同打击海上犯罪活动,构建地区性灾害预警和应对机制,推动印度洋海军论坛和西太平洋海军论坛的合作交流,探索提供公共安全物品的可能性,确保海上通道安全和公海航行自由。

在其他非传统安全问题上,中国应加强反恐合作,建立日常信息沟通渠道,严厉打击暴恐活动,从源头筑起反对各种极端主义思潮的"防波堤";要深化防灾救灾、网络安全、打击跨国犯罪、联合执法等非传统安全领域的合作。

三、加强人文交流与合作,构筑民心相通的桥梁

共同的亚洲意识是亚洲"人文共同体"建设的目标,而民心相通则是形成亚洲意识的基础。同时,民心相通也是"一带一路"建设的核心内容之一。中国应积极推动自身与亚洲其他国家之间的人文交流,构建民心相通的桥梁。

第一,中国应提升对外开放水平,加强跨文化交流。中国要推动地方加大对外交流力度,建立更多的友好省份或友好城市关系,鼓励民间交往;要加大对亚洲各个小语种人才的培养力度,储备地区研究人才,鼓励学者、媒

体和志愿者"走出去";要学习、吸收一切先进文化成果,推动中国文化更好地走出去,在文化比较的过程中展现中国文化理念和价值观。

第二,积极推动亚洲文明对话,消除不同文明之间的隔阂。中国要利用现有各种交流平台,推动不同文明的交流与互鉴,找出一条化解文明冲突的道路;要利用现代传播手段,通过影视、出版、艺术、体育等喜闻乐见的方式相互开展跨文化交流,加深了解,消除隔阂。

第三,在治国理政、发展模式、国际规范重塑等方面加强沟通与交流。比如:要制订亚洲百万留学生交流计划;要在中国各区域中心城市建立亚洲国际大学和国际性研究机构,促进相互了解;要制订亚洲发展中国家青年干部的培训计划,增强亚洲发展中国家的治理能力;要扩大学术交流,在全球治理、亚洲新型国际秩序建设中贡献思想和理念,共同倡导符合时代精神和亚洲各国利益的新文明观和新价值观。

主要参考文献

一、中文文献

[1] 布热津斯基:《大棋局:美国的首要地位及其地缘战略》,上海人民出版社,1998年版。

[2] 刘建:《列国志:孟加拉国》,社会科学文献出版社,2010年版。

[3] 帕特里克·皮尔布斯:《斯里兰卡史》,王琛等译,上海东方出版中心,2013年版。

[4] 伊夫提哈尔·H. 马里克:《巴基斯坦史》,张文涛译,中国大百科全书出版社2010年版。

[5] 畅红:《"伊斯兰国"在阿富汗的渗透及其前景》,《现代国际关系》,2017年第4期。

[6] 陈方明:《特朗普政府"印太战略"初析》,《亚太安全与海洋研究》2018年4期。

[7] 陈继东:《转型中的巴基斯坦经济——经济困境与结构矛盾分析》,《四川大学学报(哲学社会科学版)》2009年第4期。

[8] 富育红:《"伊斯兰国"在阿富汗的渗透及各方的应对》,《新疆社会科学》2017年第5期。

[9] 高程:《从中国经济外交转型的视角看"一带一路"的战略性》,《国际观察》2015年第4期。

[10] 高祖贵:《亚洲整体性崛起及其效应》,《国际问题研究》2014年第4期。

[11] 胡国松、莫裕林:《巴基斯坦经济改革述评》,《南亚研究季刊》1992年第4期。

[12] 李好:《印度经济改革的核心：经济增长与社会公平》,《经济研究导刊》2011 年第 18 期。

[13] 李好:《对斯里兰卡直接投资：机会与风险分析》,《对外经贸实务》2011 年第 9 期。

[14] 李建军、杜宏:《浅析近年来孟加拉国经济发展及前景》,《南亚研究季刊》2017 年第 4 期。

[15] 李青燕:《阿富汗形势与中国的"一带一路"倡议》,《南亚研究季刊》2016 年第 3 期。

[16] 廖成梅、王彩霞:《"伊斯兰国"在阿富汗的渗透：现状、原因及影响》,《东南亚南亚研究》2016 年第 2 期。

[17] 刘星:《巴基斯坦金融市场现状及我国企业赴巴发展建议》,《国际金融》2016 年第 5 期。

[18] 刘振民:《坚持合作共赢 携手打造亚洲命运共同体》,《国际问题研究》2014 年第 2 期。

[19] 刘振民:《为构建亚洲命运共同体营造和平稳定的地区环境》,《国际问题研究》2015 年第 1 期。

[10] 刘宗义:《冲突还是合作？——"印太"地区的地缘政治和地缘经济选择》,《印度洋经济体研究》2014 年第 4 期。

[21] 刘宗义:《洞朗对峙与中印关系》,《中国评论》总第 238 期，2017 年 10 月。

[22] 刘宗义:《中巴经济走廊建设：进展与挑战》,《国际问题研究》2016 年第 3 期。

[23] 毛阳海:《论"丝绸之路经济带"与西藏经济外向发展》,《西藏大学学报（社会科学版）》2014 年第 2 期。

[24] 宁胜男:《斯里兰卡外债问题现状、实质与影响》,《印度洋经济体研究》2018 年第 4 期。

[25] 祁怀高:《"一带一路"对中国周边外交与亚洲发展的影响》,《中国周

主要参考文献　209

边外交学刊》2015 年第 2 辑。

[26] 强世功:《陆地与海洋 ——"空间革命"与世界历史的"麦金德时代"》,《开放时代》2018 年第 6 期。

[27] 荣鹰:《印度十年经济改革回顾与展望》,《国际问题研究》2001 年第 6 期。

[28] 沈予加:《澳大利亚对"一带一路"倡议的态度及原因探析》,《太平洋学报》2018 年第 8 期。

[29] 时宏远:《莫迪政府的印度洋政策》,《国际问题研究》2018 年第 1 期。

[30] 孙培钧、华碧云:《印度的经济改革:成就、问题与展望》,《南亚研究》2003 年第 1 期。

[31] 王金、沈健:《印度经济改革探析》,《中国市场》2016 年第 16 期。

[32] 王兰:《斯里兰卡经济格局的变化》,《南亚研究》1999 年第 1 期。

[33] 王世达:《巴基斯坦政局动荡及其前景分析》,《现代国际关系》2014 年第 10 期。

[34] 文富德:《印度经济改革的成绩与问题》,《南亚研究季刊》2012 年第 1 期。

[30] 文富德:《印度难以推行第二代经济改革的原因及前景》,《南亚研究季刊》2014 年第 3 期。

[36] 吴兆礼:《从"向东看"到"向东干":印度亚太战略与中国"一带一路"倡议》,《中国周边安全形势评估(2016)》,社会科学文献出版社,2016 年版。

[37] 吴兆礼:《中国与斯里兰卡在"一带一路"建设中的合作》,《"一带一路"建设发展报告(2018)》,社会科学文献出版社,2018 年版。

[38] 吴征宇:《重新认识"心脏地带理论"及其战略涵义》,《现代国际关系》2015 年第 3 期。

[39] 张弘:《"一带一路"倡议中的政治风险研究逻辑与方法》,《北京工业大学学报(社会科学版)》2016 第 4 期。

[40] 张庆红:《越南和孟加拉国益贫式增长的实践比较与启示》,《东南亚

南亚研究》2014 年第 2 期。

[41] 张位均:《斯里兰卡的经济改革》,《南亚研究》1994 年第 4 期。

[42] 赵华胜:《美国特朗普政府的阿富汗新战略及中国的政策选择》,《当代世界》2017 年第 10 期。

[43] 郑先武:《"东亚共同体"愿景的虚幻性析论》,《现代国际关系》2007 年第 4 期。

[44] 郑瑜、孙丽辉:《巴基斯坦的产业结构、经济开放与经济增长的实证研究》,《企业研究》2007 年第 10 期。

[45] 朱永彪、魏丽珺:《阿富汗安全形势及其对"丝绸之路经济带"的影响》,《南亚研究》2017 年第 3 期。

二、英文文献

[1] H. J. Mackinder,"The Geographical Pivot of History", The Geographical Journal 23, no. 4(1904): 436-437.

[2] Jahangir Alam, "Review of Economic Reforms in Bangladesh and New Zealand, and their Impact on Agriculture", January 1999, Research Report No. 240, Agribusiness and Economics Research Unit, Lincoln University, Canterbury, New Zealand.

[3] Mohammed Nuruzzaman, "Neoliberal Economic Reforms, the Rich and the Poor in Bangladesh, in Journal of Contemporary Asia", January 2004, 34:1, 33-54.

[4] Muslem-ud Din, Ejaz Ghani, and Omer Siddique, "Openness and Economic Growth in Pakistan", The Pakistan Development Review, 42:4 Part II (Winter 2003) pp. 795-807.

[5] The Department of Defense, "Indo-Pacific Strategy Report: Preparedness, Partnerships, and Promoting.Networked Region", June 1, 2019.

[6] Ahmad Rashid Malik, "China-Pakistan-Afghanistan Trilateral Dialogue",

Daily Times, 2017.12.26, https://dailytimes.com. pk/167017/china-pakistan-afghanistan-trilateral-dialogue/, 访问日期: 2020 年 8 月 28 日。

[7] Andrey Kortunov, "Indo-Pacific or Community of Common Destiny?", 2018.5.28, https://eng.globalaffairs.ru/articles/indo- pacific-or-community-of-common-destiny/, 访问日期: 2020 年 8 月 28 日。

[8] Anurag Ram Chandran, "Why Afghanistan Should Join CPEC", 2017.5.5, https://thediplomat.com/2017/05/why-afghanistan- should-join-cpec/, 访问日期: 2020 年 8 月 5 日。

[9] Brahma Chellaney, "China's Creditor Imperialism", 2017.12.20, https://www.project-syndicate.org/commentary/china-sri- lanka-hambantota-port-debt-by-brahma-chellaney-2017-12?barrier=accesspaylog, 访问日期: 2020 年 9 月 20 日。

[10] Daniel F. Runde . Romina Bandura, "The BUILD Act Has Passed: What's Next?", 2018.10.12, https://w ww.csis. org/analysis/build-act-has-passed-whats-next, 访问日期: 2020 年 8 月 25 日。

[11] Express Web Desk, "Narendra Modi's speech on Independence Day 2016: Here's the full text", 2016.8.16, http://indianexpress. com/article/india/india-news-india/pm-narendra-modis- speech-on-independence-day-2016-here-is-the-full-text/, 访问日期: 2020 年 12 月 16 日。

[12] FP Staff, "Ajit Doval likely to visit China: NSA's famed 'Doval doctrine' and deconstructing India's stand on Beijing", 2017.7.15, http://www.firstpost.com/india/ajit-doval-likely-to-visit-china- decoding-the-nsas-famed-doval-doctrine-for-indias-stand-on- beijing-3811603.html, 访问日期: 2020 年 8 月 29 日。

[13] Hassan Khan, "Is China Pakistan Economic Corridor really a game changer?", 2015.7.13, https://archive.pakistantoday.com. pk/2015/06/13/is-china-pakistan-economic-corridor-really-a- game-changer/, 访问日期: 2020 年 8 月 24 日。

[14] IMF, World Economic Outlook, "Seeking Sustainable Growth:Short-Term

Recovery, Long-Term Challenges." 2018.9.29，https:// www.imf.org/en/Publications/WEO/Issues/2017/09/19/world- economic-outlook-october-2017，访问日期：2020年8月29日。

[15] Indrani Bagchi，"China, ISIS threats get India, US together in Sri Lanka and Maldives"，2017.11.7，https:// timesofindia.indiatimes. com/india/china-role-in-indian-ocean-region-india-discusses- maldives-turmoil-with-us/articleshow/61514665.cms，访问日期：2020年8月29日。

[16] Jagannath Panda，"The Asia-Africa Growth Corridor: An India-Japan Arch in the Making?"，Focus Asia: Perspective.Analysis, Institute for Security. Development Policy, 2017.11.5，https:// isdp.eu/content/uploads/2017/08/2017-focus-asia-jagannath-panda.pdf，访问日期：2020年8月15日。

[17] Jonathan E. Hillman，"China's Belt and Road Initiative: Five Years Later"，2018.7.25，https://www.csis.org/ analysis/chinas- belt-and-road-initiative-five-years-later-0，访问日期：2020年8月25日。

[18] Liu Zongyi，"India playing wily game with US, Russia and China." Global Times, 2018.9.11，http://www.globaltimes.cn/content/1119140.shtml，访问日期：2020年8月25日。

[19] Ministry of External Affairs, Government of India，"Official Spokesperson's response to. query on participation of India in OBOR/BRI Forum"，2017.5.13, https:// mea.gov.in/media- briefings.htm?dtl/28463/Of ficial+Spokespersons+response+to+a+query+on+participation+of+India+in+OBORBRI+Forum，访问日期：2020年8月25日。

[20] Ministry of Planning, Development.Reform，"Pakistan Vision 2025 approved by National Economic Council (NEC)"，2016.1.2，https://www.pc.gov.pk/uploads/vision2025/Pakistan-Vision-2025.pdf，访问日期：2020年9月2日。

[21] Mushtaq Ghumman，"CPEC projects: Cabinet approves revolving fund for timely payments"，2018.9.28，https://fp.brecorder.com/2018/10/20181028419333/，

访问日期：2020 年 9 月 8 日。

[22] PTI, "India skips China's Belt and Road Forum ceremony", 2017.5.15, https://timesofindia.indiatimes.com/india/india-skips-chinas-belt-and-road-forum-ceremony/articleshow/58665490.cms，访问日期：2020 年 8 月 29 日。

[23] Rahul Mishra, "China's One Belt, One Road Initiative: An Indian Perspective", 2017.5.15, http://www.eastwestcenter.org/node/35444, 访问日期：2020 年 8 月 28 日。

[24] Samir Saran, "Is Indo-Pacific.Viable Geostrategic Project?", 2019.7.24, http://valdaiclub.com/a/highlights/is-indo-pacific-a-viable-geostrategic-project/，访问日期：2018 年 8 月 25 日。

[25] The White House, "U.S.-India Joint Statement", 2014.9.30, https://obamawhitehouse.archives.gov/the-press-office/2014/09/30/us-india-joint-statement，访问日期：2020 年 8 月 15 日。

[26] The White House, "National Security Strategy of the United States of America", 2017.12.18, https://trumpwhitehouse.archives.gov/wp-content/uploads/2017/12/NSS-Final-12-18-2017-0905.pdf，访问日期：2020 年 12 月 30 日。